JONAS VERLAG

Modekritik in Wort und Bild

Die Deutsche Bibliothek – CIP-Einheitsaufnahme
Ein Titeldatensatz für diese Publikation ist bei
der Deutschen Bibliothek erhältlich

für Kunst und Literatur GmbH
Weidenhäuser Str. 88
D-35037 Marburg
www.jonas-verlag.de

Gestaltung: Jule Axmann, Simone Tavenrath
Druck: Fuldaer Verlagsagentur

ISBN 3-89445-307-9

Gundula Wolter

Teufelshörner und Lustäpfel

Modekritik in Wort und Bild

1150–1620

Jonas Verlag

Inhalt

1 Christian Schmid: *Die Hoffart.* Ausschnitt aus dem Blatt *Die sieben Todsünden,* 1. Hälfte 17. Jahrhundert. Augsburg, Städtische Kunstsammlungen, Graphische Sammlung.

Vorwort

Mensch und Kleidung stehen vom Anfang bis Ende des Lebens in einer sehr persönlichen Beziehung. Kleider sind das augenfälligste Zeichen, mit dem Menschen ihre gesellschaftliche Zugehörigkeit und Positionierung dokumentieren, und zugleich das effektivste Mittel ihrer Selbstmanifestation. Hieraus folgt, dass jedes Glied einer Gemeinschaft in tradierte Bekleidungsnormen eingebunden ist, sich aber die konkreten Kleiderinszenierungen innerhalb eines Kulturkreises sehr stark voneinander unterscheiden können. Ebenso bunt ist die Palette der Haltungen bezüglich modischer Vorstöße, die sich im Extremfall zwischen enthusiastischer Nachahmung und brüsker Ablehnung bewegen können.

Dieses Buch beschäftigt sich vor allem mit den Tadlern und Sittenrichtern. Zu Wort kommen Modekritiker und -spötter, die sich aus unterschiedlichen Beweggründen im Kampf gegen Kleiderluxus und Kleidermoden engagierten. Der Untersuchungszeitraum beginnt Mitte des 12. Jahrhunderts, als die höfische Gesellschaft erstmals ihre repräsentativen Gewänder mittels Schnürung körperkonturierend gestaltete. Der Schwerpunkt liegt auf der Epoche des Spätmittelalters, der Phase des Beginns von Modezyklen,[1] und der Renaissance, in der sich bürgerliches Geltungsstreben und ständische Differenzierung in eklatanter Weise durch Kleidung ausdrückte. Die Darstellung basiert primär auf deutschsprachigen Textquellen, die durch gezielte Einbeziehung französischer, englischer, italienischer und holländischer Überlieferungen in ihrer Aussagequalität überprüft und erweitert werden. Gefragt wird, mit welchen Argumenten bestimmte Moden zurückgewiesen, verspottet oder verhöhnt wurden, und aus welchen Motiven heraus. Vorrangig versteht sich das Buch als Beitrag zur Mode- und Kleidergeschichte. Denn kleiderkritische und satirische Text- und Bildquellen sind zweifelsohne nicht nur als eine belustigende Ergänzung zu 'seriösen Quellen' vergangener Moden zu sehen, sondern stellen eine zur Einordnung und Beurteilung von Moden wichtige Primärquelle dar. Was durch sonst übliche Quellen nur unzulänglich zu rekonstruieren ist, sind beispielsweise Aussagen zu Moralvorstellungen der Zeit, zur Beurteilung zeittypischer Gesten in und mit Kleidern und zu Inszenierungen des öffentlichen Auftretens von Männern und Frauen unterschiedlicher Herkunft. Welche Rückschlüsse können aus modekritischen Stellungnahmen in Bezug auf Kleidernormen, Kleiderbewertungen, Kleiderverhalten und Kleidersprache gezogen werden, zu welchem Zeitpunkt beginnen sich Bewertungsmaßstäbe zu verändern, wodurch kündigen sich Brüche an?

Die modekritischen Kommentierungen sollen aber nicht nur in Bezug auf Fragestellungen der Kleidergeschichte befragt werden, es geht auch darum, ihre Aussagekraft für Forschungsdesiderate der Kultur-, Körper- und Sittengeschichte auszuloten. Denn die Quellen geben über ihre konkrete Kleiderkritik hinaus lebendige Einblicke in Mentalitäten und Normen des Mittelalters und der Renaissance, veranschaulichen Denkstrukturen und machen Wertungen nachvollziehbar. Die Modeteufelchen, die in Hängeärmeln oder auf Schleppen ihren Spaß treiben, dienten keineswegs der Belustigung, sondern der Belehrung und Warnung, dem Teufel keinen Platz zu bieten, wo er sich festsetzen könne.

Ziel ist, die zeittypische Modekritik auf Basis eines breiten Spektrums historischer Bild- und

Textquellen zu rekonstruieren, Strategien der Kritiker herauszustellen und ihre Intentionen offen zu legen. Da Kleidung elementarer Bestandteil des Alltagslebens ist, sind sowohl kirchliche Kommentare, als auch Äußerungen der Obrigkeit, der Chronisten, Dichter, Satiriker und Künstler zu befragen. Hierbei ist anzumerken, dass sich die schriftlich überlieferten Modekritiken vor 1500 fast immer auf kurze Textpassagen in belehrendem oder gesellschaftskritischem Kontext beschränken. Ähnliches gilt für die modekritischen Bildquellen des Mittelalters bis gegen Ende des 15. Jahrhunderts. Abgesehen von den eher seltenen Illustrationen zu Exempelgeschichten und Höllenimaginationen, drückt sich die bildliche Kleiderkritik dieser Epoche vor allem indirekt aus, beispielsweise in der Kennzeichnung negativer Figuren des Alten oder Neuen Testaments, der Personifikation der Todsünden, der Törichten Jungfrauen oder der Hure Babylon.[2]

Bei der Auswahl der Quellen – Moralpredigten, Erbauungsliteratur, Moralsatiren, Lehr- und Spottgedichten, Illustrationen und Bildsatiren – wurde eine Zusammenstellung angestrebt, die der epochalen Gewichtung in etwa entspricht, ohne statistische Genauigkeit oder gar Vollständigkeit zu beanspruchen. Text- und Bildwelten werden gleichwertig behandelt. Nicht selten beziehen sich beide aufeinander, denn die Bildkritik setzt oft die Kenntnis der verbalen Kritik voraus und vice versa. Leseunkundige des Mittelalters und des 16. Jahrhunderts wurden durch das gesprochene Wort und aussagerelevante Bilder erreicht, Lesekundige konnten ihr Blickfeld mittels religiöser, didaktischer oder moralsatirischer Veröffentlichungen vertiefen und erweitern.

Während die Auswertung schriftlicher und bildlicher Primärquellen – ob als Original oder als faksimilierte und kommentierte Ausgabe – vor allem durch ihre Kontextualisierung und Schwierigkeiten bei der Übersetzung kleiderhistorischer Termini erschwert wurde, war die Auswertung bereits veröffentlichter modekritischer Text- und Bildquellen eine Herausforderung der besonderen Art. Die Mehrzahl der

2 *Drôlerie aus einem spätmittelalterlichen englischen Psalter* (Nachzeichnung). Das Schwein trägt als Kopfputz einen Hennin mit Flinder. Der spitze hohe Kegel mit Schleier, in Deutschland auch unter der Bezeichnung Burgundische Haube bekannt, gehört zur höfischen Mode um 1385 bis um 1485. Die Drôlerie nimmt in diffamierender Weise den Auftritt höfischer Damen, ihren Hochmut und Kopfputz, aufs Korn.

nicht selten in unrichtigen Zusammenhängen, mit falschen oder ungenauen Angaben versehenen, seit Generationen kopierten Abbildungen und frei übersetzten Quellenzitate konnte schließlich auf ihren Ursprung zurückgeführt werden,[3] andere Klärungen – beispielsweise die der Nachzeichnung einer Drôlerie aus einer englischen Handschrift des 14. oder 15. Jahrhunderts (Abb. 2) – gelangen nur ansatzweise.[4] Diese Probleme können als 'Altlast' der kostümhistorischen Forschung des 19. und beginnenden 20. Jahrhunderts bezeichnet werden und Untersuchungen wie die vorliegende wohl noch lange Zeit erschwerend begleiten. Erfreulich informativ waren hingegen neuere Forschungen aus anderen Disziplinen, vor allem jene zu Themen der Literaturgeschichte des Mittelalters mit kleiderbezogenem Untersuchungsschwerpunkt.

Die Struktur des Buches folgt sowohl einer inhaltlichen als auch einer chronologischen Ordnung. Das einführende Kapitel „Kleider der Demut" stellt den aus der Exegese begründeten Ansatz frühchristlicher Kleiderkritik und die für das Thema relevanten Personifikationen mit biblischem Bezug vor, Kategorien, auf die das Gros der Kritiker bis 1600 direkt oder indirekt Bezug nimmt. Teil Eins – „Wider Hoffart und Eitelkeit" – dokumentiert und interpretiert Äußerungen von Moralpredigern, Moralsatirikern, Chronisten und Künstlern, die auf menschliche Anmaßung und Eitelkeit abzielen, d.h. auf Verhaltensweisen, die ihren sichtbaren Ausdruck in aufwändigen Selbstinszenierungen finden. Im Kapitel „Hoffart ist ein Todsünd" wird die menschliche Hoffart in ihren Facetten beschrieben, denn aus ihr leiten Moralkritiker jener Epoche alle weiteren Sünden ab, so auch die Modesünden. Ein Exkurs über die Einkleidung der Klugen und Törichten Jungfrauen in der Kunst des Mittelalters und der Renaissance zeigt auf, dass die korrekte Interpretation von Bildaussagen mit biblischem Hintergrund das Verstehen von Kleidersprache und Kenntnisse über Kleidernormen voraussetzt und dass sich diese Bildgattung bedingt als modekritische Quelle nutzen lässt. Das Kapitel „Spiegel der Selbstverliebtheit" geht auf die Symbolik des Spiegels zur Kennzeichnung menschlicher Überheblichkeit, Eitelkeit und Selbstverliebtheit ein. In Teil Zwei – „Modekritik in Wort und Bild" – geht es dann um Kleidermoden. Das Kapitel „Neue Kleider, neue Schnitte" skizziert die Bedingungen für das Entstehen von schnell wechselnden Moden. Im Folgenden werden Quellen vorgestellt und erörtert, die sich auf konkrete Modeerscheinungen beziehen, sie anprangern, vorführen oder lächerlich machen. Das Kapitel „Üppigkeit und Übermut" thematisiert Moden, die primär wegen ihrer Exaltiertheit kritisiert werden, das Kapitel „Anreizung böser Lüste" kritisiert jene, die mit erotischer Zeichensetzung spielen und in den Augen der Kritiker zur Unkeuschheit auffordern. Das letzte Kapitel des zweiten Teils behandelt Quellen, die heute ausgesprochen befremden: illustrierte Flugblätter, die abnorme Geburten als Gotteszeichen deuten und damit vor bestimmten Moden warnen.

Die Zitate halten sich weitgehend an die Originalschreibweise, nur selten wurde aus Verständnisgründen auf Übersetzungen in modernes Deutsch zurückgegriffen. Zur Erleichterung der Lesbarkeit wurden jedoch durchgängig kleine Angleichungen an den modernen Sprachgebrauch vorgenommen, die nicht extra vermerkt wurden.[5]

Entstanden ist die Publikation im Kontext eines auf zwei Jahre angelegten und von der Gerda Henkel Stiftung, Düsseldorf, geförderten Forschungsprojekts zum Thema „Mode in der Karikatur". Es ist der erste Band einer auf fünf Bände konzipierten Reihe, in der modekritische Text- und Bildquellen vorgestellt, zu kleiderhistorisch und kulturgeschichtlich relevanten Themen befragt und interpretiert werden.

Ich danke dem Vorstand der Gerda Henkel Stiftung, vertreten durch Dr. Elisabeth Hemfort, für die Gewährung eines großzügigen Stipendiums, insbesondere für die immer wohlwollende und entgegenkommende Begleitung meiner Forschungsarbeit seitens der Stiftung. Unterstützung erhielt ich zudem von zahlreichen Mitarbeiterinnen und Mitarbeitern nationaler und internationaler Institutionen – Museen, Bibliotheken, Archiven und Sammlungen –, die mir bei der Recherche hilfreich zur Seite standen, namentlich von Dr. Rigmor Batsvik, Bodleian Library Oxford, Dr. Holm Bevers, Staatliche Museen zu Berlin, Kupferstichkabinett, Dr. Maroma Camilleri, Direktorin der Public Library Valetta, Dr. Justin Clegg, Kurator der Handschriftenabteilung der British Library, Dr. Wolfgang Dost, Museumsleiter des Museums des Dreißigjährigen Krieges Wittstock, Dr. Gergele, Landeskunstmuseum Sachsen-Anhalt, Prof. Dr. Adolf Hahnl, Bibliothek der Erzabtei St. Peter Salzburg, Matthijs Ilsink, Museum Boijmans Van Beuningen Rotterdam, Dr. Hans-Martin Kaulbach, Staatsgalerie Stuttgart, Dr. Rolf de Kegel, Stiftsbibliothek Engelberg, Dr. Gode Krämer, Städtische Kunstsammlungen Augsburg, Dr. Pierre-Jacques Lambin, Direktor der Bibliothèque municipale von Douai, Dr. Ger Luijten, Direktor des Rijksprentenkabinets Amsterdam, Dr. Renate Schipke, Handschriftenabteilung der Staatsbibliothek Berlin und besonders Dr. Claudia Tanck, Archivarin der evangelisch-lutherischen Kirchengemeinde Lauenburg, denen ich für erteilte Auskünfte und weiterführende Hinweise vielmals danke.

Erst durch großzügig erteilte Abdruckgenehmigungen konnte das Buch zu dem werden, was es werden sollte: eine Dokumentation mittelalterlicher und frühneuzeitlicher Modekritik in Wort *und* Bild. Zu danken habe ich Frau Berberich, FZB-Atelier Betriebe Gerchsheim, Catherine Belanger für das Musée du Louvre Paris, Dr. Bruno Weber für die Zentralbibliothek Zürich, den Städtischen Kunstsammlungen Augsburg, den Staatlichen Museen zu Berlin, der Sammlung der Veste Coburg, der Universitätsbibliothek Erlangen, der Universitätsbibliothek Heidelberg, dem Germanischen Nationalmuseum Nürnberg, dem Museum Boijmans Van Beuningen Rotterdam und der Staatsgalerie Stuttgart.

Mein besonderer Dank geht an die Mitarbeiterinnen und Mitarbeiter der Lipperheideschen Kostümbibliothek Berlin, die seit vielen Jahren meine Recherchearbeit stets freundlich und zuvorkommend begleiten: Dieter Günther, Karin Kluge, Gerhard Kupilas und Jeanne Polsterer. Ganz besonders danke ich Dr. Adelheid Rasche, die sich nicht nur äußerst engagiert und freundschaftlich für das Projekt einsetzte und mir großzügigen Zugang zu den Sammlungsbeständen gewährte, sondern den Fortgang des Vorhabens kontinuierlich begleitete, immer ein offenes Ohr für meine Fragen und Probleme hatte und mir mit vielen wertvollen Hinweisen weiterhalf. Ein herzliches Dankeschön auch an Marlis Stähli, Handschriftenabteilung der Zentralbibliothek Zürich, die mich durch ihre kompetente Beratung zu Fragen mittelalterlicher Quellen, intensives Korrekturlesen und mentalen Zuspruch erheblich unterstützte, Sabine de Günther für kritisches Gegenlesen und meiner Lektorin Dr. Ursula Quecke vom Jonas Verlag, die die letzte Phase der Buchentstehung sehr umsichtig betreute. Mein Hauptdank aber geht an Rainer Pabst-Wolter, der sein zeitintensives, intellektuelles, logistisches und emotionales Engagement für mich und meine Arbeit 'selbstverständlich' findet – ich aber nicht!

Ich freue mich, dass meine 'Modekritik in Wort und Bild' Dieter Mayer-Gürrs Zustimmung fand und somit die produktive und atmosphärisch angenehme Zusammenarbeit mit dem Marburger Jonas Verlag in bewährter Weise fortgeschrieben wird.

Berlin, im Mai 2002

Kleider der Demut

Gott hat ja auch nicht scharlach- oder purpurfarbene Schafe geschaffen oder die Menschen gelehrt, die Wolle mit dem Saft von Kräutern und Schnecken zu tränken und zu färben (...).[6]
(Cyprianus, Bischof von Karthago. Drittes Jahrhundert)

Die christliche Lehre ist das Herzstück mittelalterlicher Modekritik. Schon den Kirchenvätern in frühchristlicher Zeit waren Kleideraufwand, Aufputz, Schmuckwerk, das heißt alles, was über die elementare Bedeckung der menschlichen Blöße hinausging, eine Greuel. Hiermit konzentriere der Mensch sich auf das bloß Äußere – den Körper – und vernachlässige das kostbare Innere – die Seele. Da es aber die Seele sei, die den Menschen konstituiere, käme ihr höchste Priorität zu. Sie sei es, die ihn über andere Lebewesen stelle und über den leiblichen Tod hinaus bestehen lasse, die eingehe in das Reich der Seligen oder in das der Verdammten, die ewige lebe oder ewig sterbe.[7]

Aus den Quellen der ersten Jahrhunderte unserer Zeitrechnung geht hervor, dass des Menschen elementare Freude an Kleidung und Schmuck seit der Frühzeit des Christentums kritischen Kommentaren, Warnungen und Drohungen seitens der Kirchengelehrten ausgesetzt war. Die negative Haltung resultierte aus der Heiligen Schrift, die dazu auffordert, das irdische Leben auf das Jenseits hin auszurichten und alles zu unterlassen, was von Gott ablenke oder Gottes Zorn errege: „Habt nicht lieb die Welt, noch was in der Welt ist. So jemand die Welt liebhat, in dem ist nicht die Liebe des Vaters. Denn alles, was in der Welt ist (nämlich des Fleisches Lust und der Augen Lust und hoffärtiges Leben), ist nicht vom Vater, sondern von der Welt. Und die Welt vergehet mit ihrer Lust; wer aber den Willen GOttes tut, der bleibet in Ewigkeit." (NT, 1 Johannes 2).[8] Dokumente des zweiten und dritten Jahrhunderts nach der Zeitenwende aus der Feder namhafter Kirchenväter bezeugen, dass jeder schmückende Eingriff in das Werk Gottes als sündhaft gesehen wurde, als Gefährdung des Seelenheils. „Seid so, wie euch der göttliche Meister geschaffen, seid so, wie euch die Hand des Vaters gestaltet hat!", ruft Cyprianus seiner Zuhörerschaft zu. „Unverdorben bleibe an euch das Gesicht, rein der Nacken, unverfälscht die Gestalt! Weder sollen die Ohren durchstochen werden, noch möge eine kostbare Kette aus Reifen und Ringen Arme und Hals umschließen! Frei seien die Füße von goldenen Spangen, die Haare unberührt von jeder schminkenden Farbe, die Augen würdig, Gott zu schauen!"[9] Dabei ging es offenbar nicht allein um die Respektierung von Gottes Werk, sondern auch um die augenfällige Abgrenzung zu Nichtchristen. Christliche Frauen, die sich putzten und schmückten, stellten sich nach Meinung des Kirchenschriftstellers Tertullian (um 160–225) mit Heidinnen auf eine Stufe. Jenen aber ginge jede Kenntnis der wahren Züchtigkeit ab: „Auch da, wo man bei den Heidinnen etwas Sittsamkeit unterstellen kann, ist

3a *Höllenqualen*. Illumination aus *Hortus Deliciarum* der Herrad von Landsberg, um 1170. Der Ort der ewigen Verdammnis wurde möglichst abschreckend dargestellt, um die Sünder zur Umkehr zu bewegen. In der unteren Reihe thront Luzifer, auf dem Schoß den Antichrist.

3b *Höllenqualen* (Ausschnitt). In der zweiten Reihe der Höllendarstellung wird eine hochmodisch gekleidete Frau ihrem Schicksal zugeführt.

sie sicher so unvollkommen und schwächlich, dass sie, wenn sie sich in einem gewissen Grade auch in der Gesinnung behauptet, sich doch wiederum selbst aufgibt durch eine zu freie Kleidung und man, der verkehrten Art der Heiden entsprechend, Verlangen nach dem zeigt, dessen Ausübung man vermeidet."[10]

Die Kirchenväter sahen in prächtigen Kleidern und Schminke Aufforderungen zur Unkeuschheit, denn diese Künste entsprängen nicht der Sittlichkeit, sondern der Buhlerei.[11] Unkeuschheit aber gehörte zu den Hauptsünden – den Todsünden –, die zum Verlust der ewigen Seligkeit führten.[12] Deshalb sollten Christinnen nicht nur keusch leben, sondern dies auch durch ihre Kleidung dokumentieren. „Eine Jungfrau muss sie nicht nur s e i n, sondern man muss dies auch erkennen und glauben", schreibt Cyprianus in seiner Schrift *Liber de habitu virginum*. „Keiner soll, wenn er eine Jungfrau sieht, im Zweifel sein, ob sie auch wirklich eine Jungfrau ist. Gleichmäßig möge sich ihre Unbeflecktheit in allem zeigen, und der Putz des Körpers soll nicht ihren inneren Wert beeinträchtigen ... Denn eine Jungfrau darf nicht ihre äußere Erscheinung durch Putz heben oder sich des Fleisches und seiner Schönheit rühmen; gegen nichts hat sie ja heißer zu ringen als gegen das Fleisch, und es kostet sie einen hartnäckigen Kampf, um den Leib zu besiegen und zu bezwingen."[13] Auch Tertullian hielt das Thema gottgefälliger Kleidung für so gewichtig, dass er sich in seiner Schrift *De Cultu feminarum* ausführlich darüber ausließ. Frauen sollten stets danach streben, allein Gott zu gefallen, und sich im Übrigen in Demut und Gehorsam üben. „Senkt das Haupt vor Euren Ehemännern, und ihr werdet geputzt genug sein! Laßt die Hände nach der Wolle greifen und bannt die Füße innerhalb der Schwelle des Hauses fest, dann werdet ihr mehr Gefallen erregen, als wenn ihr in Gold einherginget! Kleidet Euch in den Seidenstoff der Rechtschaffenheit, in das Linnen der Heiligkeit und in den Purpur der Keuschheit! So angetan, werdet Ihr Gott zum Liebhaber haben.“[14] Wenn der Mensch dagegen Gold, Silber und schöne Kleider mehr liebe als Gott, sei seine Seele verloren.

Seit der Wende vom 2. zum 3. Jahrhundert gaben Künstler den Dogmen des Christentums bildlichen Ausdruck. Elfenbeinschnitzereien, Fresken und Mosaiken aus frühchristlicher Zeit sowie Plastiken und Gemälde des frühen und hohen Mittelalters erzählen Geschichten aus dem Alten und Neuen Testament, die nicht nur für die Rekonstruktion der Auslegung von Bibelstellen aufschlussreich sind, sondern auch alltägliche Dinge wie Kleidung dokumentieren. Christliche Dichter der Spätantike und des Mittelalters schufen allegorische Epen im Dienst der Glaubensverbreitung und -festigung, die in Bilderhandschriften vorliegen und deren prachtvolle Buchmalereien viele kleiderhistorisch relevante Informationen enthalten.

In diesem Kontext interessieren vor allem Sinnbilder, Personifikationen und Allegorien, mit denen Künstler das Negative – Sünde, Laster, Verfehlung, Niederlage – in Szene setzten. Ein Bildmotiv, das bereits in frühchristlicher Zeit entwickelt wurde, ist das des Kampfes der (christlichen)Tugenden und (heidnischen) Laster – eine Allegorie auf die Grundentscheidung der menschlichen Seele. Eingeführt 405 n. Chr. von Clemens Aurelius Prudentius[15] in seinem Epos *Psychomachia,* regte das Thema nicht nur Generationen von Dichtern zu Nachdichtungen an. Die bildliche Umsetzung reizte auch zahlreiche Künstler, besonders Miniaturisten. In illuminierten Handschriften aus dem frühen und hohen Mittelalter finden sich eindrucksvolle Illustrationen zu den Kämpfen der Tugenden und der Laster: an erster Stelle der Kampf des Glaubens wider den Unglauben, gefolgt von Auseinandersetzungen zwischen Keuschheit – Unzucht, Geduld – Zorn, Demut – Hoffart, Mäßigkeit – Üppigkeit, Geiz – Barmherzigkeit und Eintracht – Zwietracht. Die Tugenden ringen die Laster nieder, am Ende herrschen Eintracht und Glaube. „Auf unbändigem Pferd jagt – durch die sich ergiessenden Scharen – aufgebläht die Superbia einher; als Sattel dient ihr, wie mitunter den Amazonen, ein Löwenfell“,[16] beschreibt Otto Homburger eine äußerst dynamische Illustration aus dem letzten Drittel des 9. Jahrhunderts, eine Miniatur des Berner Codex 264 eines unbekannten Meisters. Der Kampf endet für *Superbia* tödlich: sie stürzt mitsamt Streitross in eine Grube, besiegt von der waffenlosen *Humilitas*, der Demut. In den Prudentius-Handschriften des Mittelalters wird das Laster der Hoffart immer hoch zu Ross und – nach 1150 – in hochmodischer oder übertrieben modischer Kleidung dargestellt. Auch die Einkleidungen der personifizierten *Unkeuschheit* und der von Papst Gregor I. um 600 n. Chr. eingeführten Todsünde *Wollust*[17] lassen erkennen, welche Kleiderinszenierungen in ihrer Entstehungszeit als lasterhaft gewertet wurden.

Die *Große Hure Babylon* ist eine allegorische Frauengestalt, die den Götzendienst verkörpert. Mit ihr ließen sich laut Neuem Testament die Könige der Erde ein, die Erdenbewohner wurden trunken von ihrem Wein und die Kaufleute reich durch sie. In der Offenbarung des Johannes wird das Sinnbild als luxuriös gekleidete und über die Maßen geschmückte Frau beschrieben, die mit weltlichen Schätzen lockt. In Analogie zum Bibeltext stellen Künstler die Hure Babylon meist auf einem „Tier mit sieben Häuptern und zehn Hörnern“ reitend dar, in der Hand den goldenen Becher „voll mit dem Greuel und Schmutz ihrer Hurerei.“ (NT, Offenbarung 17).[18] Die Aufmachung der Personifikation ist immer über die Maßen prächtig und verführerisch.

In der im Matthäus-Evangelium vorgestellten Parabel von den Klugen und Törichten Jungfrauen wird der richtige und der falsche Weg zu Gott aufgezeigt. Während sich die Klugen Jungfrauen auf Gott hin ausrichten und sich auf das Erscheinen ihres Bräutigams – die Wiederkunft Christi – vorbereiteten, indem sie

4 *Ecclesia und Synagoga*. Miniatur aus dem *Antiphonar von St. Peter*, um 1160. Wien, Österreichische Nationalbibliothek. Rechts des Kreuzes die Personifikation der Ecclesia, links die der Synagoga mit Augenbinde und Joch, gekleidet nach höfischer Mode.

Brennstoff für ihre Lampen bereithielten, trafen die Törichten keine Vorsorge und holten gerade Öl, als der Herr kam (NT, Matthäus 25).[19] Die künstlerische Umsetzung der Parabel ist im Hochmittelalter und in der Frühen Neuzeit überaus beliebt. In Skulpturen, Gemälden, Miniaturen und Drucken verdeutlicht sich der Wandel der Sicht auf Kleidung, insbesondere hinsichtlich ihrer moralischen Bewertung.

Kleiderhistorisch interessante Schlüsse lassen sich auch aus den bildlichen Variationen des Themas *Ecclesia und Synagoga*, den Symbolfiguren für Christentum und Judaismus, ziehen. Das Motiv entstand im 9. Jahrhundert vor dem Hintergrund der Intensivierung des Bestrebens seitens der christlichen Kirche, die Kontakte zwischen Christen und Juden zu unterbinden. Mitte des 10. Jahrhunderts wurde es Tradition, die beiden Sinnbilder links und rechts des Kreuzes zu platzieren: *Ecclessia* als Christus zugewandt, *Synagoga* als ihm den Rücken kehrend (Abb. 4). Diese Entwicklung setzt sich im Hoch- und Spätmittelalter fort: hier die triumphierende, gekrönte, zuversichtlich in die Zukunft blickende Verkörperung des Christentums, dort die besiegte, durch Augenbinde als blind gekennzeichnete Verkörperung des Judentums, der die Gesetzestafel bricht und die Krone vom Haupt fällt. Die Einkleidung der *Synagoga* spielt bei diesen Gegenüberstellungen eine wichtige Rolle als Verstärkung der antisemitischen Bildaussage. Ihre auffällig modische Kleidung kann als eine negative Bewertung der Zeitmode aus kirchlicher Sicht gelesen werden.

Der Grundstein für die nach 1150 einsetzende Modekritik war in den ersten Jahrhunderten nach Beginn unserer Zeitrechnung gelegt. Tatsächlich waren die in frühchristlicher Zeit entwickelten Imaginationen so prägend, die Wortgewalt frühchristlicher Kirchenlehrer so beeindruckend, dass noch Jahrhunderte später immer wieder auf sie zurückgegriffen wurde.

I Wider Hoffart und Eitelkeit

Hoffart ist ein Todsünd

Es gab sich vor zeitten der Teuffel in eines Krämers/ oder Kauffmans gestalt verkleidet/ unnd dargestelt/ hab Hoffart feil gehabt/ und außgerufen: Wer hoffart kauffen wölle/ der soll herzu kommen/ er wölle ihm rechten guten Kauff geben. Da solches die Leut gehört/ haben sie gesagt: Behüte mich Gott/ sollte ich Hoffart kauffen: Hoffart ist ein Todsünd. Da ist ein altes böses weib hin zugangen/ unnd hat zum Teuffel gesagt: Du grosser Narr/ meinstu/ daß man dir die Hoffart abkauffe/ wenn du sie mit ihrem rechten Namen nennest? du must sagen/ du habest Saubrigkeit feil.[20]

Heute steht das Wort *Hoffart* als „veraltet für Dünkel und Hochmut“, somit im abwertenden Sinn für Eingebildetheit respektive Überheblichkeit. Im Spätmittelalter und der Frühen Neuzeit aber war *Hoffart* ein überaus gebräuchlicher Begriff zur Kennzeichnung der schwersten aller Sünden: „der bewußten Auflehnung gegen Gottes Willen und der Verwerfung seiner Gnade“,[21] die den Sündenfall provozierte. Das Synonym für *Hoffart* war der lateinische Begriff *superbia*.

Im Ursprung des Wortes *Hoffart* ist diese negative Bedeutung noch nicht präsent, im Gegenteil: *hôhevart (hôvart)* und *hôchvart* standen in der Höfischen Zeit für die vornehme (hohe) Art zu leben,[22] im 14. Jahrhundert zusammengezogen zu *hoffart* (auch: *hoffahrt*). Hieraus entwickelten sich zwei Bedeutungsebenen, die des ‘edlen Stolzes’ – hoffärtig im Sinn von hochgesinnt, stolz, prächtig – und die des ‘hochfahrenden Wesens’ – dem überheblichen, übermütigen Stolz. Gegen Ende des Spätmittelalters schlug die im Hochmittelalter positive, im Spätmittelalters ambivalente Bedeutung des Begriffs ins ausschließlich Negative um. Der Adelsstolz des Hochmittelalters wurde zu Selbstherrlichkeit und Überheblichkeit, bürgerlicher Hochmut folgte. Seit dem 16. Jahrhundert wird Hoffart mit Hochmut[23] und seinen Erscheinungsformen – äußerer Pracht, Pomp, Schmuck, Putz – gleichgesetzt, gemäß dem Sinnspruch: Alles was man ist und hat, verdankt man sich selbst. Die Verbalisierung *hoffartieren* steht für Aufwand treiben, prunken, verschwenden. Da sich Kleidung in hervorragender Weise zur Demonstration dessen, was man ist und hat eignet, ist Hoffart *das* Schlüsselwort der Kleiderkritiker dieser Epoche.

Moralkritik vor 1450

Hoffart galt nicht nur als eine der Todsünden, sie wurde als Wurzel allen Übels gesehen.

Moraltheologen sahen in der Hoffart den Anfang aller Sünden: sobald sich der Mensch mangels Erkennen der eigener Schwachheit von Gott abwende und auf sich selbst baue, fielen die anderen Sünden „mit Hauffen her ein“.[24] Sie bekämpften die Hoffart, indem sie gegen sie predigten.

In seiner Mahnrede *Von zwölf Junkern des Teufels* aus der Mitte des 13. Jahrhunderts stellt der Franziskaner Berthold von Regensburg den sechsten Junker als „den allergewaltigsten und des Teufels allerliebsten einer“ vor, der ihm zudem am Wesensgleichsten sei. Sein Name sei Hoffart, und er sei mit dem Teufel vom Himmelreich in die Hölle gefahren. „Darum hat er ihm seine Gewalt gar völliglich befohlen und er ist nun gar gewaltiglich worden in der heiligen Christenheit; er bezwinget Pfaffen und Laien, und die Reichen und die Armen.“[25]

Allein durch Demut könne man sich hiervor schützen: „Laßt ihr die Hoffart Oberhand gewinnen mit ihrer Gewalt über euch, so müßt ihr immer brennen mit dem Teufel in der Hölle, der mit Hoffart vom Himmelreich mußte fahren in den Abgrund. Darum sollt ihr den Jünger des Teufels hassen und fliehen, und sollt die Jungfrau lieb haben, die da heißet Demut: so treibet ihr alle Gewalt des Teufels von euch, die er immer gegen euch treiben möchte."[26] Prediger des 15. Jahrhunderts gingen so weit, der Frauen Hang zu prachtvoller Kleidung als Ursache für verzögerte oder nicht zustande kommende Eheschließungen wegen zu kostspieliger Aussteuer zu sehen, weshalb der durch Pestepidemien verursachte Bevölkerungsrückgang nicht aufgeholt würde. „Wer kann soviel ausgeben?" fragte Bernardino von Siena. „Und daher mangelt es an Bevölkerung, und die Sodomie nimmt weiter zu."[27]

Die weltlichen Moralkritiker des Mittelalters machten sich die Argumentation der Kirche zu Eigen. Ihre Drohungen und Ermahnungen wichen zunächst nur unwesentlich von denen kirchlicher Kritiker ab. Des Armen Hartmanns *Rede vom glouven* (um 1150) gilt als „die erste umfangreiche, auf dogmatischen Erläuterungen aufbauende moraltheologische Dichtung, die wir in deutscher Sprache kennen."[28] Der gottesfürchtige Dichter stellt sein gereimtes Traktat in den Dienst Gottes, ruft zur Befolgung seiner Gebote auf und warnt nachdrücklich vor den Gefahren weltlichen Übermutes. Die Weltzugewandheit und Hoffart seiner Zeit anprangernd, beschreibt er detailliert den Kleiderluxus der Hofleute, die sich dadurch von Gott abwenden würden. Durch Aufzeigen des falschen will er Fehlgeleitete auf den rechten Weg zurückführen. Während Hartmanns Ausführungen noch sehr allgemein bleiben – seine kritischen Hinweise beziehen sich generalisierend auf Rüstungen, Prunkmäntel, Edelsteine und Luxusstoffe[29] –, finden sich in dem etwas später zu datierenden Werk Heinrich von Melks *Von des todes gehugde* (um 1160)[30] bereits diverse konkrete Hinweise auf die als Zeichen der Hoffart gewerteten Übertreibungen in der Gestaltung des Auftretens: schleppende, eingefärbte Kleider, gelbe Kopfbinden (Gebende), künstliches Wangenrot.[31] Achtzig Jahre später wird von Wernher von Gartenaere erstmals das Thema 'Kleider machen Leute' diskutiert. Der Bauernsohn Helmbrecht – Namensgeber der von Gartenaere verfassten Novelle *Meier Helmbrecht* (nach 1237) – verfällt der Todsünde *Superbia*. Er will hoch hinaus, lässt sich nach höfischer Sitte einkleiden, kehrt seinem Stand den Rücken. Doch scheitert er kläglich und wird, geblendet und verstümmelt, von Leuten seines Standes gerichtet. Mit diesem Beispiel warnt der Dichter nachdrücklich davor, sich mittels prächtiger Kleider über die von Gott bestimmte gesellschaftliche Stellung zu erheben.

Das 14. und 15. Jahrhundert kennt Hoffart nach wie vor als größte Bedrohung für das Seelenheil. Ein vom Straßburger Volksprediger Geiler von Kaysersberg gegen Ende des 15. Jahrhunderts verfasstes Gedicht trägt den Titel: *Die syben tödsünd mit iren anhengen*, worin er die Hoffart als Hauptsünde geißelt:

(F)ürt ich üch syben totsünd nenn/
Und meld wie man ir ieckliche kenn/
Uß den Hochfart die houbt sünd ist/
Wann sy amm hoechsten hatt genist.
Und ist ein ursprung aller der sünd/
Die ich hernach erzel und verkünd (...).[32]

Was sich aber zu ändern beginnt, ist – sieht man vom Wandel der konkreten modischen Bezüge ab – die Tonlage der weltlichen Kritiker. Ihre Belehrungen und Ermahnungen werden jetzt deutlich spöttischer, auch scheuen sich die bis dato den Adel verherrlichenden höfischen Dichter nicht mehr, ihre Kleiderkritik auf ihren eigenen Stand auszuweiten.[33] In dem der satirisch-didaktischen Literatur zuzurechnenden Werk *Des Teufels Netz* aus der ersten Hälfte des 15. Jahrhunderts – hier angelegt als Gegenbild zum Menschenfischer Christus und seiner Jünger – wird der Teufel gefragt, ob ihm auch adlige Damen ins Netz gingen. Er antwortete, so viel er wolle. Ob Gräfin, Fürstin oder Freiherrin, sie alle würden sich vor Hoffart aufblähen, würden schier zerplatzen.[34] Es folgt die Beschreibung der Kleidung jener, die ihm ins Netz gingen. Hier zeichnet der Teufel als Sprachrohr des Dichters ein satirisch eingefärbtes, aber durchaus realistisches Bild höfischer Zeitmode. Die Damen von Adel trügen die Taille einschnürende Kleider, extrem große, mit Drapierung versehene Hauben, schmückenden Zaddelschmuck (ausgeschnittene Stofflappen) und schleppende, pelzunterlegte Tuchstreifen an den Ärmeln, die an Prügel erinnern würden.[35] Selbst beim Kirchgang ließen die Frauen nicht von ihrem eitlen Treiben und Konkurrieren ab, wobei sie Gott und ihre Mütter vergäßen. Den Rittern spricht er das Recht auf prachtvolle Kleider ab, da ihnen dies ob ihres lasterhaften Lebenswandels nicht mehr zukomme.[36]

Unterstützung erfährt der teuflische Seelenfischer von seinen sieben Knechten, den Personifikationen der sieben Todsünden, die dafür sorgen, dass kein Sünder seinem Fischzug entkommt.[37] Eine Illustration aus der Donaueschinger Fassung von *Des Teufels Netz* zeigt die agilen Helfer des Teufels in Aktion.

5 Illustration aus der mittelalterlichen Lehrdichtung *Des Teufels Netz.* Kolorierte Federzeichnung, Deutschland, 1. Hälfte 15. Jahrhundert (Donaueschinger Fassung).

6 Johannes Stradanus: *Die Werkstatt eines Buchdruckers.* Holländischer Kupferstich, Ende 16. Jahrhundert. Brügge, Stedelijke Musea.

Ihr Netz ist bereits randvoll mit Menschen aus allen Gesellschaftsschichten: Bauer, Papst, Bürgerin, König, Kardinal, Bürger und Knecht (Abb. 5).

Moralkritische Druckerzeugnisse

In der zweiten Hälfte des 15. Jahrhunderts steigt, in Folge der Ausweitung städtischer Kultur und der Etablierung des Buchdrucks, die Zahl der modekritischen Textquellen sprunghaft an. „Die erste große Erfindung des neuen (bürgerlichen) Zeitalters war das Mittel, zu den Massen zu reden: die Buchdruckerkunst",[38] urteilt der Karikaturensammler Eduard Fuchs. Erst diese hätte die Möglichkeit geschaffen, viele Menschen relativ problemlos, schnell und unaufwändig zu erreichen – ein Medium, das die Vertreter von Kirche und Obrigkeit umgehend in ihren Dienst stellten und sich exzessiv zu Nutzen machten.

Ein Bestseller aus der Frühzeit des Buchdrucks ist die Inkunabel *Das Buch genannt der Selen Wurczgarten*, erstmals erschienen 1483 in Ulm und in Folge mehrfach aufgelegt.[39] Aus vier Hauptteilen und zahlreichen Unterkapiteln zusammengefügt und mit kolorierten Holzschnitten ausgestattet, zielt es darauf ab, mittels dramatisch-anschaulicher Beispiele den Menschen auf dem Pfad der Tugend zu halten, respektive auf diesen zurückzuführen. Beispiele sündigen Verhaltens werden vorgeführt, die bösen Folgen aufgezeigt, oft kommen auch reuige Sünderinnen und Sünder zu Wort, natürlich auch hoffärtige Kleidersünde-

7 Illustration zu einer Exempelgeschichte von einem Priester, der für seine Mutter die Messe hält. Kolorierter Holzschnitt aus dem Buch *Der Selen Wurtzgarten*, Augsburg 1488. Zürich, Zentralbibliothek.

rinnen. Eine der Geschichten handelt von einem Priester, der für seine verstorbene Mutter eine Messe hält. Eines Tages erscheint sie ihm, von zwei Teufeln in Ketten vorgeführt. Die Mutter bittet ihren Sohn, nicht mehr für sie zu beten, sie sei zu Recht für ewig verloren, denn sie habe ihre Ehe gebrochen, sei käuflich gewesen. „Und mit dem selben gelt hab ich fürbas auch mer gesündet", fährt sie fort, „dann ich meinen leibe darmit geziert hab und manigerley wollustes darmit gepfleget/ und hab das gebüßt."[40] (Abb. 7)

Ähnlich ist der Tenor des ebenfalls populären Volksbuches *Der Ritter vom Turn. Von den Exempeln der Gottesfurcht und Ehrbarkeit*, das Geoffroy de la Tour Landry, ein Adliger aus Anjou, zur moralischen Belehrung seiner Töchter verfasste (Abb. 9). Das Werk selbst entstand bereits um 1370/71 und gelangte in der zweiten Hälfte des 15. Jahrhunderts zum Druck. 1484 wurde es zunächst ins Englische, 1493 dann ins Deutsche übersetzt.[41] Aus dem ursprünglichen Zeitpunkt seiner Entstehung erklärt sich, dass sich die Kleiderkritik seiner Belehrung auf allgemeine Direktiven wie: 'Seid nicht die ersten, die neue Moden annehmen, vor allem nicht solche von Frauen aus fremden Landen' oder: 'Tragt festliche Kleider nur zu Ehren hoher Feiertage, nicht um Leute zu beeindrucken' be-

8 *Die Untugend und drei Teufel.* Kolorierter Holzschnitt aus Hans Vintler: *Flores virtutum oder das buch der Tugent*, Augsburg 1486. Staatliche Museen zu Berlin, Kunstbibliothek.

9 *Wie der Ritter vom Thurn synen döchtern dyß buch jren handen über antwurt.* Kolorierter Holzschnitt aus Geoffroy de la Tour Landry: *Von den Exempeln der gotsforcht und erberkeit.* Ausgabe Basel 1493, mit Holzstichen von Albrecht Dürer.

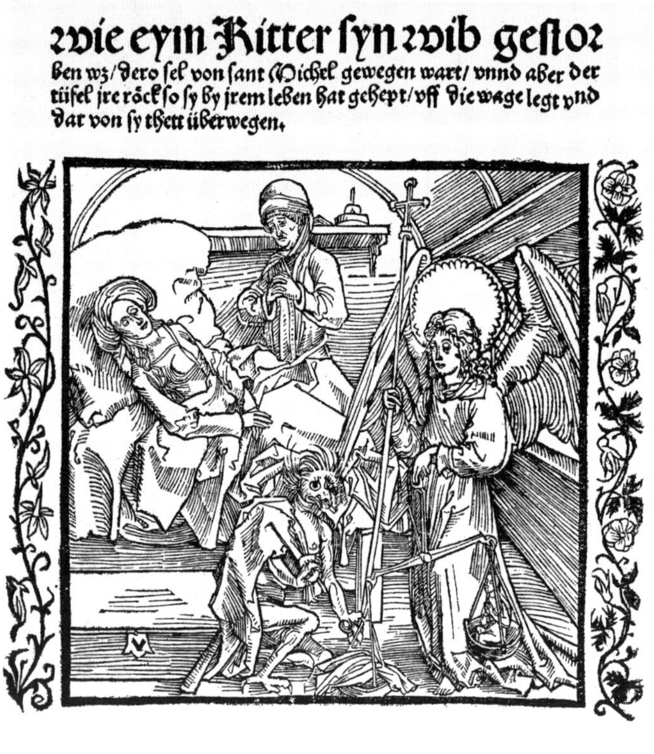

10 Illustration zu einer Exempelgeschichte vom Tod einer eitlen Frau. Kolorierter Holzschnitt aus Geoffroy de la Tour Landry: *Von den Exempeln der gotsforcht und erberkeit.* Ausgabe Basel 1493, mit Holzstichen von Albrecht Dürer.

schränken. Mittels drastischer Exempelgeschichten, in denen Teufel hoffärtige Frauen zu Lebzeiten heimsuchten oder nach dem Tod grausam marterten, versucht Landry, seinem moralischen Anliegen Nachdruck zu verleihen. Sein erklärtes Ziel ist es, Mädchen und Jungfrauen im Sinne der christlichen Lehre zu erziehen. Er trägt seine Unterweisungen im Stil eines Predigers vor, nennt erst das Thema, das er dann durch Beispiele illustriert. Besonders eindrucksvoll ist die Geschichte eines gläubigen Ritters, der drei Mal zum Witwer wurde und von einem heiligen Einsiedler erfahren musste, alle drei Frauen hätten ihre Seele an den Teufel verloren. Erstere versündigte sich durch übermäßigen Kleiderkonsum. Als der Erzengel Michael ihre Seele holen wollte, habe der Teufel ihren Kleiderbesitz und ihre Kleinodien auf die Waage gelegt, und da habe sie für ihn ausgeschlagen. Erläuternd wird hinzugefügt, zwei ihrer Röcke hätten genügt, um 100 arme Menschen vor des Winters Kälte zu schützen (Abb. 10).[42] Seine zweite Frau wurde wegen Kleiderluxus und Ehebruch – zwei Sünden, die Gott besonders verabscheut – zu hundert Jahren Fegefeuer verdammt. Die dritte pflegte sich aus Eitelkeit Augenbrauen und Haare des Haaransatzes auszureißen. In der Hölle erwarteten sie fürchterliche Qualen. Der Teufel umklammerte ihren Kopf und stieß in ihre Backen, Augenbrauen und auch in die Stirn bis aufs Hirn brennende Ahlen und Nadeln, so dass sie bei jedem Stich fürchterlich schrie. Für jedes ausgezupfte Haar wurde sie gemartert, da sie sich aus Gefallsucht „gerichtet und geziert“ habe.[43]

Ein Jahr darauf ging Sebastian Brants Moralsatire *Das Narrenschiff* in Druck (Abb. 11).[44] Das Buch stellt die zu jener Zeit auflagenstärkste und noch heute bekannteste moralische Unterweisung des Spätmittelalters dar, die die didaktische Literatur der Folgezeit stark beeinflusste. Protagonisten des Brant'schen Weltspiegels sind Närrinnen und Narren, mit denen Brant die Unvernunft, Blind- und Torheit seiner Zeit geißeln und der Weisheit und Vernunft Gehör verschaffen wollte.[45]

Um ein möglichst großes Publikum zu erreichen, wählte er bewusst die Kombination von Bild und Wort, denn:

Wär jemand, der die Schrift veracht't,
Oder einer, der sie nicht könnt lesen,
Der sieht im Bilde wohl sein Wesen
Und schaut in diesem, wer er ist,
Wem gleich er sei, was ihm gebrist. (...)
In diesen Spiegel sollen schauen
Die Menschen alle, Männer, Frauen.[46]

Brants Vorrede bezeugt nicht nur, dass um 1500 die Mehrzahl seiner Zeitgenossen des Lesens unkundig waren, sie belegt zugleich, dass sich die weltlichen Moralkritik von der kirchlichen zu entfernen und auf das Individuum zu verschieben beginnt. Bereits an dieser exponierten Stelle kommt die Mode ins Spiel:

11 Titelblatt der Moralsatire *Das Narrenschiff* von Sebastian Brant, Basel 1494.

Man findet auch Närrinnen viel,
Denen ich Kopftuch, Schleier, Wil
Mit Narrenkappen hier bedecke.
Auch Mädchen haben Narrenröcke;
Sie wollen jetzt tragen offenbar,
Was sonst für Männer schändlich war:
Spitze Schuh' und ausgeschnittene Röcke,
Daß man den Milchmarkt nicht bedecke;
Sie wickeln viel Lappen in die Zöpfe
Und machen Hörner auf die Köpfe,
Als käm daher ein mächtger Stier;
Sie gehen umher wie die wilden Tier (...).[47]

Die Klage über närrische Moden wird von Brant in eine allgemeine Verhaltenskritik eingebettet. Schon allein die Tatsache, *dass* Menschen ihr Äußeres neu gestalten, sich selbst bespiegeln und durch modisches Gebaren auf sich aufmerksam machen, sei närrisch, ein Ausdruck des Wankelmuts und ein Frevel an Gott. Die Folgen – „böser Lohn", „Höllenglut", „Gottes Zorn" – werden in alter Tradition als Warnung vor Augen gestellt. Die Imaginationen der Qualen, die die Verdammten erwarten, unterschieden sich im 15. Jahrhundert kaum von denen des 12. Jahrhunderts (vgl. Abb. 3).

Gegen Ende des 15. Jahrhunderts beginnt sich der Begriff Hoffart zu modifizieren. Der Geißelung eines alle Stände umfassenden Fehlverhaltens folgt die Klage über die Verletzung ständischer Grenzen durch höherwertige Kleidung. Nicht mehr das Allgemeine, der Luxus als solcher, werden als Ausdruck von Hoffart angeklagt und bekämpft, sondern der Regelverstoß, das Ungebührliche: Die Magd, die sich zur Herrin aufputzt, der Schuster, der nicht bei seinem Leisten bleibt.

12 *Höllenstrafen.* Druck von Nicolas Le Rouge, Troyes 1469.

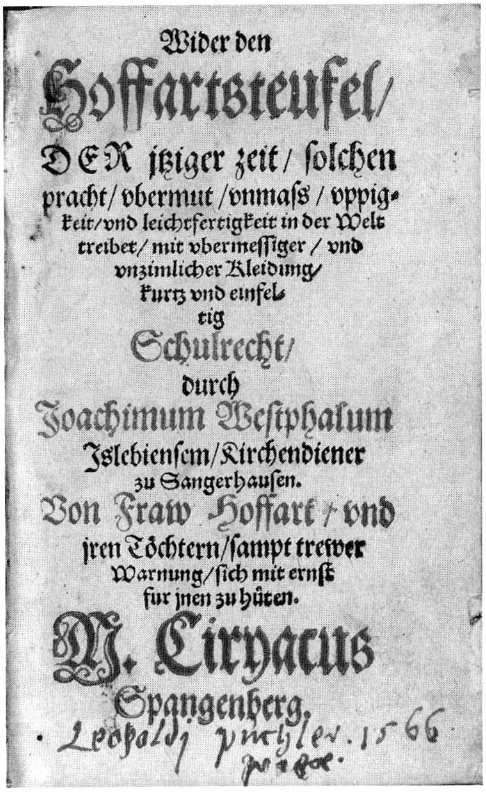

13 Titelblatt von Joachim Westphals Traktat *Wider den Hoffartsteufel*, Eisleben 1565. Staatliche Museen zu Berlin, Kunstbibliothek.

Dennoch blieben die Argumentationen mittelalterlicher Erbauungsliteratur und didaktischer Belehrungen im 16. Jahrhundert erstaunlich präsent, galt Hoffart als die Sünde aller Sünden. „Unter allen Teufeln, die itze das Regiment auf Erden, gewaltig unter den Kindern der Finsternis führen, ist keiner so närrisch, und tölpisch, als der heillose Hoffartsteufel, dem doch (ungeachtet das er trefflichen grossen schaden tut, an leib und Seele, ehr und gut) gleichwohl das größte Teil der Welt häufig zu Hofe reitet, wie man täglich vor Augen siehet", begründet W. C. Spangenberg im Vorwort die Veröffentlichung von Joachim Westphals Traktat *Wider den Hoffartsteufel* von 1565.[48] Als Darstellungsform wählten die Moralprediger nun aber nicht mehr die bloße Aneinanderreihung von Beispielen, sondern bemühten sich immanent-logisch zu argumentieren. Die folgenden beiden Beispiele mögen verdeutlichen, mit welchen Strategien Autoren des 16. Jahrhunderts Gläubige zum Tragen gottgefälliger Kleidung zu bewegen versuchten.

Das Inhaltsverzeichnis von Westphals Werk verweist auf ein bis heute gültiges Muster: Definition des Problems, Abwägung der Argumente, Lösungsvorschläge und Fazit:

Schulrecht wider den hoffarts Teufel.
1. Hoffahrt im allgemeinen
2. Warum man aller Hoffahrt Feind sein soll
3. Was an jtziger kleidung strefflich/ das vnd warumb solchs billich solt abgeschaffet werden.
4. Gegenreden für diejenigen, die die Hoffahrt verteidigen wollen.
5. Mittel und Wege der Abwehr
6. Von rechter mas der kleidung/ etc.[49]

Der Text handelt „Von der Hoffart, was und wie mancherlei die sei/ Warum sie zu fliehen und zu meiden/ Und was uns, da wir von solchem Laster abzustehen, und davor zu hüten in willens sind, zu tun sei." Ausgangspunkt der *sichtbaren Hoffart* sei die *geistige Hoffart*, bestehend aus den folgenden vier Aspekten: 1.) Der Mensch meint, was er hat, habe er von sich selbst, nicht von Gott, dem er deshalb auch nicht dafür dankt. 2.) Er dankt, meint aber, dass er der Gabe wurdig war. 3.) Er rühmt sich, dass er Gott um nichts bittet. 4.) Er verachtet andere Menschen, überhebt sich über sie. Wo sich *geistige Hoffart* einniste, gebäre sie den „Teuffelischen Hohemut", den „Weltstoltz" und die „fleischliche Hoffart".[50] „Denn da kömet aller unrat her, das der Satan an die Menschen zu förderst, mit der Geistlichen (!) Hoffart besitzet, daraus denn die eusserliche, stinckende hoffart folget."[51] Im Gegensatz zu allen anderen Sünden, die das Licht zu meiden suchten, wolle allein der Hoffartsteufel „an und bey dem liecht zu schaffen haben."[52]

In dem 1581 in Leipzig erschienenen Traktat *Wider den Kleider/ Pluder/ Pauss vnd Krauß*

Teuffel von Johann Strauß wird der moralische Diskurs bereits auf eine breitere Basis gestellt:

Das Erste Theil.
I. Woher die Kleidung ihren Ursprung habe.
II. Wie dieselbige geschaffen sein soll.
III. Warzu sie geordnet und dienstlich ist.
IIII. Das beide Gott und Menschen/ an zimlicher Kleidung gefallen tragen/ und damit zufrieden sein.

Das Ander Theil.
I. Woher die leidige Hoffahrth/ in der Kleidung entspringe.
II. Wie hoch dieselbige gestiegen/ und noch von tag zu tag steige.
III. Wie diese Hoffarth die Leute mehr verstelle/ denn sie schmücke und ziere.
IIII. Das beide/ GOTT unnd die Menschen/ diesem Laster spinnen feind/ unnd Hertzen gramm sein.[53]

Teil eins der Strauß'schen Abhandlung handelt vom Sündenfall, der Vertreibung aus dem Paradies und dem Urkleid des Menschen zur Bedeckung seiner Blöße. Hieraus schlussfolgert der Verfasser, dass Kleidung zugleich an den Zorn Gottes und an seine Gnade zu erinnern habe, also ein bescheidenes Gewand der Demut sein müsse. Die Moden der Zeit aber sprächen diesem Ursprung Hohn, seien ein Werk des Bösen, der dadurch nachhaltig an Einfluss gewinne. Im zweiten Teil wird das Problem benannt, angeprangert und verdammt.

Aus dem 'Junker Hoffart' des 15. Jahrhunderts, der im Auftrag des Teufels nach Sündern fischt, wird in der 2. Hälfte des 16. Jahrhunderts ein eigenständiger 'Hoffartsteufel'. Auch die Termini zur Kennzeichnung des Hauptübels werden nach 1550 deutlich differenzierter. Vor allem erhalten die Teufel jetzt Eigennamen. Andreas Musculus, ein bekannter Prediger aus Frankfurt an der Oder, führte 1555 den *Pluderichten Hosen Teuffel*[54] ein, Strauß 1581 – wie berichtet – den *Kleider-*, *Pluder-*, *Pauss-* und *Kraußteuffel*. Außerdem gab es zahllose 'Spezialteufel', die nicht direkt mit der Hoffart und ihren Erscheinungsformen zu schaffen hatten: *Tanzteufel, Saufteufel, Fraßteufel, Hurenteufel* etc. Sie alle sind in dem Sammelband *Theatrum Diabolorum* (1569) des Verlegers H. Feyrabend versammelt, das fast alle Teufelstraktate in einem Buch vereinte.[55] Auf dem Titelholzschnitt der ersten Ausgabe haben die wichtigsten 'Spezialteufel' ihren Auftritt, an exponierter Stelle der Hosenteufel, auch der Hoffartsteufel fehlt nicht (Abb. 15).

14 Darstellung des Sündenfalls und der Vertreibung aus dem Paradies im Heilsspiegel *Speculum humanae salvationis*, einem Erbauungsbuch aus der 2. Hälfte des 14. Jahrhunderts.

15 Titelholzschnitt des Sammelwerks *Theatrum Diabolorum* von Jost Amman, Frankfurt/Main 1569. Staatliche Museen zu Berlin, Staatsbibliothek. Die dem Oberteufel huldigenden Teufelsgestalten sind durch für sie charakteristische Merkmale gekennzeichnet. Der Tanzteufel spielt Flöte, der Saufteufel schwenkt einen Pokal, der Fraßteufel ist unmäßig dick, der Hurenteufel hält eine Frau im Arm, der Hoffartsteufel trägt die Kopfbedeckung des vornehmen Spaniers und der Hosenteufel bis zum Boden herabhängende Pluderhosen, die fast nur noch aus einer Futterhose zu bestehen scheinen.

Parallel hierzu wandelt sich die Bildsprache. Doch während die Teufel in ihren Charakteren subtiler und im Text präsenter werden, verlieren sie in der Bildsprache zunehmend an Gestalt. Nach 1580 führt die bildliche Kritik fast ausschließlich als übertrieben oder unmoralisch empfundene Modephänomene vor, verzichtet aber auf die Beigabe von teuflischen Begleitern, selbst wenn im Text noch oft von Teufeln die Rede ist.[56]

Frau Hoffart, Frau Stolz und Frau Eitelkeit

Die menschliche Anmaßung, die zum Sündenfall führte, fand ihren bildersprachlichen Ausdruck in der Personifikation der Hochmuts (*Superbia*), verkörpert durch eine überheblich wirkende, hochmodisch eingekleidete Frauengestalt.

Für das Mittelalter blieb das durch das allegorische Epos *Psychomachia* des Prudentius zu Beginn des 5. Jahrhunderts n. Chr. eingeführte Bild einer kriegerisch dahinsprengenden *Superbia* – einer der zentralen Figuren im Kampf der Tugenden und der Laster – vorbildhaft.[57] Gemäß der spätantiken Tradition zeigt die Initiale V aus der *Frowin-Bibel* aus der zweiten Hälfte des 12. Jahrhunderts *Superbia* als angriffslustige Reiterin (Abb. 16). Denn auch wenn das Streitross selbst nicht dargestellt ist,

16 Initiale V von Vanitas, im Zentrum *Superbia*. Miniatur aus der *Frowin-Bibel*, 2. Hälfte 12. Jahrhundert. Engelberg, Klosterbibliothek. Die Personifikation der Hoffart scheint direkt auf den Betrachter zuzureiten; wehendes Haar und weite Flügelärmel unterstreichen ihren kämpferischen Auftritt.

kann man es sich ob der ungewöhnlichen Körperhaltung der Personifikation unschwer dazu denken.[58] Das für ihre Kennzeichnung gewählte Kleid entspricht mit seinen weiten, nach hinten wehenden Flügelärmeln dem neuen Schnitt der hochmittelalterlichen Mode.

Ein ebenfalls hochmittelalterliches, in seiner Aussagekraft besonders eindrückliches Bild der *Superbia* findet sich in der Prachthandschrift *Hortus deliciarum* (um 1170), verfasst von Herrad von Landsberg, Äbtissin des Klosters Odilienberg im Elsass, zur Belehrung und geistlichen Erbauung der Nonnen: „Euch zulieb, geweihte Schwestern, habe ich durch Gottes Eingebung und zu Ehren Christi und der Kirche dieses Buch gleich einem emsigen Bienlein aus den Blüten der göttlichen und philosophischen Schriften zusammengetragen und zu einer honigträufelnden Wabe geformt, damit des himmlischen Bräutigams süsse Geistesfreuden Euren müden Sinn erfrischen und Euch in Sicherheit durch dieser Welt Vergänglichkeiten zur ewigen Seeligkeit hineilen lassen, sodass Ihr auch mich, die ich auf wechselvollen Pfaden schreite, durch Euer heilsames Gebet von den irdischen Leidenschaften hinauf zu des Heilandes Liebe ziehen möget.“[59]

Eine der Bildfolgen zeigt *Superbia,* bewaffnet und hoch zu Ross, wie sie die Laster in den Kampf gegen *Humilitas* – die Personifikation der Demut – führt, besiegt wird und mit ihrem Pferd in eine Grube stürzt (Abb. 17). Ihr Kleid ist modisch, mit Tendenz zur Übertreibung: im oberen Teil ist es extrem körperbetont, im unteren überlang-schleppend. Deutlich erkennbar ist die seitliche Schnürung, mit der das Gewand an den Körper angepasst wurde. Die schmal geschnittenen Ärmel enden in bis zum Boden schleppenden Tuchstreifen, die übertrieben anmuten, aber in dieser Extremform für höfische Frauenmode dokumentiert sind, ebenso wie die spitz auslaufenden Schuhe. Ungewöhnlich ist der auf orientalische Kleidertradition verweisende Kopfputz, der durch Höhe und Schleppe die Anmaßung der Figur besonders vor Augen stellt. Da die weibliche Ordenstracht die modischen Experimente des

17 *Darstellung des Kampfes der Tugenden und der Laster.* Kopie einer Miniatur aus der Prachthandschrift *Hortus Deliciarum* der Herrad von Landsberg, um 1170 (ehemals Bibliothek Straßburg). *Superbia* führt die Laster in den Kampf gegen *Humilitas*, die personifizierte Demut, wird besiegt und stürzt mitsamt Ross in eine Grube, wo sie den Tod findet.

12. Jahrhunderts nicht mit vollzog und sich damit erstmals deutlich von weltlicher Kleidung unterschied, kann diese Darstellung zugleich als eine kritische Kommentierung des höfischen Kleiderverhaltens und als eine Warnung vor Nachahmung gelesen werden.

Die mit diesen hochmittelalterlichen Darstellungen eingeleitete Bildtradition der *Superbia* als kämpferische Reiterin setzt sich im Spätmittelalter fort. Erst um 1500 beginnen sich neue Bildvorstellungen herauszubilden: Auf einem Holzschnitt Hans Burgkmairs d. Ä., entstanden um 1510, erscheint *Frau Hoffart* ohne Ross, dafür vollends als putzsüchtige Frau – in der Hand einen großen Spiegel, an der Seite einen Rad schlagenden Pfau (Abb. 18). Auch hier entspricht die Kleidung weitgehend der Mode der Zeit, die sich jetzt bürgerlich definiert. Allein die demonstrative Freizügigkeit des Dekolletés, die willkürlich herausgezupften Puffen[60] der Ärmel und die phantasievoll in das offene Haar geflochtenen, lang

18 Hans Burgkmair d. Ä.: *Die Hoffart.* Aus der Serie *Die sieben Todsünden.* Deutschland, um 1510.

19 Georg Pencz: *Superbia.* Aus der Serie *Die sieben Todsünden.* Holzschnitt, 1. Hälfte 16. Jahrhundert. Staatliche Museen zu Berlin, Kupferstichkabinett.

herabhängenden Bänder weisen über das Übliche hinaus. Die höllischen Flammen beginnen bereits, von ihr Besitz zu ergreifen, ohne dass die der Hoffart Verfallene die Gefahr zu spüren scheint. Die Kleidung wird hier als Demonstration von Gottabgewandtheit und Gefallsucht vorgeführt und zugleich in ihren konkreten Ausprägungen – Kleiderausschnitt, nackte Arme, Schmuck, Haarbänder – kritisiert.

Die Darstellung der *Superbia* von Georg Pencz (Abb. 19) enthält zwar noch einen Verweis auf das Prudentius-Motiv – das Pferd gehört zur zweiten Bildebene –, die Verkörperung selbst aber hat die Gestalt einer eitlen, hochmodisch gekleideten Dame, die sich im Spiegel betrachtet. Wiederum sind es Kopfputz und Kleiderärmel, die vom Brauch abweichen, auch ist die Geste, mit der das Unterkleid gezeigt wird, sehr demonstrativ. Ein Novum und der eigentliche Blickfang des Bildes aber sind die riesigen Flügel aus Pfauenfedern. Pencz' Verkörperung erinnert an einen gefallenen Engel, geschmückt mit den Insignien des Hochmuts und der Eitelkeit.

Die Bildaussagen gewinnen an Schärfe, stellt man ihnen den etwa zeitgleich entstandenen Holzschnitt *Allegorie auf eine weise Frau* zur Seite (Abb. 20). Diese ist gleichermaßen auf der Höhe ihrer Zeit gekleidet: die Ärmel ihres Kleides sind stark geschlitzt und das Hemd mit aufwändiger Stickerei eingefasst. Doch ihr Schmuck ist bescheiden, vor allem aber sind Dekolleté und Haare sittsam bedeckt. Im von ihr unbeachteten Spiegel erscheint Christus am Kreuz, dazu der Vers: „Hoffart die wil ich

20 Anton Woensam: *Allegorie auf eine weise Frau*. Holzschnitt, um 1525.

21 Hans Burgkmair d. Ä.: *Die Eitelkeit.* Deutscher Holzschnitt, 1. Hälfte 16. Jahrhundert. Nach der Mode gekleidete Frau mit überlangem, offen getragenem Haar, die sich in einem konvexen Spiegel betrachtet. Der Rad schlagende Pfau bleibt unbeachtet.

auch verschmehen. Unnd wil in disen spiegel sehen. Daran uns Gott/ ermanet hat/ Das thut ir Frawen, ist mein rat."

Ein anderes Blatt Burgkmairs trägt den Titel *Die Eitelkeit* (Abb. 21) und liest sich als konsequente Weiterentwicklung des Motivs von 'Frau Hoffart'. Die zweispaltig gedruckte Bildüberschrift thematisiert Gefahren und Flüchtigkeit der Schönheit:

Schön bleibt nit lag/ schön fleucht behend/
Schön nimpt von kleinem wee ein end.
Die schön der Keüschait schaden thut
Von schön wirt Eer nit wol behut.[61]

Eine Frau mit üppiger Haarpracht, reich gekleidet und geschmückt, betrachtet sich selbstverliebt im Spiegel. Den radschlagenden Pfau würdigt sie keines Blickes, sodass sich dieser gekränkt von ihr abwendet.[62] Durch Nichtbeachtung des Pfaus wird Burgkmairs 'Frau Eitelkeit' zu einer 'Frau Eigenliebe', die nur Augen für sich selbst hat. Modisch übertrieben ist bei dieser Darstellung der ringsum schleppende, extrem voluminöse Rock und die fast den Boden berührenden Hängeärmel, die mit den tief herabfallenden Haarflechten konkurrieren. Selbst wenn sie ihren Rock aufnähme, würde ihr das Gehen aufgrund der unmäßigen Kleiderfülle schwer fallen.

Die in der ersten Hälfte des 16. Jahrhunderts entwickelten Imaginationen der *Superbia* werden in der zweiten Hälfte im großen und ganzen beibehalten. Die beiden von Jacob Matham nach Hendrick Goltzius gegen Ende des Jahrhunderts im Zyklus der sieben Todsünden gefertigten Kupferstiche der *Superbia* unterscheiden sich von Burgkmairs Bildauffassung allein durch ihre modische Aktualisierung, während die gewählten Mittel – selbstherrliche Pose, Blick in der Spiegel, Tierattribute zur Verdeutlichung des Lasters – erstaunlich konstant sind (Abb. 22 und

23). Die kostbare Haarhaube ist jetzt durch phantastischen Kopfputz ersetzt, das Dekolleté freizügiger geschnitten und von einem Medici-Kragen[63] eingefasst. Zudem wird der Busen stärker erotisiert, was mit der veränderten Vorstellung von 'weiblicher Schönheit' korrespondiert. Der Pfau respektive seine Schwanzfedern und der Handspiegel gehören nunmehr zum festen Repertoire dieser Bildgattung.

Eine szenisch verblüffend ähnliche Darstellung trägt den Namen *Stolz* (Abb. 24). Hier hält die Frau einen mit radschlagendem Pfau dekorierten Spiegel in der Hand, richtet ihren Blick aber nicht auf sich, sondern auf den Betrachter, den sie über die Schulter anschaut, als wolle sie fragen „Wer ist die Schönste im ganzen Land?“ Unterstützt wird diese Aussage durch ihre Körperhaltung und die exaltierte Art ihrer Bekleidung: ein luxuriöses, stark schleppendes Untergewand und eine kokette Schürzung des Obergewands. Ob Silhouette, Frisur, Rücken-

22 Jacob Matham nach Hendrick Goltzius: *Superbia*. Aus der Serie *Die sieben Todsünden*. Bildtext: Exetera Deis hominia Superbia, nulli Heu placeo, placeo dum nimis ipsa mihi (Verflucht von Gott und Mensch bin ich, der Hochmut: Keinem, Ach wehe, gefalle ich, solange ich mir selbst allzu sehr gefalle). Stuttgart, Staatsgalerie. Der radschlagende Pfau und die personifizierte Hoffart nehmen eine ähnliche Pose ein, wodurch die Bildaussage an Deutlichkeit gewinnt.

23 Jacob Matham nach Hendrick Goltzius: *Superbia*. Aus der Serie *Die sieben Todsünden*. Bildtext: Démona turbanit vesana Superbia celo, Elypsys misero nos detrusit ab hortis (Der wahnsinnige Hochmut hat im Himmel die Dämonen beunruhigt, er hat uns Elende aus den elysischen Gärten hierher vertrieben). Stuttgart, Staatsgalerie. Frau Hoffart steht, reich gekleidet und eine hochmütige Haltung einnehmend, in einer Nische. Die beiden Wappen zeigen einen Pfau und ein Pferd, die beiden traditionell *Superbia* kennzeichnenden Tiere.

24 Jacques de Gheyn: *Stolz.* Holländischer Kupferstich, um 1600.

25 Jacques de Gheyn: *Eitelkeit.* Holländischer Kupferstich, 1595/96. Junge Frau mit Spiegel und Putto, auf der Banderole die Inschrift VANITAS VANITATUM ET OMNIA VANITAS (Vergänglichkeit über Vergänglichkeit, alles ist vergänglich).

dekolleté, Spitzenkragen, Goldketten oder Armschmuck, in jedem Detail bewegt sie sich eine Idee über das Übliche hinaus, wird dadurch zum Sinnbild des Stolzes.

Ein nahezu identisches Mittel wendete Jacques de Gheyn zur Verkörperung der *Eitelkeit* an (Abb. 25). Auch hier erscheint die Kleidermode eine Nuance zu modisch, der Rock stoffreicher, das Hemd transparenter und die Frisur dekorierter, als es Brauch war. Ein Modehund sitzt auf dem Schoß der Dame und hält Zwiesprache mit einem Affen zu ihren Füßen.[64] Sie selbst blickt verzückt in einen Spiegel – was sie sieht, gefällt ihr über alle Maßen. Auf dem Tisch sind weitere Ketten ausgebreitet, nach denen sie nur zu greifen braucht. Im Fenster findet sich eine Banderole mit Verweis auf die menschliche Vergänglichkeit.

Gegen Ende des 16. Jahrhunderts trägt die Verkörperung der *Superbia* zwar noch den Namen der Sünde aller Sünden, die den Speer führende Anführerin der Laster auf einem Streitross aber hat sich gänzlich verflüchtigt. Was sich tradierte, sind ihre hochmodischen Kleiderinszenierungen, die zeigen, welche Kleidermerkmale sich nach Meinung der Künstler zur Kennzeichnung des Hochmuts besonders gut eigneten.[65]

Schöner Schein, wahres Sein

All die ir hie fürüber geht/
Denckt wie die sach mit uns jetzt steht/
Wie wir jetzt sind/ so wird ir werden/
Wie ir jetzt seid/ warn wir auff Erden.[66]

Zu den eindrucksvollsten Dokumenten wider Hoffart und Eitelkeit gehört die Gruppe der Vanitas- und Memento-mori-Darstellungen. Da sich ihre Aussagekraft nicht zuletzt aus der Darstellung des Kleideraufwands ableitet, sind auch Bilder dieses Genres bedingt als kritische Kleiderkommentierungen zu lesen. Denn gerade durch die Konfrontation von auffällig modisch gekleideten, sinnenfreudigen jungen Menschen mit dem Tod erzeugen Vergänglichkeitsbilder das Gefühl, dass eitles Streben im Diesseits vergeudete Zeit sei, welches vom Wesentlichen, dem Weg zu Gott, ablenke.

Erinnerungen an die menschliche Sterblichkeit sind im Mittelalter Teil des Kanons christlicher Belehrung.[67] In der Literatur ist die Legende der *Begegnung von Lebenden und Toten* seit der zweiten Hälfte des 13. Jahrhunderts zu belegen,[68] bildliche Umsetzungen existieren seit dem frühen 14. Jahrhundert. Auf einer Miniatur eines englischen Psalters aus dem ersten Viertel des 14. Jahrhunderts nehmen drei prächtig gekleidete Adlige die linke Bildhälfte ein, zwei in Fetzen gehüllte Skelette und ein Skelett ohne Kleiderfragment die rechte (Abb. 26). Die beiden Gruppen sind gleichwertig nebeneinander aufgereiht, auf einen räumlichen Bezug wurde weitgehend verzichtet. Wesentlich lebhafter ist selbiges Motiv auf einer Miniatur eines französischen Psalters der Bonne von Luxemburg, datiert 1348/49, dargestellt (Abb. 27). Hier haben sich drei adlige junge Reiter auf der Jagd verirrt und sehen sich unverhofft drei Toten in unterschiedlichen Stadien der Verwesung gegenüber, die sie wegen ihres oberflächlichen, gottlosen Lebenswandels tadeln. Dazu die Mahnung, sich zu besinnen, „denn ihr werdet, was wir sind."[69]

Gegen Ende des Spätmittelalters verstärkten Moralprediger ihre Appelle, nicht zu verges-

26 *Die drei Lebenden und die drei Toten.* Miniatur aus dem Psalter von Robert de Lisle. England, 1. Viertel 14. Jahrhundert. London, British Museum.

27 Jean Le Noir: *Begegnung der drei Lebenden und der drei Toten.* Miniatur aus dem Psalter der Bonne von Luxemburg. Paris 1348/49. New York, Metropolitan Museum of Art. Drei junge Adlige verirren sich auf der Jagd, kommen zu einem Friedhof und begegnen drei Toten, die sie an ihre Sterblichkeit erinnern.

28 Anonym: *Gemälde auf die Vergänglichkeit des Menschen.* Öl auf Holz, Norddeutschland, um 1464. Lauenburg an der Elbe, Maria-Magdalenen-Kirche. Vorderseite.

29 Anonym: *Gemälde auf die Vergänglichkeit des Menschen.* Öl auf Holz, Norddeutschland, um 1464. Lauenburg an der Elbe, Maria-Magdalenen-Kirche. Rückseite.

sen, dass das Leben auf Erden nur ein Zwischenstadium des Daseins sei, in dem sich der Mensch bewähren müsse. Zudem erweiterte sich der dargestellte Personenkreis parallel zum avisierten Adressatenkreis, der sich nun aus Personen adliger und bürgerlicher Herkunft zusammensetzte. Ein Vergänglichkeitsbild, entstanden um 1464, gehört zu der seltenen Gruppe spätmittelalterlicher Doppelporträts, die als zweiseitiges Tafelbild angelegt sind (Abb. 28 und 29).[70]

Die Vorderseite zeigt ein Brautpaar in kostbarer Kleidung nach höfischer Sitte.[71] Der blondgelockte, junge Mann trägt enganliegende rote Hosen, einen modisch kurzen, seitlich geschlitzten und stark dekolletierten roten Rock, dazu Handschuhe, Kettenschmuck, Langdolch und Geldbörse. Aufwändige Stickereien an Rock und linkem Hosenbein steigern den prächtigen Eindruck. Die junge Frau steht ihm in ihrem Kleideraufwand nicht nach. Ihr großflächig gemustertes Brokatkleid nach Burgundischer Mode mit hoher Taille und spitzem Ausschnitt ist schleppend, das Unterkleid durch Einhalten des Oberkleids sichtbar. Die Haube, ein *Doppel-Hennin* mit um die stumpfen Kegel drapiertem *Flinder*,[72] ist mittig mit einem in gold gefassten Edelstein geschmückt. Die Brautleute tragen extravagante Schnabelschuhe – die Frau rote, der Mann schwarze –, deren Spitzen sich fast berühren. Die ihnen in den Mund gelegten Worte besagen, dass ihr Sinn allein auf weltliche Freuden ausgerichtet ist. Die Frau spricht: „Mein Begehren in Ewigkeit, ist der Welt Lust und Fröhlichkeit". Und der Mann spricht: „Zur Lust der Welt wollen wir uns geben, wir mögen auf Erden lange leben." Unter dem Doppelporträt findet sich die Warnung: „Wer die Welt auskostet, verliert damit Gott, wenn es ans Scheiden geht, verliert er beides."[73]

Dreht man das Bild um, sieht man das Paar im Zustand der Verwesung, versehen mit Spruchbändern, auf denen sie den Verlust des ewigen Lebens bitter beklagen: „Die Lust der Welt hatten wir erkoren und haben das ewige Leben verloren." „O Weh, Jammer und Not! Wir haben uns begeben in den ewigen Tod." Darunter, als Mahnung, ein Bibelzitat: „Gott unser Herr, der spricht: Ich will Dich danach richten, was Du in Deinem Leben getan hast."[74] Das vornehme Paar wird nachdrücklich aufgefordert, ein gottgefälliges Leben zu führen, da das eigentliche Glück im Seelenheil liege. Die ungewöhnlich prachtvoll-modische Einkleidung nach Burgundischer Hofmode und die sorgfältige Ausarbeitung porträthafter Züge sprechen für eine Auftragsarbeit anlässlich ihres Eheversprechens. Möglicherweise wurde es erst, als die Heirat nicht zustande kam, durch das rückseitige Bild und die ergänzenden Bildtexte in ein Vergänglichkeitsbild umgewandelt.[75]

Die Rezeption von Unikaten und Kopien war auf einen kleinen Personenkreis beschränkt,

30 A. Dürer: *Das Wappen des Todes*. Kupferstich, Deutschland, 1503. Basel, Kupferstichkabinett. Die junge Frau trägt ein großzügig dekolletiertes, am Mieder durch viele senkrechte Abnäher geengtes Kleid. Durch seitliches Einhalten des Oberkleids wird das lang schleppende, vermutlich farblich abgesetzte Unterkleid sichtbar. Die engen Ärmel haben Überlänge und demonstrieren, ebenso wie die voluminösen Röcke, Reichtum und Müßiggang.

31 Hans Sebald Beham: *Frau und Tod*. Deutschland, 1541. Staatliche Museen zu Berlin, Kupferstichkabinett. Bildinschrift: „Omnem in Homine venustatem mors abolet.“ Der Tod erscheint hier als Narr mit Narrenkappe.

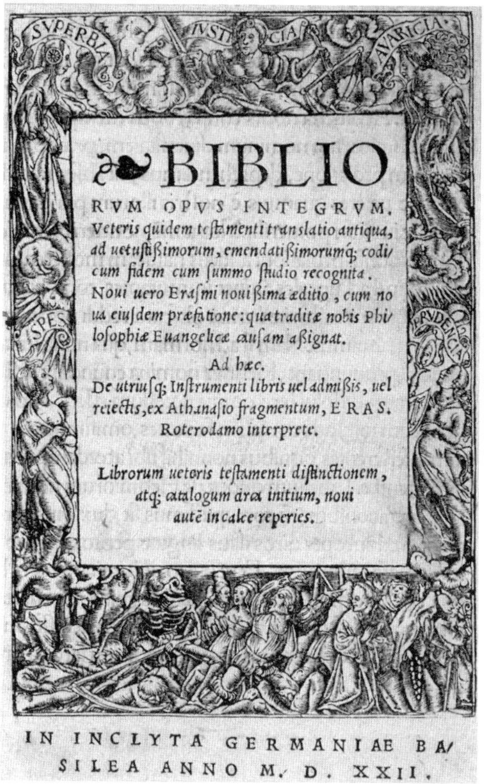

BIBLIO
RVM OPVS INTEGRVM.
Veteris quidem teſtamenti translatio antiqua, ad uetuſtiſſimorum, emendatiſſimorumq; codi- cum fidem cum ſummo ſtudio recognita.
Noui uero Eraſmi nouiſſima æditio, cum no ua eiuſdem præfatione: qua traditæ nobis Phi- loſophiæ Euangelicæ cauſam aſsignat.
Ad hæc.
De utriuſq; Inſtrumenti libris uel admiſſis, uel reiectis, ex Athanaſio fragmentum, ERAS. Roterodamo interprete.
Librorum ueteris teſtamenti diſtinctionem, atq; catalogum circa initium, noui autē in calce reperies.
IN INCLYTA GERMANIAE BA- SILEA ANNO M. D. XXII.

32 Ambrosius Holbein: *Titeleinfassung des Buches ‘Biblio’*. Holzschnitt, 1522. Staatliche Museen zu Berlin, Kupferstichkabinett. Links unten: Der Tod als Schnitter unterscheidet nicht zwischen den Ständen.

erst durch das Aufkommen von Drucken erweiterte sich der Kreis erheblich. Aus der Zeit nach 1500 sind zahlreiche Vergänglichkeitsbilder, als Einblattdrucke oder in Bücher eingebunden, überliefert, wobei das Thema fortwährend abgewandelt und variiert wird (siehe Abb. 30, 31 und 32).

In der zweiten Hälfte des 16. Jahrhunderts entwickelt sich aus den maßstabsgleichen Doppelbildnissen von Leben und Tod und den Variationen der Einblattdrucke eine neue Bildtradition, bei der sich der Tod bereits unter der Kleidung verbirgt. Hebt man die Klappe hoch und schaut unter die Kleidung, erblickt man Gebein, Totenkopf, Schlangen oder Sarg, manchmal auch Miniatur-Darstellungen des Sündenfalls und der Vertreibung aus dem Paradies. Diese kleinen Szenen verweisen auf den Ausgangspunkt allen Übels: die Hoffart, „ein Mutter aller sundt“.

Eine nach Spanischer Mode gekleidete ‘Frau Hoffart’ von Conrad Goltzius (Abb. 33) treibt nicht nur einen großen Kleideraufwand – der Stoff ihrer Zierschürze ist der eines Festgewandes, die Hängeärmel ihres Oberkleides sind überlang, die Längsschlitze mit ungewöhnlich vielen kleinen Schleifen geschlossen – sie tritt auch hochmütig und eitel auf.[76] Allerdings wird der Schein des Schönen als trügerisch entlarvt, denn unter ihrer prächtigen Schürze hat sich bereits der Tod breitgemacht. Was bei diesem Blatt herausgerissen wurde, ist ein Teil des

Bildverweises auf den Sündenfall, der aber anhand ähnlicher Blätter zu rekonstruieren ist. Es fehlt die Darstellung Evas, die auf Adams Schoß sitzt und vom Apfel der Erkenntnis isst.[77] Die Überschrift des Blattes fasst beide Bildebenen in Versform zusammen:

Hoeffart ein Mutter aller sundt,
Vom Tewffel erstlich sie begindt,
Nach dem sie komen ist geswindt,
Uff Adam und all seine kindt.

Der ebenfalls in Reimen abgefasste Textanhang enthält die moralische Belehrung, dass ein jeder das Blatt mit Fleiß betrachten soll, denn es zeige, wie es derzeit um die Welt bestellt sei, die sich nur an Äußerlichkeiten ausrichte, statt auf innere Werte zu schauen. Die Moral von der Geschichte: „Mach erstlich das inwendig rein, Am eussern wirdt kein mangel sein."[78]

Vexierbilder dieser Art scheinen sich Ende des 16. und Anfang des 17. Jahrhunderts bestens verkauft zu haben, sie sind in den Sammlungen gut vertreten. Der Kern der Aussage 'Schöner Schein – wahres Sein' ist gleich bleibend, die Variationen des Darunter sind aber immer wieder überraschend. Auch die um das Thema 'Hoffart' kreisenden Textanhänge setzten unterschiedliche Schwerpunkte, beispielsweise den der uneingeschränkten Eigenliebe:

Die Hohfart ihr selbst wolgefelt
Von ihr, sunst niemandt, sie was helt,
So vil und lang bis das sie Got
Sturtzet in armut, schmach und spot
Darumb o mensch sey sie alzeit
Zu meiden, fliehen gern bereit.
Spiegel dich an dem schweren fall
Lucifers und seiner gesellen all:
Der Himmel sie nicht leiten kunt,

33a Conrad Goltzius: *Hoeffart ein Mutter aller sundt...*, o. J. (um 1590). Staatliche Galerie Moritzburg Halle, Landeskunstmuseum Sachsen-Anhalt. Geschlossene Klappe.

33b Dasselbe mit hochgeschlagener Klappe.

Sonder(!) sie sturtzet in abgrunt.
Desgleichen auch uf dieser Erden
Kan sie nit wol geduldet werden.
Dan weil, als Got, wolt sein so weis
Adam und Eva im Paradeis,
Trieb sie der Engel Gotts hinaus
Von seinem Koniglichen haus
Wardt trieben Nebucadnezar,
Im waldt must leben siben jar.
Herodes gleich eim Got gesessen
Wardt von den lewsen ufgefressen.[79]

Die Anspielungen des Textes auf biblische Szenen findet seine Entsprechung in den vier in den Bildecken platzierten Ovalen, in denen der Engelsturz, die Vertreibung aus dem Paradies, die Vertreibung Nebukadnezars und der Tod des Herodes dargestellt sind.

Ein anderer Text thematisiert die oberflächliche Liebe eines Mannes, der sich durch Äußerlichkeiten blenden lässt und nicht spürt, dass Tod und Teufel bereits nach seiner Auserwählten greifen, ihr Sarg schon bereitsteht. Auch junge Männer, nicht minder eitel als die Frauen, sind in die Belehrungen einbezogen:

Es hat die Hofart nit allein
Die zart und schon jungfrawelein
Gantz eingenomen, sondern auch
Diss fallend blum und fauler rauch
Vil jung gesellen schendtlich truckt,
Auswendigh uber maes geschmuckt
Und doch nix mehr von binnen sein
Dan wueste wuerm und dotenbein.
Die Hofart brauch sich niemants vil
Wer Got und menschen gfallen wil.
Dem gibt sie aber frischen muth
Des Sathans gunst wer suchen thut.[80]

34a Conrad Goltzius: *EXTERIVS PICTA, SVMQVE INTERIVS MALEDICTA. MAGNIFICE FICA, SVM FOEDA SVPERBIA DICTA* (Äußerlich bunt gewirkt, bin ich im Inneren mit Schmach behaftet. Prachtvoll bin ich gestaltet, doch durch den Hochmut bin ich schändlich beleumdet). Kupferstich, um 1580. Staatliche Museen zu Berlin, Kunstbibliothek. Klappbild mit einer allegorischen Darstellung der Hoffart und einem Verweis auf die menschliche Vergänglichkeit.

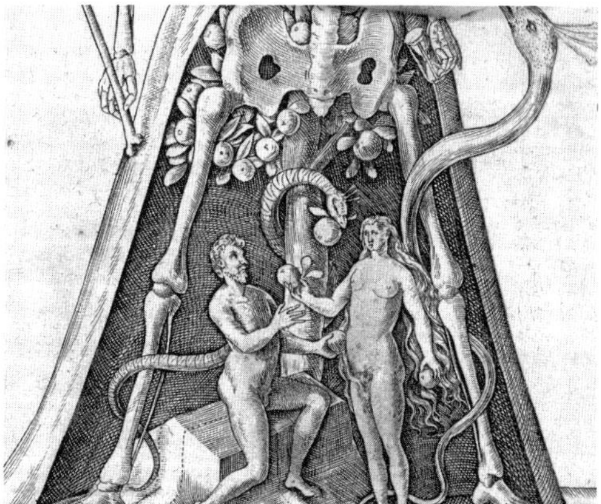

34b Dasselbe mit hochgeschlagener Klappe (Ausschnitt). Der Pfauenkopf wird nun zum Schlangenkopf, der Blumenstängel zum Knochen, Beine und Arm der Frau werden als Skelett dargestellt. Eine kleine Szene zeigt Adam, auf einem Sarg sitzend, und Eva, die ihm den Apfel reicht. Eine zweite, wesentlich kleinere Schlange mit Apfel ringelt sich um Gebein und Apfelbaum.

35 *Ammora du bist Blindt.* Kupferstich nach M. Greuther, o. J. (nach 1596). Staatliche Galerie Moritzburg Halle, Landeskunstmuseum Sachsen-Anhalt. Die Klappe fehlt.

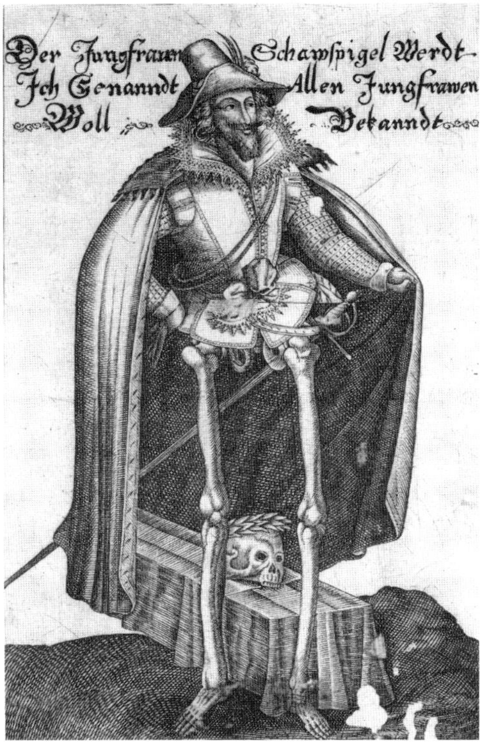

36 *Der Jungfraven Schawspigel Werdt/ Ich Genanndt Allen Jungfrawen/ Woll Bekannt.* Kupferstich nach M. Greuther, o. J. (nach 1596). Staatliche Galerie Moritzburg Halle, Landeskunstmuseum Sachsen-Anhalt. Dic Klappc fehlt.

Die letztgenannte Gruppe von Drucken steht zwar in der Tradition spätmittelalterlicher Vanitas- und Memento-mori-Darstellungen, doch bekommen die ernsten Ermahnungen durch das spielerische Element der Klappe einen eher unterhaltenden Charakter. Im Vordergrund scheint die Verkäuflichkeit der Blätter zu stehen, der moralische Appell wird nachgerade Mittel zum Zweck.

Kleiderordnungen

Kleiderluxus, unstandesgemäße Kleider oder solche, die nicht der Sitte entsprachen, riefen auch die Obrigkeit auf den Plan, die mittels Kleiderordnungen[81] gegen Erscheinungsformen der 'sichtbaren Hoffart' vorzugehen versuchte. Obwohl Kleiderordnungen Regelwerke der weltlichen Macht sind, unterscheidet sich der Tenor der moralisierenden, an die Gottgefälligkeit ihrer Untertanen appellierenden Vorworte der Gesetzgeber oft kaum von den mahnenden Worten der Prediger. Erste Versuche, spezielle Bekleidungsweisen vorzuschreiben oder zu verbieten, sind für Italien, Frankreich und Spanien bereits für das 13. Jahrhundert nachweisbar, für England und Deutschland sind Kleiderordnungen seit dem 14. Jahrhundert zu belegen. Nach ihren Höhepunkten in der Epoche der Renaissance und des Barocks verloren sie im 18. Jahrhundert an Bedeutung, um dann, mit Auflösung der ständischen Gesellschaft, gänzlich zu verstummen.

Die Kleiderordnungen sind zum einen Resultat einer erheblichen Furcht vor Gottes Strafe,[82] zum anderen Ausdruck der Sorge um das Gemeinwohl. Die Adressaten wurden aufgefordert, sich in Frömmigkeit und Demut zu üben, Hoffart zu meiden und sich in ihrem Lebenswandel zu mäßigen. Begüterte wurden angehalten, mit gutem Beispiel voranzugehen, um zu unterbinden, dass weniger Begüterte über ihre Verhältnisse lebten. Die mittelalterlichen Erlasse hatten als wenig spezifizierte Anti-Luxusgesetze das Ziel, die Gesamtheit der Gesellschaftsglieder zu gottgefälligem Lebenswandel anzuhalten und die städtische Gemeinschaft vor Schaden zu schützen. Eine Anhäufung irdischer Güter galt als Verstoß gegen das sittliche Empfinden der Zeit. Vor 1350 beschränkte man sich darauf, Luxus zu mindern, indem man den Gebrauch von Samt, Seide und seltenen Pelzarten einschränkte oder gänzlich verbot. In England, dem Land der Wolle, begrenzte eine Verordnung des Jahres 1337 das Tragen von aus importierter Seide gefertigten Kleidern auf die Mitglieder der königlichen Familie.[83] Der Rat von Braunschweig drohte in einer Verordnung aus dem Jahr 1343 allen Stadtbewohnern mit gleicher Strafe für gleiche Verstöße, auch der Rat von Zittau wendete sich 1353 generell an „Arme und Reiche“ und der Frankfurter Erlass des Jahres 1356 betraf ohne Unterschied „alle mannesnamen und wybesnamen, über die wir zu gebieten haben“.[84] Die mittelalterlichen Erlasse bestehen üblicher Weise aus einer Einleitung, später auch Einleitungsfloskeln, gefolgt von sehr allgemein gehaltenen Kleidervorschriften oder -verboten. Den Schluss bilden Ermahnungen und Strafformeln, so sie sich nicht direkt an die Einzelbestimmungen anschließen. Erst als die Menschen nach 1450 begannen, die Silhouetten und Farbgebung ihrer Kleider in bis dato nicht gekannter Weise zu verändern und mit erotischen Signalen zu experimentieren, bekommen die Erlasse einen nachdrücklich moralischen Akzent.

Des Churfürsten
zu Sachssen etc. Vnd Burggra-
uen zu Magdeburg /
Lands Ordenung:
Von vbermessiger Kleidung / ge-
schmuck / vnd bekostigung der Hoch-
zeiten / Kindtauffen / vnd an-
derer Gastereien halben.
15 46.

37 *Titelblatt der Landesordnung des Kurfürsten zu Sachsen*, gedruckt zu Wittemberg 1546. Staatliche Museen zu Berlin, Kunstbibliothek.

In dieser Zeit gewinnt auch der ständische Aspekt an Bedeutung und lässt die Erlasse zu langen Listen anschwellen, in denen exakt festgelegt wird, welchem Rang und Stand bestimmte Stoffe, Pelze, Ketten etc. erlaubt bzw. verboten sind. „Nach 1500 gibt es kaum eine Kleiderordnung, die nicht bemüht ist, jedes Detail der Kleidung der Unterscheidung der Stände dienstbar zu machen“, lautet das Resümee L. C. Eisenbarts, die sich in einer detaillierten Studie mit Kleiderordnungen in deutschen Städten zwischen 1350 und 1700 befasste. „Alle anderen Gesichtspunkte werden diesem einen untergeordnet.“[85] Moralisch-sittliche und religiöse Argumente treten in den Erlassen immer stärker in den Hintergrund und werden schließlich nicht mehr thematisiert. Seither besteht eine Arbeitsteilung: Die staatlichen Organe sind primär für den Erhalt gesellschaftlicher Hierarchien und das Wohl des Gemeinwesens zuständig, die kirchlichen für die Aspekte Gottgefälligkeit und Moral. Doch ziehen kirchliche

38 A. Dürer: *Von bäurischem Aufwand.* Holzschnitt zu Kapitel 82 der Moralsatire *Das Narrenschiff* von Sebastian Brant, 1494. Bauer im Aufzug eines Mannes von Stand.

und weltliche Kräfte nach wie vor am gleichen Strang. So erregte sich beispielsweise der Prediger W. C. Spangenberg 1565 über nicht standesgemäßes Kleiderverhalten, solche Unordnung würde Gott strafen, „weil sie gewiss aus (...) lauter Übermut und Verachtung der öbern Stende herkömet."[86] Dichter wie Hans Sachs unterstützten die gesetzgeberischen Bemühungen zur Einhaltung ständischer Ordnung, indem sie belehrend-satirische Lieder und Reime verfassten. Die Fabel vom Esel mit der Löwenhaut, mit der der Esel den Müller in die Flucht schlug, sich aber durch lautes Freudengeschrei verriet, für seine Hoffart bestraft wurde und seine Fronarbeit erneut aufnehmen musste, war im 16. Jahrhundert eine populäre Belehrung. Die Moral der Geschichte: „Niemand brech sich höher dann seinem Stand gebührt, er wird sunst zuschanden."[87]

Die Durchsetzung der Vorschriften zur Eindämmung menschlichen Geltungsstrebens durch nicht standesgemäße, kostspielige oder sittenwidrige Kleidung stand auf einem anderen Blatt, und die Obrigkeit war sich ihres Kampfes gegen Windmühlen durchaus bewusst. Das Kapitel *Hoffart in der Kleidung* des Kleidererlasses von Johann Georg, Herzog zu Sachsen, aus dem Jahr 1612 wird mit dem Hinweis auf schwere Zeiten, „do der ungehorsam und verachtung heilsamer Gesetze von tage zu tage je länger je mehr überhand nimpt"[88] eingeleitet. Allen Widrigkeiten zum Trotz wolle man dennoch Vorschriften, „wie es forthin zuhalten" sei, bekannt geben, dies sei die Pflicht der Verantwortlichen. Die vorgesehenen Geldstrafen sind nach Einkommen gestaffelt, bei hartnäckiger Zuwiderhandlung droht den Hoffärtigen die Einziehung der beanstandeten Kleider, den Schneidern Arbeitsverbot.[89]

Der Weg zum Seelenheil

Befragt man moralische und belehrende Texte des Mittelalters und der Renaissance zum Thema Hoffart, ist zunächst eine sukzessive Verschiebung von religiös zu weltlich begründeter Kritik zu konstatieren. So können de la Tour Landrys Belehrungen von 1370/71 und der *Selen Wurczgarten* von 1483 als exemplarisch für mittelalterliche Moral- und Kleiderkritik angesehen werden. Hier werden Exempelgeschichten erzählt, die anschaulich-direkt die Folgen sündhaften Handelns vor Augen stellen. Die Strafen beziehen sich unmittelbar auf das konkrete Vergehen.[90]

Gegen Ende des 15. Jahrhunderts wird diese pointiert-theologische Ausrichtung brüchig. Sebastian Brant verlässt mit seinem *Narrenschiff* von 1494 die allein der christlichen Lehre verpflichtete Beispielsebene zugunsten weiter gefasster, vom Humanismus beeinflusster Themen. Seine Narren stehen für menschliche Laster, Unzulänglichkeiten und Missstände, die sich nicht ausschließlich an den Maßstäben der Heilslehre orientieren. Der Mensch mit seinen Verfehlungen und Schwächen wird nun nicht

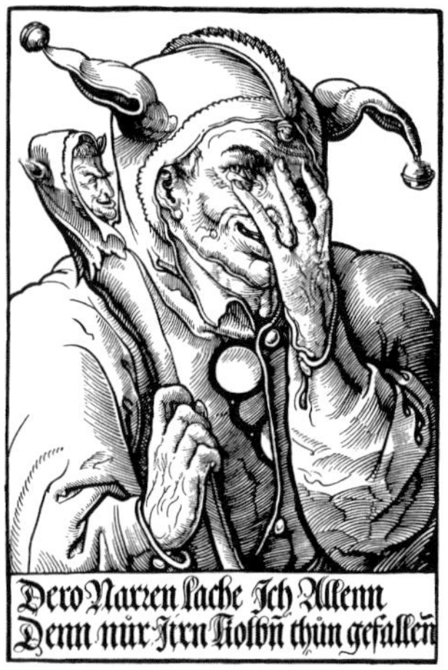

39 Heinrich Vogtherr d. J.: *Der Narr.* Holzschnitt, um 1540.

allein als Sünder entlarvt, sondern zugleich als Narr vorgeführt. Nicht kreatürlicher Schrekken vor der Verdammnis, sondern Einsicht und Selbsterkenntnis sollen ihn zur Umkehr bewegen.

Diese Strategie wird im 16. und beginnenden 17. Jahrhundert im Prinzip beibehalten und um weitere Motive ergänzt. Auf einem Flugblatt mit dem Titel *Ein newes stuck von dem Hochmuth* (Abb. 40) versucht ein junger, nach neuester Mode gekleideter Mann, auf Stelzen[91] zu gehen – und kommt zu Fall. Über ihm das Auge Gottes, das alles sieht. Die das Bild kommentierenden Verse verdeutlichen das moralische Anliegen des Blattes:

Man sagt im Sprichwort uberall/
Hochmut thu kommen vor dem fall/
Das thut geben der Augenschein/
Derhalben stell solliches ein/

Damit dich nit thu straffen Gott/
Und vor der Welt werdest zu spott/
Darumben folg Weißheit und Lehr/
So kanst du erhalten dein Ehr/

Dann rechte maß ist allzeit gut/
Wol dem der das betrachten thut/
Und dahin richtet seinen handel/
Mit einem recht Christlichen wandel.[92]

40 *Ein newes stuck von dem Hochmuth: Dieweil Gottes Aug alles sicht/ So bleibt der Hochmuth ungstrafft nit.* Flugblatt mit einem Kupferstich von Daniel Manasser und 107 Knittelversen. Augsburg, nach 1617. Wolfenbüttel, Herzog August Bibliothek.

Im dreispaltigen Textanhang wird die Bildaussage durch bekannte und weniger bekannte Exempel menschlicher Selbstüberhebung erläutert und vertieft. Die Verweise sind nun nicht mehr ausschließlich biblische,[93] auch das mythologische Exempel des Ikarus wird in Wort und Bild zitiert. Zudem wird die Unangemessenheit des Hochmuts durch Verweise auf die Vergänglichkeit menschlichen Lebens vorgeführt, sei es durch verwelkende Blumen oder die Kontrastierung von Jugend (hochmütig, modisch-eitel, unbesonnen) mit Alter (weise, konservativ, bedächtig). Insofern führt der Einblattdruck das Laster *Superbia* zwar in alter Tradition als sträflich vor und ruft zu frommer Lebensführung auf, zugleich hat das Blatt aber auch einen hohen Unterhaltungswert. Die primäre Bildaussage bildet hier die Folie für eine eher satirische Betrachtung des Themas, in der die Lust am Wiedererkennen und die Schadenfreude eine wichtige – verkaufsfördernde – Rolle spielen.[94]

Im Zuge dieser zunehmend weltlichen Orientierung verlieren allgemeine Aussagen (Hoffart ist eine Todsünde) an Kraft, an ihre Stelle tritt das Gegenständliche (Kleiderluxus, Kleiderwandel, unstatthafte Nachahmung) und der unabwendbare Tod. Statt Höllenqualen im Jenseits drohen den sündigen Menschen in Kleiderordnungen fixierte Geld- oder Gefängnisstrafen zu Lebzeiten. Die additive Struktur der mittelalterlichen Texte, in der anschauliche, oft auch drastische Beispiele zur Belehrung und Warnung aneinandergereiht werden, wandelt sich im Verlauf des 16. Jahrhunderts zu einer logischen Struktur, bei der die Verfasser das Problem benennen und seine Ursachen zu analysieren und zu verallgemeinern versuchen, um dann Gegenmittel zur Bekämpfung des Übels vorzuschlagen. Der Beschluss der Traktate besteht üblicher Weise aus Drohungen und Verheißungen, womit der Mensch in die Selbstverantwortung entlassen wird. Hier der Weg in die ewige Verdammnis, gemäß dem Motto: „Wer des Teuffels künstlein Liebet/ der Liebet den Teuffel selbst",[95] dort der Weg ins Himmelreich, gemäß der Heiligen Schrift: „Wer sich selbst erniddriget/ wird erhöhet werden/ Denn Gott widerstehet den Hoffertigen/ aber den Demütigen gibet er gnade/ und erhöhet sie zu seiner zeit."[96] Selbst das Böse verliert in der Sprache der Bilder an Gestalt. An seine Stelle treten Pfauen, Affen und der Sensenmann, vor allem aber der in Willensfreiheit entlassene Mensch, der sich eigenverantwortlich zwischen der Leiter zum Himmel oder der Treppe zur Hölle entscheiden muss:[97]

Zwischen Himmel und Hellenbrand/
Der Freyer will menschen verstand.
Befunden wird: Er wehl das best/
Und halt an Gott dem Herren fest.[98]

41 Johann Bussemacher: *SCALA COELI ET INFERNI EX DIVO BERNARDO*. Köln, um 1606/16 (Ausschnitt). Wolfenbüttel, Herzog August Bibliothek. Der Kupferstich zeigt einen Menschen, der sich zwischen der Leiter der Tugend, über die man zum ewigen Leben aufsteigt, und der Treppe der Laster, über die man zur Hölle absteigt, zu entscheiden hat. Zum Himmel führt ein Weg voller Dornen, zur Hölle eine Wiese mit blühenden Blumen.

Exkurs: Von den Klugen und den Törichten Jungfrauen

Die Parabel von den Klugen und den Törichten Jungfrauen war im Mittelalter eine populäre, in Wort und Bild oft nacherzählte Geschichte zur Erbauung und Belehrung, und auch Künstler der Frühen Neuzeit setzten sie häufig in Szene.[99]

Die Gottlosigkeit der Törichten Jungfrauen zeigte sich im Nicht-Bereithalten des Öls, weshalb sie in bildlichen Darstellungen stets an ihren nach unten weisenden leeren Lampen zu erkennen sind, die Klugen an ihren vorweggetragenen brennenden. Die weiteren Unterscheidungsmerkmale sind weniger feststehend. Sie ändern sich im Verlauf der Jahrhunderte parallel zu den Modifikationen der theologischen Ausdeutung, der Auffassung von Sitte und Anstand und der modischen Vorgaben. Diese Themengruppe enthält daher interessante Auskünfte über den Wandel kleidersprachlicher Äußerungen, ausgedrückt in Kleidermoden, Kopfputz, Frisuren, und deren moralische Bewertung.

Eine frühe Darstellung des Gleichnisses findet sich in einer Miniatur des Codex von Rossano Calabro, einer Prachtschrift mit Matthäus und Markus Evangelien aus dem 5. oder 6. Jahrhundert, dem *Codex Purpureus Rossanensis.*[100] Hier werden die Klugen Jungfrauen in heller Kleidung und mit Schleier vorgestellt, die Törichten hingegen als bunt gewandet. Die doppelseitige Illustration der Parabel in dem *Missale von Reims* (um 1285/1297)[101] steht noch ganz in dieser Tradition (Abb. 42). Auch dort tragen die Klugen körperverhüllende Mäntel und die weißen Schleier verheirateter Frauen, die Törichten hingegen rote und grüne Hemdkleider mit engen Ärmeln, darüber Überkleider in Rot und Blau und offenes Haar, das Kennzeichen der Ledigen. Während die Erwählten in aufwändiger, nach höfischer Konvention zusammengestellter Kleidung brillieren, erscheinen die Verdammten unvorbereitet in Hemdkleidern, den *Cotten*, nur eine trägt ein Überkleid, den *Surkot*,[102] Mantelüberwurf und Schleier fehlen.

Bis ins 14. Jahrhundert hinein, in Ausnahmefällen sogar noch später, ist die Strategie der Darstellung allerdings mehrdeutig. Zwar treten die Jungfrauen stets in Kleidern nach der Mode ihrer Zeit auf, doch sind es zumeist die Klugen, die besonders prächtig ausgestattet sind, bisweilen aber auch die Törichten. Der Grund für diese aus heutiger Sicht missverständlichen Präsentation der Klugen Jungfrauen liegt in der mittelalterlichen Vorstellung, die Bräute Christi nach den Maßstäben einer 'himmlischen Hochzeit' einzukleiden. Ein Festgewand aber hatte nach neuester Mode zugeschnitten, aus hochwertigem Material gefertigt und sorgfältig drapiert zu sein. Beispielhaft hierfür sind die Figuren des Magdeburger Paradiesportals (um 1250/60), bei denen sich die Klugen durch prachtvolle Kleider von den Törichten abheben.[103] Die Mittelapsis der Margaretenkapelle in Lana, Südtirol (um 1220), ziert hingegen ein Fresko, in dem sich die Auffassung von kluger Bescheidenheit und törichtem Übermut ausdrückt. „Die Demütigen neigen das Antlitz, der Mantel verhüllt Haar und Hände, die Köpfe sind von Nimben umgeben. Die

Törichten finden die Tür verschlossen. Sie tragen ihr Haar in mit Bändern durchflochtenen Zöpfen oder offen und reiche weltliche Kleidung. Die Kleider betonen die Körperformen. Die Ärmelöffnungen reichen bis zum Boden ... Die rechte törichte Jungfrau trägt einen aufwendigen Kopfschmuck: eine Spitzhaube. In ihrer Rechten eine Rose.“[104] Eine bildimmanente Modekritik ist aufgrund der Unterschiede in der Parabelauslegung für diese Zeitspanne nicht immer eindeutig nachzuweisen, obwohl sich die Klugen Jungfrauen in den Bildwerken des 13. und 14. Jahrhunderts mehrheitlich durch bescheidenere, schlichtere Kleider auszeichnen, während die Törichten eher körperbetont-modisch auftreten.

Im 15. Jahrhundert werden die Ausdeutungen des Gleichnisses in Wort und Bild facettenreicher. Zur Verdeutlichung der beiden Gruppen setzen Künstler jetzt bevorzugt Mittel der Kleidersprache ein, sodass das ursprüngliche Unterscheidungsmerkmal – die gefüllte oder leere Öllampe – bildlich in den Hintergrund tritt. Kleidung, Frisuren und Accessoires werden zu wichtigen gestalterischen Mitteln, um die Figuren mit positivem oder negativem Gehalt aufzuladen, wobei die Törichten jetzt durchgängig als weltlich orientiert und eitel gekennzeichnet werden und folglich hochmodisch gekleidet sind. Die künstlerische Umsetzung der Jungfrauen-Parabel gewährt intime Einblicke in das, was in jenen Jahren als ‘tugendhafter’ (zur Kennzeichnung der Bräute Christi) und was als ‘untugendhafter’ Auftritt (zur Kennzeichnung der Verdammten) empfunden wurde. Diese Modifikation vollzieht

42 *Die Klugen und die Törichten Jungfrauen.* Miniatur aus dem *Missale von Reims*, einer französischen Prachtschrift aus dem letzten Viertel des 13. Jahrhunderts, Blatt 189 (Ausschnitt). Die Törichten Jungfrauen bitten „Gebt uns von eurem Öl“, die Klugen antworten „Geht und kauft (es) euch.“ Die Klugen sind bereits im Himmelreich, die Törichten weist Christus mit den Worten: „Amen sage ich euch, ich kenne euch nicht.“ ab.

43 *Die fünf Klugen Jungfrauen.* Ausschnitt aus der Predella des Magdalenenaltars des Lucas Moser, 1432. Pfarrkirche Tiefenbronn.

44 *Die fünf Törichten Jungfrauen.* Ausschnitt aus der Predella des Magdalenenaltars des Lucas Moser, 1432. Pfarrkirche Tiefenbronn.

sich in Analogie zur Dynamik des spätmittelalterlichen Kleiderwandels und den dadurch provozierten Diskussionen über eine Neubewertung sittlicher Normen.

Die fiktive Einkleidung der zehn Jungfrauen des Tiefenbronner Magdalenenaltars durch Lucas Moser aus der 1. Hälfte des 15. Jahrhunderts[105] ist beispielhaft für die differenzierte Behandlung des Themas im späten Mittelalter. Die schmale, nach außen geschweifte Predella zeigt in der Mitte Christus als Schmerzensmann, die fünf Klugen Jungfrauen auf der linken Bildseite segnend, während die fünf Törichten durch eine dunkle Wolke von ihm getrennt sind. Auf der linken Seite des Spruchbands befindet sich die Inschrift „Cy Ly Roy" (der König ist da), rechts steht „Malruzzi" (ihr Unglückseeligen). Vier der Klugen Jungfrauen tragen schlichte, faltenreiche, farbige Kleider, deren Kleiderausschnitte mittels eines Dekolletékragens oder eines Gebendes – einer Kopf, Ohren, Hals und Kinn umschließenden weißen Binde – züchtig bedeckt sind. Sie treten als tugendhafte Bürgerinnen im Status der Braut oder Ehefrau auf, wobei die Eindeutigkeit kleidersprachlicher Zeichensetzung in dieser Zeit brüchig zu werden beginnt. Allein die Mittelfigur – ein mit langen, offenen Haaren, Haarreif (*Schapel*) und weißer *Cotte* dargestelltes junges Mädchen – zeigt Dekolleté, wodurch sie kleidersprachlich als Jungfrau in freudiger Erwartung ihres Bräutigams gekennzeichnet wird.

Die Törichten, ebenfalls dem bürgerlichen Stand zuzuordnenden Jungfrauen sind modischer, prunkender, aber auch deutlich nachlässiger gekleidet. Ein Kleid ist mit Goldborte eingefasst, der rote Mantelumhang pelzverbrämt, Gürtel sowie Kopfputz sind aufwändig geschmückt. Die Schleier, unvorschriftsmäßig übergeworfen, werden hier zu einem Mittel der Koketterie, auch die Haube der ehrbaren Frau wandelt sich durch ungewöhnlich üppigen Besatz zum Sinnbild weiblicher Putzsucht. Als Gegenpol zur betont unschuldigen Mittelfigur der Klugen platzierte Moser die Törichteste der Törichten, gekennzeichnet durch ihren an höfischer Mode orientierten Kopfputz mit herabhängenden, ausgeschnittenen Stofflappen, den *Zaddeln*.[106] Ein vergleichbares Zeugnis in Stein ist uns durch die Figuren des Hauptportals des Berner Münsters aus der 2. Hälfte des 15. Jahrhunderts überliefert. Auch dort sind die Gottgeweihten zeitlos, aber prachtvoll gewandet, während die Verdammten der Burgundischen Hofmode folgen.

Die in Werken wie diesen ausgedrückte Auffassung von anständiger – standesgemäßer – und unanständiger – die ständische Ordnung missachtender Kleidung – weist bereits auf die von ständischer Besitzstandswahrung geprägte Kritik des 16. Jahrhunderts hin. Vor allem aber dokumentieren sie, dass es in jener Zeit weniger auf das Was, als auf das Wie ankam. Sorgfältig und korrekt gebundene Hauben, ordentlich aufgelegte Schleier[107] und züchtig geschlossene, weiße Dekolletékragen kennzeichnen die Klugen, während sich die Törichten durch ihre modischen Übertreibungen, Zaddelschmuck, mit dichten Krausenreihen besetzte Frauenschleier (*Kruseler*) und Unkorrektheiten in der Kleidung hervortun. Die markant erotischen Signale, die von der weißgekleideten Klugen Jungfrau ausgehen, werden als Zeichen der Gottgefälligkeit gelesen, da ihr 'reiner' mädchenhafter Auftritt mit den Wertvorstellungen der Zeit harmoniert. Seitens der Törichten wäre ein vergleichbares Signal als Zeichen gottabgewandter Gesinnung und Anzweiflung ihrer Virginität interpretiert worden.

Um 1500 nehmen die durch Körpersprache und Kleiderverhalten kontrastierenden Darstellungen an Schärfe zu. Hier die Tugendhafte mit offener Haarpracht, geschmückt mit dem Kranz der Jungfräulichkeit, dort die Gefallene, deren Kranz verblüht auf dem Boden liegt.

45 Martin Schongauer: *Kluge Jungfrau*. Ende 15. Jahrhundert.

46 Martin Schongauer: *Törichte Jungfrau.* Ende 15. Jahrhundert.

47 Martin Schongauer: *Törichte Jungfrau.* Ende 15. Jahrhundert Kupferstich. Basel, Kupferstichkabinett.

Zwar ist die auf einem Kupferstich Martin Schongauers vorgestellte Kleidung der Klugen Jungfrau (Abb. 45) ausgesprochen prachtvoll und hochmodisch – sie trägt ein schleppendes, hochtailliertes Kleid mit Unterkleid, dazu Schnabelschuhe mit Überschuhen (*Trippen*) – doch vermeidet sie Übertreibungen und versteht es, ihr Gewand nach guter Sitte und mit Würde zu tragen. Im Gegensatz dazu nimmt die mit einem betont nachlässig gewickelten Gebende geschmückte Törichte Jungfrau (Abb. 46) aus selbiger Serie ihr Kleid nicht auf, sondern lässt es schleifen, eine andere Törichte (Abb. 47) trägt es nachlässig geschürzt.[108] Auch ist ihr Unterkleid kürzer als üblich, die Spitzen ihrer Trippen hingegen sehr lang. Aus dem Kontext der Präambel gelöst, könnten die letztgenannten Figuren durchaus als Verkörperung von 'Eitelkeit' oder 'Unkeuschheit' gelesen werden. Denn die Törichten Jungfrauen demonstrieren mittels Kleidersprache und Gestik, dass sich ihr Interesse ausschließlich auf weltliche Dinge richtet.

Noch deutlicher tritt diese Auffassung in einem Kupferstich von Urs Graf nach Martin Schongauer zu Tage (Abb. 48). Die von Graf vorgestellte Törichte Jungfrau trägt einen wirren Kopfputz, aus dem sich einzelne Haarsträhnen lösen. Der Ausschnitt ihres Kleides ist sehr freizügig, die Brüste sind hochgeschnürt, auch spannt das zu enge Mieder. Auf einem etwas später datierten Blatt von Niklaus Manuel Deutsch (Abb. 49) zeigt die Törichte Jungfrau ebenfalls offen ihre körperlichen Reize. Unterstrichen wird ihre Gottlosigkeit und Liederlichkeit durch grobe Verstöße gegen die Kleiderkonvention: die Ärmel sind überlang, der Kopfputz der einer Adligen, aber das Kleid ist einfach, kurz und nach bäuerlicher Art geschürzt. Die Füße sind nackt.

Die mit kleidersprachlichen Mitteln ausgedrückte Interpretation der Törichten Jung-

49 Niklaus Manuel Deutsch: *Törichte Jungfrau.* Anfang 16. Jahrhundert. Staatliche Museen zu Berlin, Kupferstichkabinett.

frauen als gefallsüchtig, dumm und lasterhaft setzt sich in der Folgezeit fort. Gäbe es nicht die sie kennzeichnenden Attribute – hie Öllampe, dort Spiegel –, wären Törichte Jungfrau, Frau Hoffart und die Personifikation der Unkeuschheit im 16. Jahrhundert nahezu austauschbar. Eine der Törichten Jungfrauen Christoph Murers aus dem Jahr 1583 (Abb. 50) zeigt mit unschicklicher Geste, dass sich unter ihrem prächtigen Kleid ein noch prächtigeres Unterkleid verbirgt, während ein zeitgleicher moralsatirischer Einblattdruck mit dem Titel *La Louange du Vertugadin des Dames* – Die Lobpreisung des Tugendwächters der Dame – auf anzügliche Weise die 'Gefahren' der Reifrock-Mode durch Anreizung böser Lüste thematisiert (siehe Abb. 117).

48 Urs Graf: *Törichte Jungfrau*, um 1506. Freie Kopie nach M. Schongauer. Basel, Kupferstichkabinett.

50 Christoph Murer: *Zwei törichte Jungfrauen.* Deutschland, 1583.

Spiegel der Selbstverliebtheit

Der rühret wohl den Narrenbrei,
Wer wähnet, daß er weise sei,
Und wer sich selbst gefällt gar wohl.
In den Spiegel sieht er stets wie toll
Und kann doch nicht bemerken das:
Daß er 'nen Narren sieht im Glas.[109]
(Sebastian Brant: *Das Narrenschiff*, 1494)

51 A. Dürer: *Von Selbstgefälligkeit.* Holzschnitt aus Sebastian Brants *Narrenschiff*, Basel 1494.

Spiegel, lateinisch „speculum", sind qua definitionem glatte Flächen, die einen wesentlichen Teil des einfallenden Lichts zurückwerfen und dem Betrachter dadurch ein virtuelles, seitenverkehrt-symmetrisches Bild seines Äußeren bieten. Der Blick in den Spiegel gilt in der Ikonografie als Zeichen für Selbsterforschung, Selbstbestätigung und Eigenliebe.[110] Bereits im Altertum und in der Antike kannte man Metallspiegel, aus der römischen Kaiserzeit sind kleine Glasspiegel überliefert, im 15. Jahrhundert kamen konvexe Wandspiegel und flache, verzerrungsfreie Handspiegel aus mit Zinnfolie belegtem Glas auf den Markt. Das Herstellungszentrum war Venedig, von dort aus gelangten die begehrten Artikel nach ganz Europa. Kleine, in eine Schutzkapsel aus Bronze oder auch Elfenbein gefasste Handspiegel führte man in der Gürteltasche bei sich, auch gab es die Sitte, sie an einer Schnur befestigt als Schmuck zu tragen.[111] Auf Jan van Eycks Hochzeitsbild aus dem Jahr 1434, dem Doppelporträt *Giovanni Arnolfi und seine Frau Giovanna Cenami*, zieht ein dekorativer, runder, stark gewölbter Wandspiegel die Aufmerksamkeit des Betrachters auf sich. In ihm spiegeln sich sowohl die Brautleute als auch die beiden Trauzeugen, die gerade zur Tür eintreten. Seine zentrale Platzierung und seine Wichtigkeit für die Bildaussage zeugen von der Faszination, die die wiederentdeckte Spiegelkultur auf Menschen zu Beginn des bürgerlichen Zeitalters ausübte.

Die sprunghaft wachsende Beliebtheit und die stürmische Nachfrage nach Spiegeln kamen nicht von ungefähr. In den neu gegründeten und stark anwachsenden Städten entwickelten sich bis dato unbekannte Formen des Geltungsstrebens. Der Wettbewerb um gesellschaftliche Anerkennung, der primär über Äußerlichkeiten ausgetragen wurde, ließ Spiegel zu einem unverzichtbaren Mittel der Selbstüberprüfung, Selbstkontrolle und Selbstbestätigung werden. Auftritte wurden vor Spiegeln inszeniert, Gestik und Mienenspiel vor Spiegeln eingeübt.[112] Spiegel halfen Menschen aber auch bei der Suche nach Identität. In Italien, wo sich Menschen bereits gegen Ende des 14. Jahrhunderts von mittelalterlichen Mentalitäten zu lösen begannen, begleiteten Spiegel den Selbstfindungsprozess.

Der Spiegler.

Ich mach das helle Spiegelglaß/
Mit Bley ichs vnderziehen laß/
Vnd drehe darnach die Hültzen Scheibn/
Darinn die Spiegelgläßer bleibn/
Die Mal ich denn mit Farben frey/
Feuwer Spiegel mach ich darbey/
Darinn das Angsicht groß erschein/
Daß mans sicht eigentlich vnd fein.

53 *Der Spiegler*. Holzschnitt aus Jost Ammans *Ständebuch* mit Versen von Hans Sachs. Frankfurt/ Main, 1568. Im 16. Jahrhundert war die Spiegelnachfrage sehr groß, die Herstellung von Spiegeln ein florierendes Geschäft.

52 *Metallspiegel mit achteckigem Rahmen*. Venedig (?), 14. Jahrhundert. Der Spiegelaufsatz zeigt Frau Venus im Rosengarten, die Knochenschnitzereien des Rahmens geflügelte weibliche Genien. Die mosaikartigen Einlagen sind aus weißem und grüngefärbtem Elfenbein und schwarzem Ebenholz, die Einfassung aus rotbraunem Holz.

In einem Karnevalslied der florentinischen Spiegelmacher heißt es: „Die eigenen Makel kann man im Spiegel erkennen, Makel, die man nicht so unbekümmert sieht wie die von anderen Leuten; So kann man sich selbst beurteilen und sagen, 'Ich will ein besserer Mensch werden, als ich gewesen.'“[113] Zahlreiche Bildnisse des 15. und 16. Jahrhunderts zeigen Frauen und Männer, die sich nachdenklich oder prüfend in Spiegeln betrachten.[114]

Kontrollierende Blicke in den Spiegel galten im humanistischen Wertekanon nicht per se als sündhaft, es kam auf die Zielsetzung und

54 *Marcia porträtiert sich mit Hilfe eines kleinen Handspiegels.* Aus der Handschrift *Des Femmes nobles* von Giovanni Boccaccio mit Miniaturen des 'Meisters der Marienkrönung'. Paris, 1403. Paris, Bibliothèque Nationale de France. Das Werk stellt berühmte Frauen vor, hier Marcia, auch als Rusticula bekannt, eine um 632 verstorbene Heilige, die als 18jährige zur Äbtissin des Nonnenklosters in Arles gewählt wurde.

55 *Vom sittlichen Nutzen des Spiegels, der Tugend wie auch Laster zurückstrahlt.* Miniatur aus einer Kopie des Codex *Betrachtungen über die Eheschließung von Pollion und Euridyke* von Plutarch. Frankreich, 1499. St. Petersburg, Eremitage.

die innere Haltung an. Eine französische Miniatur aus einer um 1500 angefertigten Kopie der *Betrachtungen über die Eheschließung von Pollion und Euridyke* von Plutarch[115] zeugt von der Ambivalenz, mit der man Spiegeln begegnete. Blatt 21 der Handschrift handelt „Vom sittlichen Nutzen des Spiegels, der Tugend wie auch Laster zurückstrahlt" (Abb. 55). Die Kinder werden vor Sünden und Lastern, die ihre „so schönen Gesichter" entstellen würden, gewarnt, im Hintergrund ordnet eine tugendhafte Frau ihr Haar vor einem Spiegel.[116] Beide Bildaussagen beinhalten eine Belehrung, erstere fordert zum tugendhaften Lebenswandel auf, letztere wird als nachahmenswert vor Augen gestellt.

Eine gänzlich andere Rolle spielt das Motiv 'Mensch mit Spiegel' in der Moralkritik des Mittelalters und der Renaissance. Hier steht es für menschliche Prunksucht, Selbstverliebtheit und Gotteslästerung. Zur Verdeutlichung modekritischer Bildaussagen werden der Hoffart verfallenen Personen Tod und Teufel zur Seite gestellt – mal dienend, mal beobachtend, mal zugreifend. Durch fünf kleine Teufel, die mit ihrem Kleid und ihrer Frisur Schabernack treiben, und einem Affen, der sich auf ihrem Handspiegel im Handstand versucht, setzt eine Miniatur des 14. Jahrhunderts die Putzsucht einer jungen Frau in Szene (siehe Abb. 84).[117] Eine zeitgleiche Miniaturenfolge aus Matfres Ermengaus de Béziers *Liebesbrevier* thematisiert in anschaulicher Weise die Gefahren der Liebe und der Hoffart (Abb. 56).[118] Teufelsgestalten mit roten und grünen Flügeln potenzieren die Untugenden der Menschen, indem sie

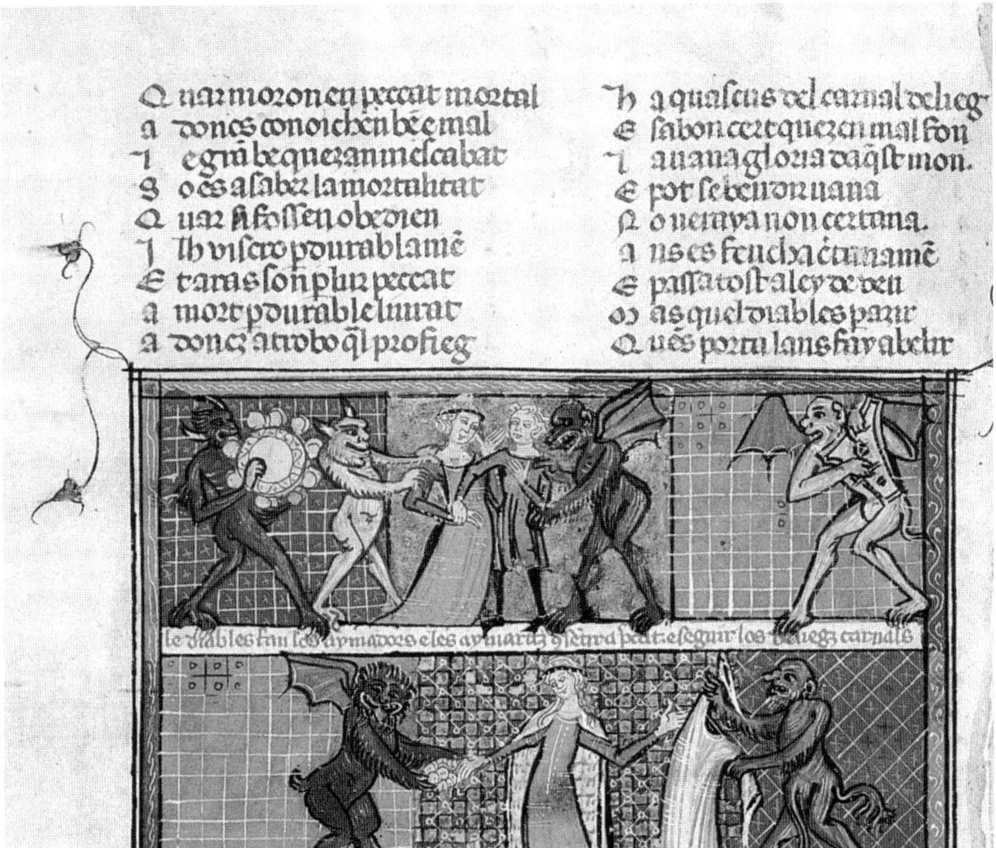

56 *Die Gefahren der Liebe.* Miniatur aus dem Liebesbrevier des Matfres Ermengaus de Béziers. Katalonien, 1. Hälfte 14. Jahrhundert. St. Petersburg, Eremitage.

ihr sündiges Treiben unterstützen und fördern. Die sinnliche Liebe wird durch teuflische Musik untermalt, die Putzsüchtige erhält ein Prachtgewand mit Flügelärmeln, der Eitlen reicht der Teufel Kamm und Spiegel.

Modisch-aufwändige Kleidung und Spiegel sind zwei Sujets, die in der mittelalterlichen Bildwelt als Ausdruck unmoralischen Verhaltens oft zusammenfinden. Als Paar verkörpern sie in idealer Weise die Gottlosigkeit der Welt und kommen deshalb zur Kennzeichnung symbolischer Negativfiguren aus biblischem Kontext zur Anwendung. Eine kolorierte Federzeichnung aus dem Codex *The Mirroure of the Worlde* (England, um 1470/80)[119] – Abschrift einer erstmals im 13. Jahrhundert erschienenen Moralpredigt, in der die sieben Todsünden diskutiert werden – setzt die Verkörperung der 'Wollust' als eine nach der Mode der Zeit auftretende Dame in Szene (Abb. 57). Bekleidet mit einem hochgegürteten, tief dekolletierten Kleid und Flügelhaube, betrachtet sie sich versonnen in einem Prunkspiegel. Mit ihrer äußeren Erscheinung, die sie im Spiegel kontrolliert, will sie aufreizen und Begierden wecken, eine Aussage, der durch ihren Ritt auf einem Ziegenbock – dem Sinnbild für Geilheit – Nachdruck verliehen wird.[120] Zugleich ist die Darstellung als Kritik an spätmittelalterlicher Mode zu lesen, die den weiblichen Körper mittels Schnürung und Entblößung exponiert und erotisiert.

Auf einem französischen Bildteppich des späten 14. Jahrhunderts hat die *Hure Babylon* die Gestalt einer eitlen jungen Frau, die, selbstverliebt in einen Spiegel blickend, ihr blondgelocktes, langes Haar kämmt (Abb. 58).[121] Ihr

57 *Off the synne of lechery* (Von der Sünde der Wollust). Kolorierte Federzeichnung aus der Handschrift *The Mirroure of the Worlde*. England, um 1470/80. Oxford, Bodleian Library.

58 *Die Hure von Babylon mit Spiegel.* Bildteppich, gewebt nach einem Teppichkarton der Apokalypse von Jean de Bandol (Ausschnitt). Frankreich, Werkstatt von N. Bataille, 1375–80. Angers, Musée des Tapisseries.

59 Illustration zur Exempelgeschichte von einer putzsüchtigen Frau, die der Teufel heimsucht. Geoffroy de la Tour Landry: *Von den Exempeln der gotsforcht und erberkeit.* Ausgabe Basel 1493, mit Holzstichen von Albrecht Dürer.

Kleid nach höfischer Mode ist bis zur Hüfte eng geschnürt, dann in Falten auslaufend, der Übergang durch einen auffälligen Schmuckgürtel markiert.

Die Moralprediger und Moralsatiriker des 14.–16. Jahrhunderts verwenden ähnliche Bildverweise, indem sie sich Spiegel zur Bloßstellung von Hoffart, Laster und Torheit zunutze machen. Ein Albrecht Dürer zugeschriebener Holzschnitt, veröffentlicht als Illustration zu einem Text aus der Belehrung des Geoffroy de la Tour Landry, trägt den programmatischen Titel „Von eyner edlen frowen wie die vor eym spiegel stund/ sich mutzend/ unnd sy in dem spiegel den tüfel sach jr den hyndern zeigend.“ (Abb. 59).[122] Erzählt wird die Geschichte einer eitlen Frau, die ein Viertel des Tages mit ihrem Putz verbrachte. Dies ging so weit, dass man oft mit dem Gottesdienst auf sie warten musste. Eines Sonntags, als sie sich vor dem Spiegel herrichtete und die Kirchengemeinde besonders lange auf sie warten mußte, sah sie plötzlich den Teufel gespiegelt, der ihr den Hintern zeigte. Da erschrak sie fürchterlich, schrie wie von Sinnen und lag für lange Zeit krank danieder, Gott preisend und dankend, dass er sie auf den rechten Weg zurückgeführt habe. „Darumb lassen üch das ein jnbildung syn“, schließt der Text, „Uch vor söllichen langsamen spieglen und kleiden zu hueten/ dar durch ir die heiligen ampter versumen moegen/ oder ander lüt zu warten machen.“[123] Abschließend wird die Hoffart in alter Tradition als Todsünde vorgestellt, die die Hauptschuld an des Menschen Abkehr von Gott trägt.

Das Spiegelmotiv taucht auch in Sebastian Brants *Narrenschiff* mehrfach an exponierter Stelle auf. Der vierte Narr des Brant'schen Narrenaufzugs, nach dem Bücher-, Räte- und Habsuchtsnarr, ist der Modenarr (Abb. 60). Der illustrierende Holzschnitt zeigt einen eitlen jungen Burschen, der sich – breitbeinig, in enger Hose mit keckem Latz[124] – in seinem Erscheinungsbild sonnt. Ein alter Narr hält ihm den Spiegel.[125]

60 *Der Modenarr.* Holzschnitt aus Sebastian Brants *Narrenschiff*, Basel 1494.

Dies zeigt, dass modisches Treiben für Sebastian Brant keine Marginalie ist, sondern das Gegenteil. In dem erläuternden Text *Von neuen Moden* klagt er über die Missachtung alter Werte und die Zunahme männlicher Eitelkeiten. Männer würden sich nicht nur „mit Affenschmalz schmieren“ (schminken), sondern ließen auch „am entblößten Hals/ Viel Ring’ und goldne Ketten sehn.“[126]

Mit Schwefel und Harz pufft man das Haar
Und schlägt darein dann Eierklar,
Daß es im Schüsselkorb werd’ kraus.
Der hängt den Kopf zum Fenster ’raus,
Der bleicht das Haar mit Sonn’ und Feuer,
Darunter sind die Läus nicht teuer.
Die können es jetzt wohl aushalten,
Denn alle Kleider sind voll Falten:
(...)
Vor einer Mode die andre weicht,
Das zeigt, wie unser Sinn ist leicht
Und wandelbar zu aller Schande,
Und wieviel Neuerung ist im Lande,
Mit schändlich kurz geschnittnen Röcken,
Die kaum den Nabel mehr bedecken!
Pfui Schande deutscher Nation,
Daß man entblößt, der Zucht zum Hohn,
Und zeigt, was die Natur verhehlt!
Drum ist es leider schlecht bestellt
Und hat wohl bald noch schlimmern Stand.
Weh dem, der Ursach gibt zur Schand!
Weh dem, der solcher Schand nicht wehrt:
Ihm wird ein böser Lohn beschert![127]

Die Brant’sche Aufzählung von Modesünden ist ein in mehrfacher Hinsicht aufschlussreiches Dokument. Wir erfahren etwas über die Putzsucht der Männer – ihr Schminken, Schmücken und Frisieren – und über konkrete kosmetische Prozeduren wie Methoden zum Festigen, Locken und Färben der Haare. Die

61 A. Dürer: *Hoffärtige Närrin.* Holzschnitt aus Sebastian Brants *Narrenschiff*, Basel 1494.

aktuelle Kleidermode wird thematisiert und die Betonung auf die moralisch heiklen Punkte – üppige Falten, Besatz, extrem kurze Obergewänder, Neuerungssucht – gelegt. Die eingeschobene Verallgemeinerung: „Das zeigt, wie unser Sinn ist leicht/ Und wandelbar zu aller Schande“ belegt, dass Kleidungsverhalten und Charakter als Einheit gesehen wurden, als eine Kleideridentität. Ein rascher Kleiderwechsel galt wertkonservativen Menschen als Zeichen von Oberflächigkeit, lockerem Lebenswandel und Unbeständigkeit.

Natürlich durfte in Brants närrischem Reigen die Hoffart nicht fehlen, verkörpert durch eine aufgeputzte junge Frau, die sich in einem Handspiegel bewundert (Abb. 61). Doch die Stange, auf der sie sitzt, ist ein *Kloben*, ein gespaltener Stock zum Vogelfang, auf den man Lockvögel setzte.[128] Der Klobenhalter ist der Teufel, die eitle Dame sein Opfer. Zu ihren Füßen brennt bereits – von ihr unbemerkt – ein Feuer. Im Bildtext heißt es höhnisch:

Wer Hoffart liebt und tut sich loben
Und sitzen will allein hoch oben,
Den setzt der Teufel auf den Kloben.[129]

Die Illustration ist eine Zeitsatire, die mit dem Thema Todsünde ihren Schabernack zu treiben scheint. Der im Haselnussgebüsch[130] versteckte Teufel wirkt wenig bedrohlich, und die selbstverliebte Dame erblickt nichts als ihr eigenes Konterfei. Allein die beiden Hinweise, dass ihr vermeintliches Bänkchen eine Lockstange des Teufels und das Feuer bereits gelegt ist, stellen vor Augen, dass sie wegen ihres hoffärtigen Verhaltens ein schlimmes Ende erwartet.

Der nachfolgende Vers ist mit „Überhebung der Hoffart“ überschrieben und geht thematisch deutlich weiter als das Bild:

Der macht ein Feuer auf strohernem Dach,
Wer auf der Welt Ruhm setzt sein Sach
Und alles tut um zeitliche Ehr;
Dem wird zuletzt nichts andres mehr,
Als daß sein Wahn ihn hat betrogen,
Wie einer baut auf Regenbogen.[131]

Mit dem Bild des Regenbogens wird nochmals das Spiegelmotiv aufgegriffen, im Sinn von Vorspiegelung und Vergänglichkeit. Denn wie das eigene Spiegelbild sich ins Nichts auflöst, wenn der Betrachter sich abwendet, verschwindet auch die Luftspiegelung, ohne eine Spur zu hinterlassen. In Reimform werden Luzifer und Adam angeführt, Sturz und Vertreibung als Folgen ihres hoffärtigen Verhaltens genannt. Zum Schluss der Belehrung steht, wie üblich, eine drastische Drohung, die zur Umkehr mahnt:

Die Hoffart, die Gott haßt so sehr,
Steigt stetig auf, je mehr und mehr,
Und fällt zuletzt zu Boden doch
Zu Luzifer ins Höllenloch. (...)
Hoffart erniedrigt Gottes Rat,
Demut er stets erhöhet hat.[132]

Ungleich eindrucksvoller und vielschichtiger ist die Bildsprache Hieronymus Boschs, der in einem seiner Frühwerke, dem *Tisch der Weis-*

62 Hieronymus Bosch: *Superbia*. Detail aus dem *Tisch der Weisheit* (früher: *Todsündentafel*), um 1476. Prado, Madrid.

heit, die Todsünden malerisch darstellte (Abb. 62). Im Zentrum der Platte befindet sich ein Kreis mit der Darstellung Christi, darum ordnen sich in sieben Bildsegmenten die personifizierten Todsünden an. In den Ecken des Tableaus befinden sich Gemälde von den „Vier letzten Dingen“: Tod, Weltgericht, Himmelreich und Hölle.[133] In diesem Kontext interessiert vor allem das Bild, mit dem Bosch die Hoffart in Szene setzt. Da sich Hoffart durch Ichbezogenheit definiert, sehen wir das Antlitz der in sich selbst vernarrten Frau allein als Spiegelbild, ihre Person jedoch nur von hinten. Durch

63 A. Dürer: *Jugend, Alter und Tod.* Federzeichnung, um 1510/ 20. London, British Museum. Die schöne, junge Frau ist so sehr in ihr Spiegelbild vertieft, dass sie Gott und den Weg, der zu ihm führt, vergisst.

diese ungewöhnliche Perspektive bleibt der Betrachter von der intimen Zwiesprache ausgeschlossen. Die in sich selbst versunkene Frau, damit beschäftigt, ihre frischgesteifte, aufwändig eingefasste[134] Haube zurechtzurücken, hat keine Augen für das, was um sie herum geschieht. Deshalb bemerkt sie auch nicht, dass der Teufel in persona ihr den Spiegel hält. Diese furchterregende schwarze Gestalt ist mit nichts als einer Haube bekleidet, die der ihrigen entspricht. Der modische Kopfputz steht also nicht nur de facto im Zentrum des Bildes – die große weiße Fläche befindet sich in der Bildmitte –, sondern er wird zudem noch verdoppelt und kopiert. *Superbia*, die sich bildlich nur als „eusserliche, stinckende hoffart“[135] fassen lässt, stellt sich für Bosch als eitle, auf ihre Haube stolze Frau dar. Bemerkenswert ist die schwarze Truhe, die an einen Sarg erinnert. Die Frau steht zwischen Tod und Teufel, ohne ihre prekäre Situation zu realisieren.[136]

Der Tod ist ein häufiger Begleiter putzsüchtiger, selbstverliebter Menschen, verweilt aber fast immer im Hintergrund, so auch auf einer Federzeichnung Albrecht Dürers (Abb. 63). Hier wird die unbekleidete Schöne mit Alter und ablaufender Stundenuhr konfrontiert, ohne dies zu bemerken. Ihr Blick gilt allein ihrem Spiegelbild.

Auch zwei hoffärtigen Bürgerinnen, deren protzendes Auftreten Daniel Hopfer mit seinem Kupferstich „Vanitas, vanitatum vanitas!“ (Abb. 64) anprangert, scheinen weder die sie attackierenden Teufel, noch den nach ihnen greifenden Tod zu spüren, so sehr sind sie mit sich selbst beschäftigt. Die Kleidung der links stehenden Dame ist die einer wohlhabenden Bürgerin, während die Kleidung der Dame rechts gleich in mehrfacher Hinsicht übertrieben erscheint. Das Dekolleté ihres Kleides ist extrem freizügig, die modische *Kugelhaube*[137] überladen ausgestattet und die Glieder der Kette, die ihre Blöße bedekken, übergroß.[138] Der aufreizende Ausschnitt ist vermutlich als Anspielung auf die Käuflichkeit der Dame zu lesen, denn weit ausgeschnittene Kleider dienten bis ins 18. Jahrhundert der Kennzeichnung von Prostituierten.[139] Eine oft

64 Daniel Hopfer: *Vanitas, vanitatum vanitas!* Deutscher Kupferstich, 1. Hälfte 16. Jahrhundert. Staatliche Museen zu Berlin, Kupferstichkabinett.

zitierte Weisheit lautete: „Ein erbar Weib, Ein erbar Kleid (...). Ein Bübisch und leichtfertig Kleid, gefellet allein Kindern, Narren und Bulern".[140] Bei der Kette ist mit Sicherheit anzunehmen, dass sie als Symbol für Hoffart fungiert, denn Ketten dieser Größe sind unüblich. Generell war das Tragen goldener Ketten Angehörigen des Hochadels vorbehalten, selbst das Tragen silberner Ketten war durch Erlasse auf das Strengste reglementiert.[141]

Auf einem illustrierten Flugblatt des Jahres 1583 wird der Akt der Bestrafung dargestellt: einer der Hoffart verfallenen Kaufmannstochter wird vom Teufel der Kopf umgedreht (Abb. 65).[142] Der Titel des kolorierten Holzschnitts fasst den Bildinhalt und die vorgeblichen Hintergründe der Tat zusammen: „Erschrockenlicher gantz grausammer/ warhafftiger Spiegel/ des von Gott langest verdampten und ewig verfluchten/ jetzt aber sehr gemeinen Lasters der

65 *Erschrockenlicher gantz grausammer/ warhafftiger Spiegel ... der Hoffart.* Illustriertes Flugblatt (Ausschnitt), St. Gallen (bei L. Straub), 1583. Zürich, Zentralbibliothek. Eine Antwerpener Kaufmannstochter wird in Folge ihres Hochmuts Opfer des Teufels.

Hoffart/ Welches Gott abermals nach billigkeit und notturfft hertigklichen gestafft hatt/ allen verachtern zu einer ernstlichen warnung/ den Gottseligen fleissig zubedencken fürgestellt". Im Bild ist der Moment dargestellt, als die Frau, vor dem Spiegel ihre Kröse richtend, vom Teufel attackiert wird, denn, so die Begründung, der „auffgeblosene stinckende hoffartsteuffel" warte nur auf Gelegenheiten, seine Macht zu vergrößern. Hintergrund ist die im Textanhang ausgeführte, den Menschen zur Warnung erzählte Exempelgeschichte. Sybilla, Tochter eines reichen Antwerpener Kaufmanns namens Nicola de Grain, stand im Ruf, sich über ihren Stand zu erheben. Sie sei „von jugend auff hoffertig/ stoltz und ubermütig" gewesen und habe sich „nit köstlich noch zierlich gnug" bekleiden können. Als sie sich für ein Hochzeitsfest vor dem Spiegel herrichtete, war ihr keine ihrer Krösen gut genug. Da habe sie ausgerufen: „Ist dann kein Teuffel in der Hellen/ der mir helff und nach meines gefallens ein Krössz verschaffe?" Daraufhin sei der Teufel erschienen und habe ihr das Gesicht rückwärts gedreht, sodass sie starb. Als man aber ihre Bahre aus dem Haus tragen wollte, sei diese zu schwer gewesen. Als man sie öffnete, habe innen nicht mehr ihr Körper gelegen, sondern eine greuliche Katze, die mit einem Spiegel herausgesprungen sei und einen gräßlichen Gestank hinterlassen habe.[143] Diese Begebenheit solle allen übermütigen und stolzen Menschen eine Warnung sein, dass Gott Hochmut und Hoffart strafe.

Drucke wie diese, die ausschließlich auf das Mittel der Abschreckung setzten, sind in den 1580er Jahren eher eine Seltenheit. Bei der Mehrzahl der modekritischen Bilder geht es nunmehr um Entlarvung und Verspottung, kombiniert mit Ermahnungen oder Appellen an Vernunft und Einsicht. Ein Blatt eines anonymen flämischen Künstlers aus der zweiten Hälfte des 16. Jahrhunderts (Abb. 66) spielt mit alledem: es kombiniert mittelalterliche Hoffartskritik und Brant'sche Narren mit der Mode seiner Zeit. In dem auf Französisch und Holländisch abgefassten Vierzeiler wird der Spiegel mit dem „cul du diable" des *Selen Wurczgartens* gleichgesetzt, die Frau als Dienerin des Teufels bezeichnet und zugleich als Närrin gebrandmarkt.[144] In der Darstellung selbst wird der Blick des Betrachters zunächst auf den ovalen Handspiegel gelenkt, der nicht nur durch seine Größe ins Auge fällt, sondern vor allem, weil in

66 *Narr und eitle Frau mit Spiegel.* Anonymer flämischer Stich aus der 2. Hälfte des 16. Jahrhunderts. Amsterdam, Rijksprentenkabinet. Im Text wird auf den Spiegel als „cul du diable" (Hintern des Teufels) angespielt.

Plädoyer für prächtige Kleider:
Wer solt gedencken daß wir beid
Erstlich weren ohn vnterscheid
Geboren gleich Nackt auff die Welt.
Dein Stand aber mir gar nit gfellt.
Ich halte viel mehr von dem Pracht/
Und werd uberal hoch geacht.

Plädoyer für modische Abstinenz:
Wer aber viel hat auff der Erd/
Nicht wissen kan wie lang es wehrt.
Dann warumb solt ich trawrig seyn?
Ich hab doch alles was ist mein.
Siehe Nacket bin ich geboren/
Hab mehr gewunnen dann verlohren.

67 *Ein fast lustig Gesprech zweyer Personen.* Deutscher Kupferstich, Anfang des 17. Jahrhunderts. Wolfenbüttel, Herzog August Bibliothek.

ihm die eitle Frau und auch der Narr bildlich eins werden. Das tatsächliche Bildzentrum aber ist von einer riesigen weißen Halskrause ausgefüllt, dem Hauptobjekt der Kritik. Die Frau vergewissert sich durch den Blick in den Spiegel, ob ihr Mühlsteinkragen korrekt in Falten gelegt (getollt) ist und gut sitzt.

Ende des 16. Jahrhunderts beginnen sich die bedrohlichen Begleiter und Verführer hoffärtiger Männer und Frauen gänzlich zu verflüchtigen. Narren und Tiere treten an ihre Stelle: Pfauen unterstreichen Eigenliebe und Prunksucht, Affen stehen für Sich-Herausputzen oder Nachäffen. In der bildlich formulierten Kritik wird aus der Todsünde *Superbia* im Verlauf der zweiten Hälfte des 16. Jahrhunderts menschliche Schwäche, während sie in den zeitgleichen Textquellen noch als der 'Mutter aller Sünden' präsent bleibt.[145] Der Spiegel aber behält seinen festen Platz als Attribut zur Kennzeichnung menschlicher Eitelkeiten.

Schließlich ein Blick auf einen tiefsinnigen Diskurs zwischen einem armen Mann – nackt, aber sorglos und fröhlich – und einem reichen – eitel, sorgenbeladen und unglücklich –, die ihre Lebenseinstellung am Beispiel des Kleiderverhaltens gegeneinander abwägen. Die Aufforderung des Nackten, solche Gesellen mögen sich selbst im Spiegel beschauen und sich nicht auf das zeitlich Gut verlassen, wie mancher Narr es täte, ist zum einen als Verweis auf die Flüchtigkeit irdischen Glücks zu lesen. Der Reichtum des Kaufmanns wird als unnütz, das Streben nach weltlichen Gütern als Narrheit abgetan. Zum anderen wird der Blick in den Spiegel als Mittel zur Selbsterkenntnis vorgeschlagen. Dieser könne helfen, die wahren Werte des Lebens zu erkennen.[146]

II Modekritik in Wort und Bild

Neue Kleider, neue Schnitte

Wer heuer war ein guter Schneider,
der taugt jetzt nicht eine Fliege mehr,
also hat sich der Schnitt verwandelt
in diesen Landen, in so kurzer Zeit.[147]
(nach Limburger Chronik für das Jahr 1380)

Zu Beginn des 12. Jahrhunderts begann die scheinbar festgefügte Welt des Mittelalters aus den Fugen zu geraten. Die zwischen 1096 und 1270 durchgeführten Kreuzzüge erweiterten nachhaltig das Gesichtsfeld der mittelalterlichen Gesellschaft. Zeitgleich entstand eine höfische Kultur, überliefert durch Lieder, Gedichte und Prosa. In der europäischen Kleidung bildet sich dieser Prozess im Wandel der Haltung zur Kleidung, der Kleiderstile und ihrer Fertigungsweisen ab. Bis circa 1100 stand Mitteleuropa unter dem Einfluss der spätrömischen, byzantinischen und germanischen Kleidertraditionen, die in ihren Grundzügen über Jahrhunderte hinweg Bestand hatten. Für Männer setzte sich die Kleidung aus Hose oder Beinlingen, Hemdrock und Mantel zusammen, Frauen trugen eine doppelte Gewandung, bestehend aus Unterkleid und Ärmeltunika, dazu einen mantelartigen Überwurf. In den ersten Jahrzehnten des 12. Jahrhunderts wurde erstmals der Versuch unternommen, die locker fallenden Hemdkleider der Damen durch seitliche Schnürung so zu verengen, dass sich Busen und Taille deutlich abzeichneten. Zugleich wurden die Ärmelöffnung des Obergewandes phantastisch erweitert, wodurch ein reizvolles Spannungsverhältnis zwischen zuviel und zuwenig entstand. Den Extravaganzen der Frauenkleidung in der ersten Hälfte der höfischen Epoche folgten Kleidersilhouetten, die Harmonie und Mâze[148] ausstrahlten. Die langärmligen, engen Oberkleider wurden durch ärmellose, fließende ersetzt, die aufs Neue bekleideten, ohne den individuellen Körper zu exponieren, und die von Männern und Frauen von Stand in ähnlicher Weise getragen wurden.

68 *Werkstatt eines Schneiders.* Miniatur aus der Enzyklopädie *Tacuinum sanitatis* (Ausschnitt). Norditalien, Ende 14. Jahrhundert. Paris, Bibliothèque Nationale de France.

Konnten die einfach geschnittenen Gewänder des frühen und zumeist auch des hohen Mittelalters problemlos in Eigenarbeit hergestellt werden, erforderte die „nuwe kleidunge“[149] des Spätmittelalters eine geübte Hand. Der 1152 datierte und von Heinrich dem Löwen ausgestellte Gildenbrief an die Harburger Gewandschneider zur Zeit der körperbetonten Damenkleidung ist einer der frühesten Nachweise für eine beginnende Professionalisierung. Anfang des 13. Jahrhunderts unterschied man bereits zwischen Mantel-, Gewand- und Flickschneidern, und gegen Ende desselben stieg die Zahl der zugelassenen Schneider derart sprunghaft an, dass sich ihre Zahl in Paris innerhalb eines knappen Jahrzehnts angeblich von 482 auf 702 erhöhte.[150]

Zu diesem Zeitpunkt trennte sich die abendländische Gesellschaft endgültig von ihren für das frühe und hohe Mittelalter charakteristischen, schlichten und in ihrer Aussage bezüglich der Standeszugehörigkeit eindeutigen Bekleidungsweise. Zwar hatte sich diese Entwicklung seit langem angekündigt, aber erst in der 2. Hälfte des 14. Jahrhunderts hatte der Prozess der Umstrukturierung eine solche Kraft und Dynamik entwickelt, dass sämtliche Ausdrucksformen des kulturellen Lebens davon erfasst wurden. Formen, Farben, Muster und immer anspruchsvollere, kompliziertere Schnitte wechselten nun in kurzen Zeitspannen, sodass für die Mehrzahl der Modehistoriker im Spätmittelalter die Geschichte der europäischen Mode beginnt.[151] „Ich han tzu lang geslaffen“, lässt der Dichter Peter Suchenwirt seine nach

69 *Hiobs Frau.* Ausschnitt aus einer Federzeichnung des *Antiphonar von St. Peter*, um 1160. Wien, Österreichische Nationalbibliothek. Hiobs Frau trägt einen engen, wadenlangen Surcôt mit Flügelärmeln und reicher Borte, darunter ein schleppendes Unterkleid, die Cotte.

70 *Markgraf Otto IV. und seine Gemahlin Hedwig von Holstein.* Miniatur aus dem Codex *Manesse*, 1250–1320. Heidelberg, Universitätsbibliothek. Die Kleidung des Paares dokumentiert die für die höfische Gesellschaft des 13. Jahrhunderts übliche, farblich kontrastierende und locker fallende Gewandform, die für beide Geschlechter Gültigkeit hatte.

71 *Modisches Paar um 1480.* Aus dem *Mittelalterlichen Hausbuch* der Sammlung des Fürsten zu Waldburg Wolfegg, fol. 18 v: „Das Badehaus“ (Ausschnitt).

zehnjährigem Schlaf erwachende Frau Minne sagen, „Mein diener die sind affen worden.“[152]

Der für das 14. Jahrhundert zu konstatierende Wandel im Kleiderverhalten dokumentiert die gravierenden Brüche innerhalb der spätmittelalterlichen Gesellschaft. Den von Gott bestimmten Weg zu verlassen und seines ‘eigenen Glückes Schmied’ zu werden waren Perspektiven, die erst aufkommen konnten, als die Vorstellung von einer unumstößlichen Weltordnung ins Wanken geriet. Ausgelöst durch einschneidende gesellschaftliche Umwälzungen – Staatenbildungen, Städtegründungen, Fernhandel etc. – begannen die Menschen, sich ihrer Individualität bewusst zu werden und ein Mehr an Eigenverantwortung zu übernehmen. Hatten die den sündigen Körper verhüllenden Gewänder nach christlicher Vorstellung vorrangig Demut und Gottesfurcht auszudrükken, entstanden nun, mit Beginn einer weltlich orientierten Wettbewerbsgesellschaft, Bekleidungsweisen, die die Besonderheiten der Körper sichtbar und vergleichbar machten. Männer zeigten Bein und Gesäß, Frauen Taille und Busen. Der Wettbewerb spielte sich nicht nur auf körperlicher, sondern auch auf ökonomischer Ebene ab. Kleidung konnte entscheidend zum Statusgewinn beitragen, Erreichtes dokumentieren und Angestrebtes vorwegnehmen und entsprach somit den Bedürfnissen der aufsteigenden Schichten. Bürger wollten nicht mehr hinter dem Adel zurückstehen, jener wiederum seine Trachtenprivilegien nicht aufgeben, und auch Vertreter des Bauernstands strebten nach Statusverbesserung.[153] In dieser Phase wachsender sozialer Mobilität entwickelten sich zunächst äußerst bizarre, extravagante Formen höfischer Abgrenzung mit schmalen, optisch gestreckten Linien. Dem folgten bürgerliche Moden mit augenfällig ver-

72 Hans Asper: *Cleophea Holzhalb*, geb. Krieg von Bellikon, 1538. Zürich, Kunsthaus. Die reiche Bürgerin trägt ein repräsentatives weiß-goldenes Kleid, ergänzt durch einen breiten Dekolletékragen (Goller).

73 Urs Graf: *Tanzendes Bauernpaar*. Federzeichnung, 1525. Paris, Ecole des Beaux-Arts. Mit einer gewissen zeitlichen Verzögerung lässt sich die Mode der Schnabelschuhe und mit ausgeschnittenen Stofflappen geschmückten (gezaddelten) Gugel auch beim bäuerlichen Stand nachweisen.

breiterten Silhouetten, die in ihrer strotzenden Körperlichkeit und demonstrativen Zurschaustellung von Macht und Geld in der Kleidungsgeschichte ihresgleichen suchen.

Voraussetzung für die Entfaltung modischer Prozesse ist die Existenz von Orten, auf denen man sich zeigen und spiegeln kann. Waren es im 12. Jahrhundert die neuen Höfe, die sich als Schauplatz menschlicher Eitelkeiten anboten und einen ersten Innovationsschub auslösten, sind es im Spätmittelalter und der Frühen Neuzeit neben dem nun fest etablierten höfischen Ambiente vor allem die neuentstandenen Foren des Bürgertums: Marktplätze, Festwiesen, Gesellschaftshäuser, Ballsäle und noch nach wie vor die Kirchen. Die exklusiv-höfischen Bühnen erhielten nun Konkurrenz durch unzählige, gut besuchte Volksbühnen mit deutlich höheren Besucherzahlen. Ein besonderes Ereignis waren die Bälle der Patrizier, die Geschlechtertänze, die ein oder zwei Mal jährlich in Tanzhäusern der Städte abgehalten wurden.[154] Und natürlich gab es zahlreiche Festivitäten – Krönungen, Empfänge, Hochzeiten –, bei denen sich Adel und Bürgertum zum gemeinsamen Tanz trafen. Die bildlichen Dokumentationen dieser Veranstaltungen zeichnen ein buntes, sehr realistisches Bild der aktuellen Zeitmoden und ihrer ständischen Unterschiede (Abb. 74).

Die internationalen Beziehungen der großen Handelshäuser mit ihrem weitgespannten Netz von Handelswegen förderten den Austausch mit fremden Kulturen und brachten neue Moden ins Land, die bestaunt und nicht selten nachgeahmt wurden. Die Schneider hatten alle Hände voll zu tun, der wachsenden Nachfrage gerecht zu werden und stets auf der Höhe der Zeit zu bleiben. Zudem hatte sich ihr Kundenkreis erheblich erweitert, selbst Vertreter der Landbevölkerung wollten nicht länger vom Spiel der Selbstdarstellung ausgeschlossen bleiben.[155] Der Vers, mit dem Hans Sachs in Jost Ammans Ständebuch das Schneiderhandwerk charakterisiert, thematisiert sowohl die Nachahmung fremder Moden, als auch die ständische Zeichensetzung durch unterschiedliche Stoffqualitäten:

Ich bin ein Schneider/ mach ins Feld/
Den Krieges Fürsten jre Zelt/
Mach Renndeck zu Stechn und Thurnier/
Auff Welsch und Frantzösisch Manier/
Kleid ich sie gantz höfflicher art/
Ir Hofgsind und die Frauen zart/
Kleid ich in Sammet Seiden rein/
Und in wullen Thuch die Gemein.[156]

Zwei Kunden, die mit Sicherheit für gute Beschäftigung in den Schneiderwerkstätten sorgten, waren der Augsburger Patrizier Matthäus Schwarz und sein Sohn Veit Conrad, beide

Buchhalter bei den Fuggern und ausgewiesene Kleiderliebhaber. Nicht allein, dass sie sich unzählige, höchst variantenreiche und phantastische Kleider zu speziellen Anlässen anfertigen ließen, sie dokumentierten ihre Garderobe zudem akribisch in mit zahlreichen kolorierten Zeichnungen versehenen Trachtenbüchern (Abb. 75 und 76).[157] Diese detailliert ausgeführten und mit genauen Angaben über Materialität, Herkunft, Zeit der Entstehung, Anlass und manchmal auch mit persönlichen Daten versehenen Aufzeichnungen sind aufschlussreiche Belege für den von wohlhabenden Bürgern getriebenen Kleideraufwand. Sie lassen erkennen, dass das 'Kleider-Ich'[158] zu dieser Zeit sehr ausgeprägt war und es den Gepflogenheiten der gesellschaftlich Arrivierten entsprach, sich durch ausgefallene Kleidung zu inszenieren.[159]

Die Vertreter der Kirche sahen diese Entwicklung mit großer Besorgnis, konterkarierten die Menschen durch ihr ich-bezogenes und weltlich ausgerichtetes Verhalten doch alles, was in ihren Augen unter gottgefälligem Lebenswandel zu verstehen war. In einem breit angelegten Feldzug begannen sie, gegen den um sich greifenden Kleideraufwand vorzugehen, mit dem Ziel, die Gläubigen zur Einsicht und Umkehr zu bewegen.[160] Die Obrigkeit un-

74 *Augsburger Tanzbild*, 1500. Augsburg, Städtische Kunstsammlungen. Das Bild ist bekannt unter dem Namen 'Augsburger Geschlechtertanz', da es aber nicht nur Personen des Patriziats, sondern auch solche des gehobenen Bürgertums darstellt, wurde die Bezeichnung berichtigt. Die untere Beschriftung lautet „Nach christÿ gepirt 1500 jar Was dise claidung zu Augspurg das ist war."

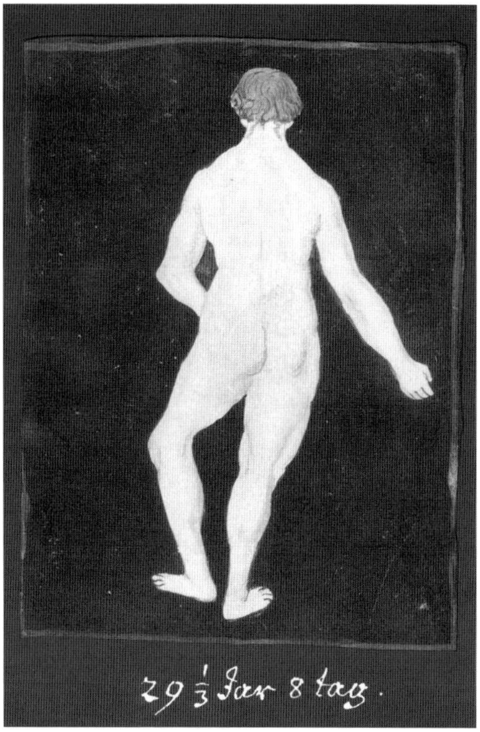

75 *Blatt aus dem Kleiderbuch des Augsburger Patriziers Matthäus Schwarz vom Juli 1526.* Pergamenthandschrift, 1. Hälfte 16. Jahrhundert. Braunschweig, Herzog-Anton-Ulrich Museum. Das Bild zeigt Matthäus Schwarz im Alter von 29 Jahren.

76 *Blatt aus dem Kleiderbuch des Augsburger Patriziers Matthäus Schwarz vom 20. Februar 1538.* Pergamenthandschrift, 1. Hälfte 16. Jahrhundert. Braunschweig, Herzog-Anton-Ulrich Museum. Das Bild zeigt Matthäus Schwarz im 41. Lebensjahr.

terstützte die kirchlichen Bestrebungen und versuchte, der Prunksucht durch Verordnungen entgegenzutreten. Die im Folgenden diskutierten modekritischen Quellen des Spätmittelalters und der Renaissance sind Dokumente einer von imaginären Teufeln bevölkerten Welt, die noch stark von kirchlichen Vorgaben geprägt war. Sie erzählen von der Zerrissenheit der Menschen zu Beginn der Neuzeit, schwankend zwischen Erhalt des Tradierten und Aufbruch zu Neuem, zwischen höfisch und bürgerlich geprägten Mustern, zwischen negativer Bewertung von Moden und der Freude an der Entdeckung von Kleideridentitäten jenseits festgeschriebener Standestrachten.

Üppigkeit und Übermut

Was darffs der kleider so viel weis,
Dein leib der wird der Würmer speis,
Bewar dein leib für hitz vnd keldt,
Dan uberflus Gott nicht gefeldt. [161]

Gottgefällig oder nicht, Männer und Frauen des Spätmittelalters und der Renaissance huldigten enthusiastisch dem Prunk und der Verschwendung, was nicht zuletzt im Konsum modischer, reich ausgestatteter Kleidung deutlich wurde. Vor allem der Inhalt des Geldbeutels bestimmte die Grenze des Machbaren. „Man muss bekennen, das jetzt, fürnemlich in namhaftigen Städten, mit Kleidung bey den Reichen, sonderlich unter dem weiblichem Geschlecht, eine solche Hoffarth getrieben wird, das überaus und alle massen ist", schreibt Johann Strauß in seiner Moralschrift von 1581. „Man behängt sich mit Gold, Perlen, Edelgesteinen, und viel übermässigen Kleidern, das es zuvorn, auch vor weniger Zeit, kaum in Fürstlichen, und der großen Potentaten Ständen, also prächtig ersehen woren, Ich geschweige was hierinnen der Adel thut". [162] Das Kleidergebaren dieser Epoche war durch Experimentierfreudigkeit gekennzeichnet und neigte zu übertriebener Zurschaustellung. Dieses Verhalten begrenzte sich nicht allein auf Frauen. Einige Stimmen beziehen sich sogar explizit auf das „fantastische"[163] gockelhaft-prunkende Kleiderverhalten der Männer, die Mehrzahl allerdings auf weibliche oder auf von beiden Geschlechtern praktizierte Moden. Die auf weltlichen Beifall abzielenden modischen Extravaganzen wurden unisono als Demonstrationen des Hochmuts an den Pranger gestellt.

77 *Tafelrunde.* Miniatur aus der Pergamenthandschrift *Miroir du salut humain*, einer französischen Übersetzung des *speculum humanae salvationis*. Frankreich, um 1465–1475. Staatliche Museen zu Berlin, Kunstbibliothek. Die Damen betonen ihren Stand durch auffällige Burgundische Hauben.

Eine in ihrer Aussage beeindruckende Miniatur zum Thema 'Weltstolz'[164] entstand bereits Mitte des 12. Jahrhunderts, zeitgleich mit den ersten Experimenten, den schlichten, körperumspielenden Gewandformen der Frühzeit individuelle Konturen zu verpassen. Sie gehört zu der um 1150 datierten Bilderfolge „Szenen aus dem Leben Christi" des *Winchester Psalters* (Abb. 78). Die Hauptfigur der dritten Versuchung Christi stellt einen nach höfischer Mode gekleideten Teufel – oft „Modeteufel" ge-

78 *Dritte Versuchung Christi.* Aus der Handschrift *The Winchester Psalter*, um 1150. London, British Library. Der Teufel führt Christus auf einen hohen Berg und legt ihm die Schätze der Welt zu Füßen. Texte der Schriftrollen: „Hec omnia tibi dabo si adoraueris me" (Dies alles werde ich Dir geben, wenn Du mich anbetest), „Vade tetro satane non temptabis dominum deum tuum" (Weiche von hinnen, Satan, Du sollst Deinen Herrn nicht versuchen).

nannt[165] – dar, der ihn mit weltlichen Gütern: Krone, Schmuck und anderen Herrlichkeiten zu verführen versucht.[166] Die ungewöhnlich große, behaarte, vogelgesichtige Teufelsgestalt[167] ist mit einem sehr engen, vorne geschnürten Frauengewand bekleidet, das offensichtlich nicht auf die Figur zugeschnitten ist. Das Kleid zieht seitlich Falten, wo es möglichst glatt anliegen sollte, der unübliche seitliche Schlitz reicht fast bis zur Taille und entblößt des Teufels Schwanz und Bein. Die langen Enden der Schleppe und des einen Hängeärmels sind geknotet, der andere Ärmel ist wohl abgerissen.

Bei dieser Buchmalerei wird die modische Kleidung nicht in karikierender Absicht überzeichnet, sondern als Ausdruck der Todsünde *Superbia* und ihrer Folgesünden entlarvt. Kleider, die im Unrat schleifen, Ärmel, die körperliches Arbeiten verhindern, und Körperkonturierungen, die zur Unkeuschheit auffordern, galten als Teufelswerk. Die verführerische höfi-

79 *Geometrica.* Federzeichnung aus der *Aldersbacher Sammelhandschrift*, um 1200 (Ausschnitt). Die nach höfischer Mode gekleidete allegorische Figur trägt eine schleppende, seitlich stark geschnürte Cotte mit lang herabhängenden Ärmelerweiterungen.

80 *Maria.* Verkündigungsszene (Ausschnitt). Miniatur aus einem nordenglischen Psalter, 3. Viertel 12. Jahrhundert. Oxford, Bodleian Library. Die schleppenden Ärmelerweiterungen des Kleides sind durch Knotung verkürzt.

81 *Frau Welt stellt einem Möch die Armut vor.* Initiale C einer Handschrift von 1197/98. Engelberg, Klosterbibliothek. Frau Welt wird hier als nach höfischer Mode gekleidete Dame in schleppendem Kleid mit Tuchstreifen vorgestellt.

sche Mode des 12. Jahrhunderts stellte sich nach Ansicht der Kirche als ideales Einfallstor für den Teufel dar, der sie als Werkzeug zu nutzen verstünde.[168]

Trotz seines skurrilen Aufzugs ist der Teufel unstreitig nach der Mode der Zeit gekleidet. Die enge Schnürung der Taille, die Überlänge der Kleider und die extreme Trompetenform der Ärmel sind aus anderen Bildquellen bekannt (vgl. Abb. 79). Auch war es durchaus üblich, Hängeärmel und Röcke durch Knoten zu verkürzen, selbst die Jungfrau Maria wird in einem Psalter aus dieser Zeit mit geknoteten Hängeärmeln dargestellt (vgl. Abb. 80). Der „Modeteufel" ist, genau betrachtet, ein „Hoffartsteufel", der zu sündigem Verhalten verleiten, Hoffart feilhalten will.[169]

Die Versuchungsszene Christi aus dem *Winchester Psalter* zielt auf eine Verbildlichung der teuflischen Verführungskünste und ihrer Bloßstellung mittels modischer Einkleidung des Teufels ab. Bei der Mehrzahl der modekritischen Quellen aber steht die Inszenierung eines eitlen Auftritts direkt zur Debatte. Von der Kommentierung einer Auswahl modischer Äußerungen des 14. bis beginnenden 17. Jahrhunderts, um Schleppen, Hörnerhauben, Schnabelschuhe, Schmuck, Reifrock und Halskrausen (*Krösen*) geht es in den folgenden, in sich chronologisch strukturierten Abschnitten, in denen zeittypische Moden aus Sicht der Kritiker vorstellt und kommentiert werden.

Geschwänzte Röcke

Ab Mitte des 12. Jahrhunderts finden sich in den Textquellen der weltlichen Moralisten Hinweise auf Schleppen, *geschwänzte Röcke* oder *Schweiffe*. „Die Frauen schreiten mit ihren langen Kleidern einher gleich den Schlangen",[170] klagte Gaufredus Vosiensis im Jahr 1180 in Anspielung auf die Verführungskünste Evas. In dem mit menschlicher Lasterhaftigkeit befassten Teil seiner Belehrung *Von des todes gehugde*[171] kritisiert Heinrich von Melk die Mode nachschleifender Kleider als Zeichen der Hoffart, mit denen Frauen überall Staub aufwirbeln würden, und zwar nicht nur in den Gassen, sondern auch in den Kirchen. Gerade diese Anmaßung zeige, wessen Kind die Mode sei:

Wir sehen ce gazzen unt ze chirchen
umbe die armen tagewurchen
diu nicht mêr erwerben mac,
si enmache ir gewant alsô lanc
daz dergevalden nâchswanc
den stoub erweche dâ si hin gê,
sam daz rîche al deste baz stê.[172]

Weitere Kritiker griffen das Thema auf, wobei sich die gegen die Auswüchse der Damenmode vorgebrachten Argumente häufig wiederholen. Bemerkenswert ist, dass hier bereits über aufgewirbelten Staub geklagt wird, ein Punkt, der die Schleppenkritik beharrlich begleitet und schließlich, im 19. Jahrhundert, zum beherrschenden Thema wird.

Besonders rigoros erscheint die 1240 von einem Legaten des Papstes Nikolaus III. angekündigte Maßnahme zur Einschränkung der Schleppenlänge. Frauen in Kleidern, die mehr als eine Handbreit Überlänge aufwiesen – zu dieser Zeit waren Schleppen von 1 1/2 Armlängen in der höfischen Mode durchaus üblich –, bedrohte er mit Verweigerung der Absolution. Das war, laut Aufzeichnung des Franziskanerbruders Salimbene de Adam, „den Frauen bitterer als der Tod." Eine Frau habe ihm vertraulich mitgeteilt, ihr bedeute die Schleppe mehr als jedes andere Kleidungsstück.[173]

Nach einer Phase modischen Maßhaltens begann Ende des 13. Jahrhunderts erneut der modische Reigen. Und wieder spielten Schleppen und Hängeärmel in den weiblichen Kleiderinszenierungen die Hauptrolle. Die Modegegner reagierten dieses Mal prompt und sehr direkt. Schleppentragende Damen wurden verspottet, sie würden ihre Kleider beschmutzen, „wie die Schafe ihre Schwänze".[174] Auch die Obrigkeit ergriff drastische Maßnahmen zur Eindämmung der Schleppenmode, am Nachdrücklichsten in der Stadt Modena. Dort ließ der Stadtpfleger eine in Stein gehauene Musterschleppe aufstellen, an der die korrekte Länge der Schleppe der wegen Verstoßes gegen die Kleiderordnung angezeigten Damen überprüft werden konnte.[175]

Eine frühe kritische Kommentierung der zweiten Schleppenmode findet sich im *Roman de la Rose* aus dem letzten Viertel des 13. Jahr-

82 *Martirologio.* Miniatur aus dem *Adonis-Codex* von Albertus Diakonus (Ausschnitt), einer Sammlung von Märtyrerlegenden. Italien, um 1181. Kathedrale von Cremona.

83 *Die personifizierte Müßigkeit lädt einen Liebenden zu sich in den Minnegarten ein.* Miniatur aus einer Kopie des *Roman de la Rose*, um 1340. Oxford, Bodleian Library. Die Müßigkeit wird als Frau mit Spiegel und Läusekamm dargestellt. Sie trägt ein geschnürtes, stark dekolletiertes Kleid mit Hängeärmeln und Schleppe.

hunderts: „Die Damen ziehen ihre Schleppen mehr als eine Elle hinter sich her und sündigen damit ganz wunderbar, weil sie mit schwerem Gelde sie erkaufen, Christus in den Armen berauben, Flöhe sammeln, die Erde bedecken, in der Kirche die Andächtigen im Gebete stören, den Staub aufwühlen und aufwirbeln, die Kirchen (dadurch) verdüstern, die heiligen Stellen mit Staub beschmutzen und entweihen und auf eben diesen Schleppen den Teufel tragen und fahren. Meister Jacobus sagt, ein gewisser Heiliger habe den Teufel lachen gesehen, und als er ihn fragte, warum er lache, habe er geantwortet, daß eine Dame, wie sie zur Kirche ging, auf ihrer Schleppe einen seiner Genossen fuhr, und als sie, um eine schmutzige Stelle zu überschreiten, das Kleid aufhob, sei der Teufel in den Schmutz gefallen."[176]

Argumentiert wird in bekannter Weise mit Verschwendungssucht, mangelnder Hygiene, Unrat und Beschmutzung, wodurch sich Teufel magisch angezogen fühlten. Selbst die heute als lustiger Einfall gelesene Beschreibung eines in den Dreck purzelnden Teufels ist vor diesem ernsten Hintergrund zu sehen. Von der gleichen Begebenheit weiss der Dominikanerprediger Étienne de Bourbon in seinen *Anecdotes historiques* aus der zweiten Hälfte des 13. Jahrhunderts zu berichten,[177] und auch Caesarius von Heisterbach verbreitet eine ausgeschmückte Variante der Geschichte von einem Priester, der am Ausgang der Kirche eine Dame im Schleppenkleid erblickt habe. Auf der überaus langen Schleppe ihres Kleides habe er eine große Anzahl von Teufeln sitzen sehen. „Sie waren klein wie die Haselmäuse und schwarz wie die Mohren, sie vollführten ein lautes Gelächter und klatschten in die Hände und sprangen wie die Fische im Netz zappelnd umher." Seine Schlussfolgerung lautet: „Wahrhaftig: die Putzsucht der Frauen ist ein Netz des Teufels."[178]

Auf das teuflische Behagen an im Schmutz schleifender Kleidung nimmt auch die Darstellung einer modisch gekleideten Jungfrau Bezug (Abb. 84). Zwei kleine Teufel begeistern sich für die Überlänge ihres Kleides, zwei andere haben es sich in ihren oben sehr engen, unten extrem weiten Ärmeln bequem gemacht, und ein weiterer Teufel beschäftigt sich mit ihren Haaren. Die Unholde haben sich zielgerichtet auf den Teilen des Kleides festgesetzt, die hier als anstößig vorgeführt werden sollen. Auch der kleine, auf einem Spiegel turnende Affe ist als Hinweis auf die Eitelkeit des Mädchens zu deuten.[179]

84 *Putzsüchtiges Mädchen, von Teufeln besetzt.* Nachzeichnung einer Miniatur aus einer Handschrift des 14. Jahrhunderts. Paris. Bibliothèque Nationale de France. Ein putzsüchtiges Mädchen zieht Teufel an, die sich auf der Schleppe, den modischen Ärmelöffnungen und der Haarhaube festsetzen.

Mit zunehmender Verbreitung der Schleppenmode werden die kritischen Stimmen lauter und gröber. Für Heinrich den Teichner (2. Hälfte 14. Jahrhundert) etwa gehört Mode zu den charakteristischen Torheiten seiner Zeit. Bezüglich der Schleppen schlägt er vor, diese abzuschneiden und mit ihnen die viel zu engen und kurzen Röcke der Männer nachzubessern. Was bei der Kleidung der Damen zu viel sei, sei bei der der Männer zu wenig, auf diese Weise würde die Kleidung beider Geschlechter wieder auf Normalmaß gebracht.[180] Seine Satire hat die höfische Gesellschaft im Visier, deren Kleideraufwand nun nicht mehr verherrlichend gefeiert, sondern zur Entlarvung ihres als degeneriert und gotteslästerlich empfundenen Lebenswandels verspottet wird: „mit dem hochvertigen sit/ da chauft man die hell mit.“[181] Das Geld, das Damen für Ankleidehilfen ausgäben, könne man besser den Armen geben, um sie mit dem Notwendigsten auszustatten. Hier klingt eine generelle Kritik an den gesellschaftlichen Zuständen der Zeit an, die von nichtprivilegierten Kreisen immer stärker als ungerecht und veränderungsbedürftig empfunden wurden. Für Hans Vintler (1. Hälfte 15. Jahrhundert) sind die schleppenden, mit ausgeschnittenen Stofflappen versehenen Kleider adliger Frauen höchst lasterhaft. Zudem forderten sie Frauen niederen Standes zur Nachahmung heraus, das führe zu einem Konkurrieren um die längste Schleppe, da niemand ertrage, hierin zurückzustehen.[182]

Schleppende Gewänder sind auch Thema der *Schellenpredigt* Geilers von Kaysersberg vom 5. März 1498, in der er zahlreiche modische Erscheinungen seiner Zeit geißelt: „Die sibend schell der gemalten narren ist, sich ausserhalb der menschen oder ausserhalb den füssen, kopff und leib sich zieren. Nun wie geschicht solche zierung ausserhalb dem leib? Erstlich geschicht solche durch lange zottechte kleider, welche die weiber auff der erden hinden nachschlöppen.“[183] Auch die überlangen Gewänder der Priester und Prälaten sind in seine Kritik einbezogen, alle Kleider, die „im koht und erdt reich hernach schleppen“ oder deren „zipffel“ hinterher getragen werden müssen. In der Predigt *Vom Kaufmannsschatz* vergleicht er hoffärtige Frauen mit Störchen im Storchennest. Mit Mänteln, deren lange Schwänze etwa zwei Ellen lang seien, „da treiben sie groß hoffart mit, heben sie uff und nemen sie under die arm und sein groß umb sich, und wenn sie den mantel herab lont fallen, so stond sie darin und gat der mantel unden umb sie nit anders, dann wann sie in eim storckennest stünden.“[184]

Die Künstler des 15. Jahrhunderts übernahmen das bereits im Rosenroman, von Étienne de Bourbon und Vintler erwähnte Motiv des auf der Schleppe sitzenden Teufels und stellten es in neue Zusammenhänge. Auf einer Illumination von Jean le Tavernier aus *Miracles de Nostre Dame* (Abb. 85) wird eine prachtvoll gekleidete Dame des auf ihrer Schleppe festgekrallten Teufels gewahr. Das Gesicht der „Bürgerin von Bethlehem“[185] spiegelt Angst und Entsetzen. Hinter ihr schreitet der Heilige Jérome, seinen Begleiter auf den Schleppenteufel aufmerksam machend. Nicht nur der modische *Schweiff* wird hier als Teufelswerk vorge-

85 Jean le Tavemier: *St. Jérome und die Bürgerin von Betlehem* (Ausschnitt). Aus der Handschrift *Miracles de Nostre Dame* von Jean Mielot. Frankreich, um 1456. Paris, Bibliothèque Nationale de France.

86 *Mädchen mit Blütenzweig.* Federzeichnung des Meister E. S., um 1470. Frankfurt/ Main, Städelsches Kunstinstitut.

87 *Zwei Damen im Gespräch* (?). Anonyme Handzeichnung, Oberdeutschland, letztes Viertel des 15. Jahrhunderts. Erlangen, Universitätsbibliothek.

führt, vielmehr gilt die Kritik dem Gesamtauftritt und dem damit in Szene gesetzten unmoralischen Lebenswandel. Die Schleppe steht für Untätigkeit und Müßiggang, die für teuflische Einflüsterungen anfällig machen. Die hohe, extrem schmale Taille, die hervorgehobenen Brüste und die sehr hohe Haube verweisen auf Putzsucht und Eitelkeit. Durch Hochnehmen des Oberkleids gibt die Dame den Blick auf ihr Unterkleid frei, auch diese Praxis werten Moralkritiker als unzüchtige Gebärde. Tatsächlich musste das Kleid umso öfter und höher aufgenommen werden, je länger es schleppte – schleppende Kleider zwangen und zwingen zur öffentlichen Enthüllung.

Die Federzeichnungen (Abb. 86 und 87) veranschaulichen eine Geste, die in der zweiten Hälfte des 15. Jahrhunderts für Vornehmheit und gute Erziehung stand: das einseitige Einhalten des überlangen Oberkleides, wobei sich die eingehaltene Stoffmasse vor dem Bauch zu bauschen hatte.[186] Dadurch, dass das Unterkleid deutlich kürzer war und genügend Fußfreiheit gewährte, wurde somit ein Ausschreiten möglich.

Eine andere Variante des Themas 'Schleppenteufel' findet sich *Im Buch genannt der Selen Wurczgarten* von 1483 (Abb. 88). Über eine Frau aus Mainz wird das Folgende berichtet: Ein Priester trat eines Sonntags durch die Kirchentür und begegnete einer Bürgerin „geziert und bekleidet kostlichen in grosser Hochfart mitt manigerley Ornaten, und hett an ihren Kleidern einen langen Schwanz den sie nach sich zog.“ Auf der Schleppe sah er eine grosse Menge Teufel sitzen, klein wie die Ratten und schwarz wie die Mohren. Sie lachten und schlugen die Hände zusammen und sprangen durcheinander wie Fische im Netz. Als er dies sah, hieß er die Bürgerin still stehen und beschwor die Teufel, nicht zu weichen. Dann rief er die Gemeinde zusammen. Die Frau ängstigte sich sehr, aber der Priester fiel auf die Knie und betete zu Gott, der ihnen dieses Zeichen gesandt habe. Alle sahen die Teufel, auch die Frau bemerkte, was ihr geschehen war. Sie ging heim und verwandelte all ihre Hoffart in große Demütigkeit, und viele andere von der Geschichte bewegte Mainzer Bürgerinnen taten es ihr gleich.[187]

Die häufige Vor-Augen-Stellung des 'Teufels auf Schleppe' konnotierte jenes Kleidungselement nachhaltig als sündhaft. Noch bis in die zweite Hälfte des 16. Jahrhunderts scheint diese Zuschreibung gültig zu sein, auch wenn direkte Verweise auf Teufel nun fehlen. „Schweiffe", die aus Not zur Verlängerung des Kleides gemacht würden, seien nicht zu strafen, läßt sich der Moralprediger Spangenberg 1565 vernehmen. Aber wenn „Schluntz im koth sei", man die Gassen damit kehre und das Kleid daher unten voller Filz sei, sei dies eine Sünde. Diejenigen, die in den unten gefilzten Kleidern steckten, seien ebenfalls nichts als Filz.[188] Etwa zeitgleich wurde offenbar die Filzversteifung durch andere Materialien ersetzt, denn in dem selben Traktat findet sich der Hinweis: „Es ist auch gar ein newer fund/ das man die Weiber rocke vnten in schweiften mit alten Feigenkörben/ ja mit Trath starrent machet/ welches vor hin mit filtz geschehen ist."[189]

In Kleiderordnungen des 15. Jahrhunderts wird die maximale Schleppenlänge exakt festgelegt, wobei oft nach Stand unterschieden wurde. Auf diese Weise konnte die gesellschaftliche Stellung mit einem Blick erfasst werden, vorausgesetzt, die Verordnung wurde befolgt. Der Ulmer Rat zeigte sich großzügig. Er gestattete in einer Verordnung des Jahres 1420, „dass die Mäntel, Röcke und Kleider der Frauen und Jungfrauen bis eine Viertelelle nachschleppten, und dass die Aermel und Flügel bis zur Erde herabhingen."[190] In den *Statuta Bononiae* aus dem Jahr 1453 wurden dem „alten Adel" eine 2/3 Elle, dem „neuen Adel" eine 1/2 Elle, Handwerker- und Künstlerfrauen eine 1/3 Elle lange Schleppen, allen anderen Frauen keine Schleppen gestattet.[191] Die Görlitzer Statuten um 1460 legten eine maximale Überlänge von einer Handbreit fest,[192] und der Rat von Leip-

88 *Schleppenteufel.* Kolorierter Holzschnitt zu einer Exempelgeschichte aus dem *Selen Wurczgarten*, Augsburg 1488. Zürich, Zentralbibliothek. Der Priester beschwört den Teufel, auf der Schleppe zu bleiben, bis er die Gemeinde zusammengerufen habe.

zig bestimmte am 31. März 1463, dass „frawen cleider forne nicht lenger sin sollen, danne das sie uff die erde stosßen, unde hinden mogen sie zweir finger breit noch sleiffen unde nicht lenger."[193] Ganz anders liest sich die Dresdner Kleiderordnung, die Kurfürst Ernst von Sachsen 1482 wegen des um sich greifenden Luxus seiner Hofleute erließ: „Darumb wollen, ordnen und setzen wir, daß hinfüro unter der ritteschafft keine frawe noch jungfrawe kein kleid sol machen lassen und tragen, daß ihr uber zwo elen lang auff der erden nachgehet."[194]

Im 16. Jahrhundert werden Schleppen häufig gänzlich verboten. Im Erlass des Kurfürsten von Sachsen aus dem Jahr 1546 wird verkündet, die Weiber und Töchter des ersten und zweiten Standes dürften zwar Pelzbesatz (*Gebrem*) tragen, aber allen Ständen seien „alle Schweiffe und Gebreme, unden um die Rock, gänzlich verboten."[195] Einzig zulässig sei die Ausbesserung eines zerrissenen oder die Verlängerung eines zu kurzen Rocks, allerdings nur mit gleichwertigem oder billigerem Material. Schneider hätten sich ebenfalls nach dem Erlass zu richten und keine Schleppen anzufertigen.

Zwar spielten Überlängen in der Kleidermode der Renaissance keine nennenswerte Rolle mehr, dennoch bedurfte es noch weiterer vier Jahrzehnte, bis das Tragen schleppender Kleider gänzlich unüblich wurde und der Teufel für lange Zeit seinen Tanzplatz verlor.

Hörnerfrisuren und -hauben

Die Teufel des späten Mittelalters schätzten jedoch nicht nur Schleppen, auch eitler Kopfputz und extravagante Haarmoden übten eine große Anziehungskraft auf sie aus. Diese 'Krönungen' der phantastischen Kleidermode in Form von Hörnerfrisuren bestanden aus zwei spitzen Gebilden, die, mit eigenem Haar oder auch mit Fremdhaar, Hanf oder Flachs gerollt und mit einem Netz stabilisiert, wie kleine Hörner auf den Köpfen vornehmer Damen um 1370/80 bis circa 1485 prangten. Die Basis der Hörnerhauben bildeten Hörnerfrisuren oder auch zwecks Verstärkung am Hinterkopf fixierte, spitz auslaufende Wulste, die enorme Ausmaße annehmen konnten. In orientalischen Ländern gehörte Kopfschmuck in Form spitzer Kegel, der sogenannte Turtur, seit Jahrhunderten zur Tracht, sodass die Annahme berechtigt erscheint, dass die europäische Hörnermode hiervon inspiriert wurde.[196]

Bereits in den 1370er Jahren verurteilt Geoffroy de la Tour Landry Hörnerhauben als Einladung an den Teufel. Ein Bischof habe in einer Predigt nachdrücklich vor dieser Mode gewarnt: Teufel sähen Hörnerhauben als Ausdruck weiblicher Hoffart, deshalb setzten sie sich dort fest. Überhaupt ähnelten Hörnerhauben tragende Frauen dem Teufel, auch erinner-

89 Modischer Kopfputz des späten Mittelalters: *Doppelhennin und Hörnerhaube.* Holzschnitt zu einer deutschen Ausgabe der *Metamorphosen des Ovid*, Ende 15. Jahrhundert.

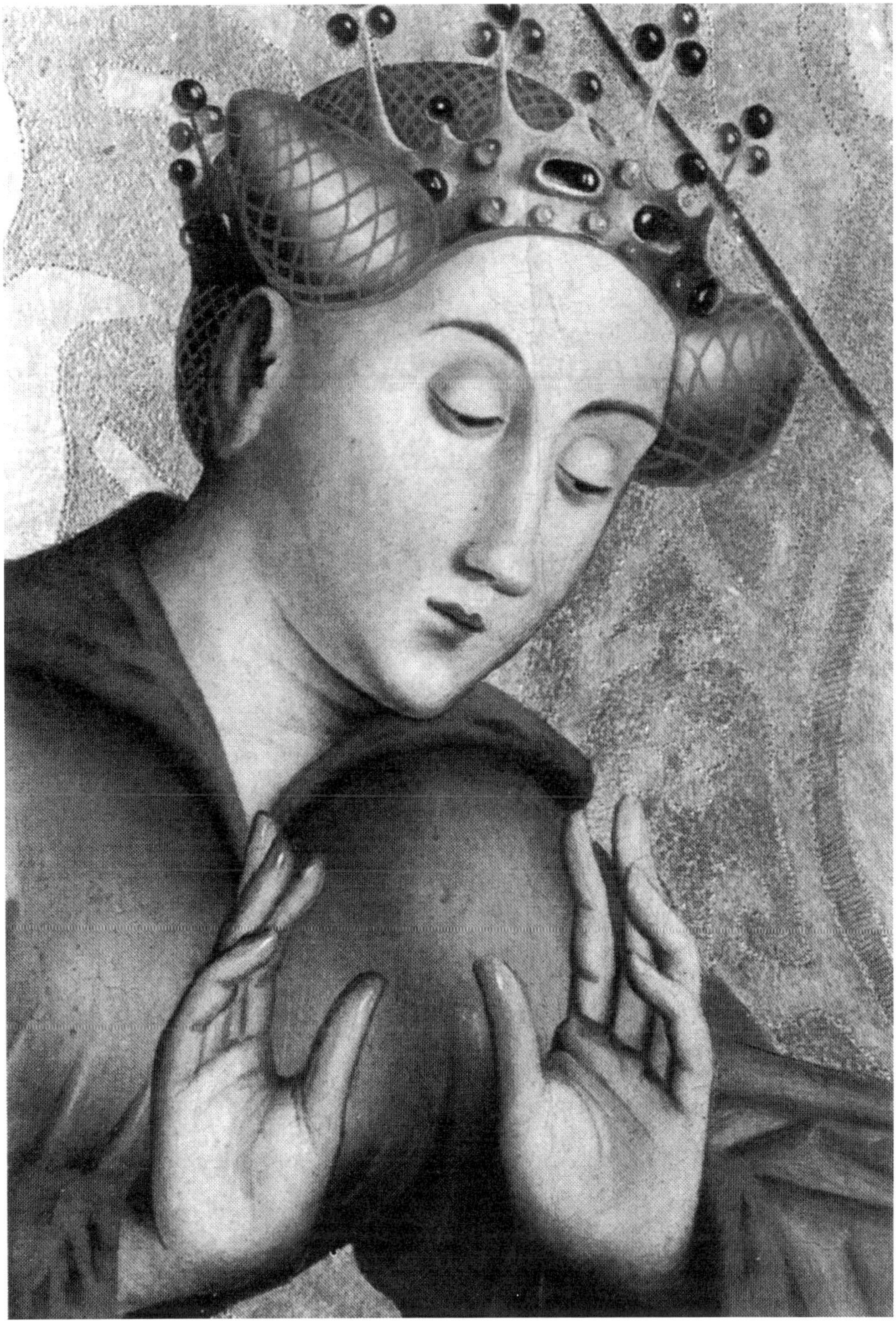

90 Konrad Witz: *Esther*. Ausschnitt aus *Esther und Ahasver*, um 1430. Basel, Kunstmuseum.

91 Jan van Eyck: *Margareta van Eyck*, 1439. Brügge, Groeningemuseum. Die Dargestellte trägt als Kopfputz eine Hörnerfrisur, dazu einen Schleier mit mehreren Reihen dichter Krausen, den *Kruseler*.

92 *Frau mit Hörnerfrisur*. Bronzener Beschlag eines Sattels. Kunsthistorisches Museum Wien, Schloss Ambras.

ten sie an Hirsche, welche den Kopf senkten, wenn sie ins Unterholz gingen. Denn in gleicher Weise senkten Frauen ihr Haupt, wenn es in der Kirche Weihwasser gäbe. Dies, so des Bischofs Vermutung, sei Teufelswerk, da die zwischen den Hörner sitzenden Teufel das Weihwasser scheuten. Die Hörnerhauben tragenden Frauen hätten die Predigt tief beschämt, viele hätten daraufhin ihren Kopfputz abgelegt und sich seither demütig gekleidet.[197] In einem Gedicht des frühen 15. Jahrhunderts mit dem Titel *Le Miroir aux Dames*[198] wird der bizarre Kopfputz gleichermaßen als Gefahr für das Seelenheil angeprangert. Der Teufel habe bei seiner Vertreibung aus dem Paradies ebensolche Hörner getragen, sie seien des Teufels. Auch dem tschechischen Kirchenreformator Johannes Hus, der 1415 in Konstanz auf dem Scheiterhaufen verbrannt wurde, war diese Mode ein Greuel. Mit flammenden Worten verdammte er die teuflische Erscheinung: „... von dem Haupthaar an der Stirn machen sie sich Hörner, indem sie nach der Art eines Horns an der Stirn das Haar aufdrehen ... Die Frauen machen sich vermöge ihres Kopfputzes an der Stirn Hörner, auch machen sie sich durch Schnüren an der Brust Hörner".[199] Für Geiler von Kaysersberg stellte sich die Hörnerfrisur gegen Ende des 15. Jahrhunderts eher als Ochsenkopf dar, als Zeichen großer Dummheit: „Die weiber ziehen mit ihren schleiern daher und haben sie aufgespintzt neben mit zwo ecken oder spitzen gleich einem ochsenkopff mit den hörnern und lassen den schleier kaum zwen zwerchfinger von dem kien hangen, zwitzern also daher, gleich als wann ihn das kien in einem haffenring hienge."[200]

Bildlich umgesetzt ist diese Metapher in einer französischen Illumination aus dem Jahr 1426 (Abb. 94). Das Bild gehört zu einer Sequenz mit Darstellungen von teuflischen Versuchungen, denen sich der Heilige Antonius ausgesetzt sah. Hier führen ihn der Teufel und seine Gehilfen in Gestalt einer liebreizenden Königin mit Gefolge durch die Stadt, vorbei an den Geldwechslern, Apothekern, Stoffhändlern und Harnischmachern, um ihn durch weltliche Schätze zu reizen. Die vermeintlichen Hofdamen tragen die

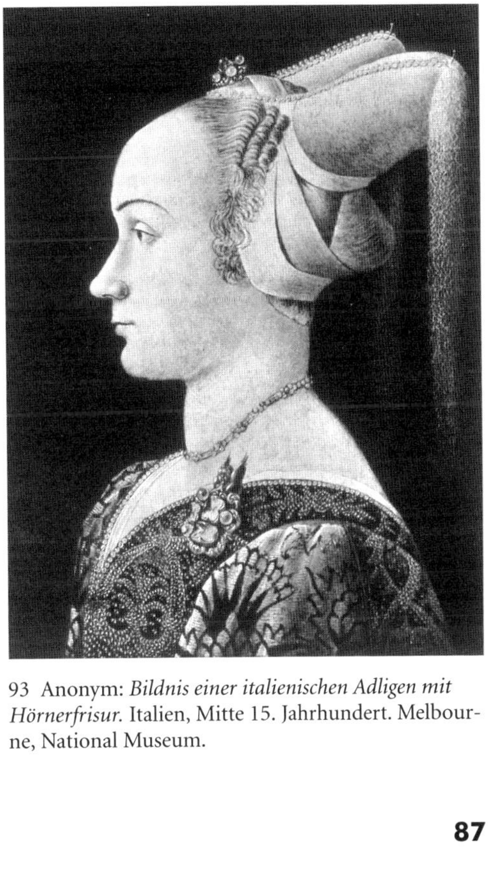

93 Anonym: *Bildnis einer italienischen Adligen mit Hörnerfrisur*. Italien, Mitte 15. Jahrhundert. Melbourne, National Museum.

94 Robin Fournier: *Der Hl. Antonius in Begleitung einer Königin und ihrer Hofdamen.* Miniatur von aus einer französischen Handschrift von 1426. Valletta, The Malta Public Library. In der Gestalt einer schönen Königin versucht der Teufel, den Heiligen Antonius zu verführen. Die Hörner des Teufels und seines Hofstaats haben ihre Entsprechung in den modischen Hörnerfrisuren, die von Moralpredigern als Machwerk des Teufels gegeißelt werden.

in Italien übliche *Sella*, eine diskrete Form der Hörnerhaube, durch die ihre dunklen Teufelshörner kaum auffallen, während sich die großen Hörner der die Haare offen tragenden 'Königin' im Zackenkranz ihrer Krone verbergen. Haube und Krone werden somit zu Hilfsmitteln des Teufels, die die wahre Gestalt des Bösen kaschieren helfen. Die Hörnerhaube wird hier tatsächlich zur Teufelshaube.

Die Anprangerung der Hörnerfrisuren und -hauben als Teufelswerk drückt sich nicht zuletzt darin aus, dass allegorische Figuren oder Dirnen auf Bildern des 15. Jahrhunderts in auffälliger Weise damit geschmückt sind, beispielsweise die *Judith* in Schedels Weltchronik (Abb. 95) des Jahres 1493. Auf einem Kupferstich mit der Darstellung einer Bordellszene wird die Prostituierte gänzlich unbekleidet gezeigt. Einziges Attribut ist ihr modischer Kopfputz: eine Hörnerfrisur mit schmückendem Netz (Abb. 96).

Ein steifer runder Wulst, der der Hörnerhaube Form gab, gehört auch zu den 'Eitelkeiten', die auf einem Tafelbild mit der Darstellung der *Predigt des Hl. Capestran in Bamberg*, datiert um 1470, dem Feuer übergeben werden.[201] Das gleiche Schicksal ereilten überlange Schnabelschuhe und Trippen, die seit Mitte des 14. Jahrhunderts bis um 1500 Mode waren und

95 *Judith.* Illustration aus der *Weltchronik* von Hartmann Schedel, Augsburg 1493. Holzschnitt von M. Wolgemut und W. Pleydenwurff.

96 *Szene in einem Frauenhaus.* Kupferstich eines unbekannten Meisters aus dem 15. Jahrhundert. Wien, Graphische Sammlung Albertina.

97 *Kapitell aus der Kirche von Ludlow in Shropshire* (Nachzeichnung von F. W. Fairholt). England, 1. Viertel 15. Jahrhundert. Eine alte, häßliche Frau wird mit Hörnerhaube dargestellt, um Nachahmerinnen vom Tragen der als teuflisch angesehenen Modetracht abzuhalten.

seitens der Kirche und der Obrigkeit auf das Schärfste bekämpft wurden (Abb. 98). Vor allem aber die Tatsache, dass Hörnerfrisuren nicht selten unter Zuhilfenahme fremder oder künstlicher Haarflechten entstanden, erzürnte die Kritiker zutiefst, sahen sie in dem Gebrauch von Hilfsmitteln eine anmaßende Korrektur des göttlichen Werks.

Die Klagen rissen seither nicht mehr ab, denn Fremdhaar blieb auch in der Folgezeit bei Damen von Stand begehrtes Hilfsmittel. „Pfui der Torheit und Schande, dass wir Gottes Schöpfung verschmähen, uns unserer eigenen Haare schämen und andere betrügen", klagt Joachim Westphal in seiner Schrift *Wider den Hoffartsteufel* 1565, „O nerrischer stinckender Hoffart."[202] Und sein Mitstreiter Johann Strauß bläst in das gleiche Horn, vor allem aber verhöhnt er Frauen, indem er sie in einem drastischen Vergleich mit Pferden gleichsetzt, ihr

98 *Predigt des Hl. Capestran in Bamberg.* Beidseitig bemaltes Tafelbild, datiert um 1470. Bamberg, Stadtgalerie. Die Vorderseite zeigt den franziskanischen Prediger Capestran auf einer Kanzel stehend. Er ruft auf dem Domplatz in Bamberg zur Buße auf, umgeben von einer dichtgedrängten Zuhörerschar. Vor ihm öffnet sich der Kreis für ein Feuer, dem Reuige diverse Luxusgegenstände wie modische Trippen, Schnabelschuhe und Hörnerhaubenwulst übergeben.

99 Anonym: *Karikierender Kupferstich auf die Mode um 1600.* Die diskrete Hörnerfrisur und das Dekolleté mit hochgestelltem Spitzenkragen waren um 1590 bis 1620 Mode.

hoffärtiges Handeln selbst als grobe Täuschung durch Vorspiegelung falscher Tatsachen hinstellt: „Die Weiber thun inn dem fall/ wie die Roßteuscher/ wenn ein Pferdt kein Schwantz hat/ so binden si ihm einen an/ der machets denn kauffig unnd gültig.“[203] Tiervergleiche gehören zu dem Repertoire satirischer Bildmittel und werden stets in diffamierender Absicht eingesetzt.

In einem Kupferstich um 1600 wird das Thema der Hörnerfrisur als satirisches Bildmotiv zur Verkörperung einer männerverhexenden, nach neuester Mode gekleideten Dame nochmals aufgegriffen (Abb. 99). Hier ist eine Teufelsfratze zwischen den Hörnern des modischen Kopfputzes platziert, wodurch der Eindruck entsteht, die Frau sei vom Teufel besessen.

Schnabelschuhe

Schnabelschuhe gehören zu den auffälligsten Utensilien spätmittelalterlichen Übermuts und kecker Selbstinszenierung. Auf Bildern stechen sie vor allem wegen der verkürzten Männerröcke ins Auge, auch unter Frauengewändern lugen ihre Spitzen häufig hervor. Daher erstaunt es, dass diese Schuhe weder als Sitz des Teufels noch als Ausdruck der Hoffart angeprangert wurden. Erst ein Märchen aus späterer Zeit erzählt vom Wunsch des Teufels, in einen Schnabelschuh einzufahren.[204] In Chroniken und Kleidererlassen fanden die extravaganten Schnabelschuhe des Spätmittelalters hingegen durchaus Beachtung, auch kursierten diverse Anekdoten über die Gefahren dieser Mode.

Mit Ledersohle und kleiner Spitze versehene Schlupfschuhe des Adels und der hohen Geistlichkeit sind bereits für die byzantinische Hofmode und die höfische Mode des Hochmittelalters zu belegen.[205] Möglicher Weise war dies der Grund, dass sie von zeitgenössischen Kritikern nicht eigens thematisiert wurden. Die Menschen waren über Jahrhunderte an spitz auslaufende Schuhe gewöhnt. Ob sich diese frühen Spitzschuhmodelle an orientalischer Kleidertradition orientierten, bleibt Spekulation, ebenso wie ihre häufig in der Literatur zitierte Herleitung aus der Kaschierung der missgebildeteten Füße des Grafen Fulco von Anjou.[206] Verbürgt ist hingegen, dass man bereits Ende des 11. Jahrhunderts die noch mäßig langen Spitzen mit Werg ausstopfte, um ihnen Form und Standfestigkeit zu verleihen. Dann, in der zweiten Hälfte des 14. Jahrhunderts, entwickelten sich die Verlängerungen zu einer allgegenwärtigen Modeerscheinung, die etwa 150 Jahre Bestand hatte.

100 *Affe mit Schnabelschuhen, in einen Spiegel schauend.* Zeichnung nach einer Pergamentminiatur des 15. Jahrhunderts aus der Sammlung Robert Forrers. Die Drôlerie stellt eine Verspottung menschlicher Eitelkeit dar.

Zu den neuen Kleidern, die 1350 – nach der Zeit des ‘Großen Sterbens’ – aufgetaucht seien, zählt Tilemann Elhen von Wolfhagen, Verfasser der Limburger Chronik, die Mode der „langen snebel an den schuwen“.[207] Zu den ‘geschnebelten Schuhen’ gehörten mit einer langen Spitze versehene, mittig sehr schmale Überschuhe, die *Trippen*. In hölzerne Trippen mit doppeltem Absatz schlüpfte man, um die empfindlichen Schuhe vor Straßenschmutz zu schützen, in lederne flache, um sich in Innenräumen zu bewegen (Abb. 102 und 103). In den folgenden Jahrzehnten steigerte sich das Ausmaß der Verlängerungen derart, dass sie das Gehen stark behinderten, wodurch sie sich zugleich als Mittel ständischer Abgrenzung qualifizierten. Um 1420 wird aus Kreuzburg in Thüringen berichtet, reiche Leute trügen seitlich geschnürte Schuhe, deren Spitzen fast eine Elle lang seien, die Unterschuhe wiesen das gleiche Maß auf.[208] Andere Quellen sprechen von Längen bis zu 2 1/2 Fuß für hochrangige Personen, während gewöhnlichen Leuten nur 1/2 Fuß an Spitze gestattet seien.[209] Nach einer Zeit der Mäßigung begann man nach 1450 erneut, „lange schnebel ahn die schuch zu machen“,[210] und auch diese zweite Modewelle währte mehrere Jahrzehnte. Bei Schuhspitzen „mit Schnitzwerk verziert, mit Silberblech oder andrem Metall überzogen“ oder solchen, die „an ihren Enden die Form von Klauen, Hörnern, oder gar von menschlichen Gesichtern“ hatten, handelt es sich wohl eher um Aus-

101 Illumination aus der Handschrift *La Théséide* von Boccaccio (Ausschnitt). Angres (?), um 1470. Wien, Österreichische Nationalbibliothek. Die Miniatur zeigt Architas – von Fußfesseln befreit, doch für immer verbannt –, wie er wehmütig von seiner Geliebten Emilia Abschied nimmt. Die kurzen Faltenröcke mit Schulterauspolsterung und die auffälligen Schnabelschuhe Architas' und seiner Begleiter entsprechen der Burgundischen Mode.

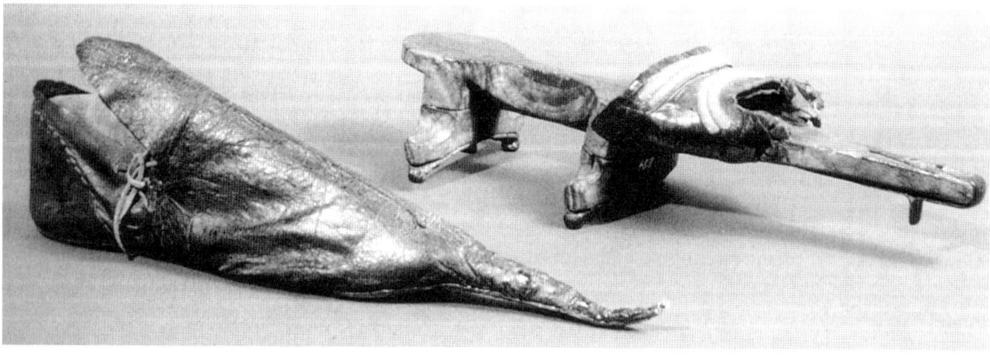

102 *Schnabelschuh und Trippe aus dem 15. Jahrhundert.* Schönwerd, Bally Schuhmuseum. Die Spitze des aus Leder gefertigten Schnabelschuhs ist ausgestopft. Die hölzerne Trippe mit Doppelabsatz ist in der Mitte sehr schmal und vorne der Schuhform angepasst.

nahmen, denn Ausschmückungen dieser Art werden weder in Chroniken noch Kleiderordnungen erwähnt.[211] Nach 1480 verringerten sich die spitzen Verlängerungen, um schließlich, um 1500, von extrem stumpfen, stark verbreiterten *Kuhmaulschuhen* abgelöst zu werden.

Schnabelschuhe sind ein Phänomen ihrer Zeit. Sie eigneten sich hervorragend zur Prononcierung des spätmittelalterlichen Ideals einer schlanken, übergestreckten Körpersilhouette. Insofern sind die in Bildwerken dokumentierten Extremformen der 'Schnäbel' oder 'Nasen' nicht per se als Kritik an eitlem Gebaren aufzufassen, fungierten sie doch nicht selten als Mittel zur Betonung höfischer Anmut und Vornehmheit. Erst der Kontext lässt erkennen, welche Aussage der Künstler intendierte. Was auffällt, ist die Häufigkeit der Darstellungen von Jünglingen, die Frauen den Hof machen, und deren Schnabelschuhspitze die Grenze des Rocksaums überschreitet. Dass seitens der Kirchen bereits seit dem Hohen Mittelalter entschieden gegen Geistliche vorgegangen wurde, die dieser Mode frönten, lässt vermuten, dass die von heutigen Interpreten angenommene Zeichenhaftigkeit der spitzen Schuhverlängerung auch jener Zeit nicht fremd war. Auch das von dem Kleriker Ordericius Vitalis in seinem Werk *Historia ecclesiastica* (um 1140) gezeichnete Bild von Höflingen, die den Frauen durch alle möglichen Arten von Unzüchtigkeiten schmeichelten, in dem sie „auf die Zehen, wo das Ende des Körpers ist, ... etwas, was Schlangenschwänzen ähnelt" setzten, weist in diese Richtung.[212]

Die Gegner der Schnabelschuhmode konzentrierten sich in ihrer Kritik auf drei Punkte: die Verunstaltung des Werkes Gottes, das Nachäffen fremder Sitten und die Behinderung des Gehens. Gott habe den Menschen nach seinem Ebenbild geschaffen, dieser aber würde seine Zehen wie eine Teufelsnase gestalten, klagt Peter Suchenwirt in der zweiten Hälfte des 14. Jahrhunderts: „Got der gab dir tze lehen/ Nach im selb dein tzehen,/ Die machst du anders vil gestalt/ Lanch und spitzig manichvalt,/ Chrump recht des teufels nas."[213] Etwa zeitgleich wettert Benesch von Waitmuel aus Böhmen über neumodisch enge, kurze und wattierte Kleider und Schuhwerk. „Wie die Affen, die zu thun und nachzumachen suchen, was sie von dem Menschen thun sehen, nahmen sie die schmäliche und verderbliche Mode anderer Länder an und entfernten sich in dem

103 *Scipio und Lelius.* Miniatur aus der Handschrift *Formeln tugendhaften Lebens.* Frankreich, 3. Viertel 15. Jahrhundert (Ausschnitt). Die hintere Figur trägt flache Trippen aus Leder mit Holzkern, wie sie im Haus üblich waren, die vordere hölzerne Trippen mit zwei absatzartigen Verstärkungen, die als Überschuhe auf der Strasse getragen wurden.

104 Meister E. S.: *Ritter und Edelfrau.* Kupferstich, Mitte 15. Jahrhundert.

105 Israhel van Meckenem: *Liebespaar*. Kupferstich, Ende 15. Jahrhundert.

106 Israhel van Meckenem: *Liebespaar*. Kupferstich, letztes Viertel 15. Jahrhundert. München, Staatliche Graphische Sammlung.

Kleidungsschnitt von dem Muster ihrer Vorfahren."[214] Seinem Vorwurf Nachdruck verleihend, berichtet er fünf Jahre darauf von einem höchst merkwürdigen Ereignis des Jahres 1372, bei dem der Blitz in die Schnäbel von Schuhen gefahren sei und diese abgeschlagen hätte. Der Burggraf Albert von Slawetin und seine Gemahlin, denen dies geschah, seien mit dem Schrecken davongekommen, doch habe niemand dieses Wunder als Warnung Gottes verstanden: „Obschon dies grosse Wunder allen Menschen klar vorlag, hörte Niemand mit dieser Eitelkeit auf, sondern sie hoben ihre Nacken gegen Gott und trugen weiter kurze Röcke und Schnabelschuhe."[215]

Die Schnabelschuhe mit sehr langen geraden Spitzen – die Storchenschnäbel (Abb. 107) – seien dergestalt, dass man darin nur schwer gehen könne, spottete Scarlatti. „Ein jeder trachtet nach der Freiheit – und raubt sie sich selber. Unser Herrgott hat den Fuß frei erschaffen – und viele vermögen wegen der außerordentlich langen Fußspitzen nicht zu gehen."[216] Aber gerade dieses langsame, gravitätische Einherstolzieren war es, was die Schnabelschuhmode so attraktiv machte. Der durch sie provozierte Gang eignete sich vorzüglich als Mittel ständischer Abgrenzung und Distinktion. Eine etwas gehfreundlichere Variante waren die nach oben gebogenen Schnäbel, deren Spitzen am Knie fixiert werden konnten (Abb. 108), bei mit nach unten gekrümmten Schnabelspitzen ausgestatteten Rüstungen waren jene oft abnehmbar. Doch nicht immer: Ein zeitgenössisches Volkslied bezieht sich auf die Schlacht bei Sempach

107 Meister von Amsterdam: *Jüngling und Tod.* Holland, 1480. Der Tod hat bereits von dem hochmodisch gekleideten Jüngling Besitz ergriffen. Das vorgestreckte Bein des Jünglings ist typisch für die gezierte, gravitätische Körperhaltung vornehmer Männer zur Zeit der Schnabelschuhmode.

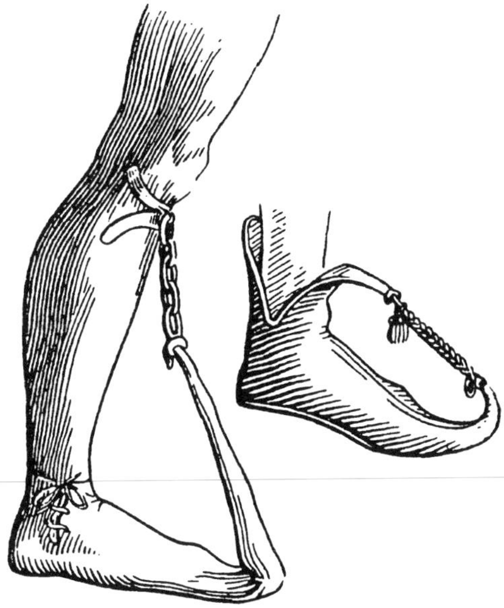

108 *Schnabelschuhe mit hochgezogener, fixierter Spitze.* Nachzeichnung aus der Sammlung Robert Forrers.

1368, bei der österreichische Ritter gegen Schweizer Bauern angetreten waren. Beim Fußkampf hätten die eisernen Schnäbel derart gestört, dass die Ritter sie abschlugen. Ihre Spitzen hätten einen ganzen Wagen gefüllt.[217] Benesch von Waitmuel weiß in seinen Aufzeichnungen aus dem Jahr 1367 von der Niederlage eines böhmischen Heeres zu berichten, das gegen Herrn von Wedrow von Sachsen ausgezogen war. Als sich die angreifenden Reiter genötigt sahen zu Fuß weiterzukämpfen, seien sie wegen ihrer engen Kleider und der geschnäbelten Schuhe von den Feinden besiegt, gefangen und grausam niedergemetzelt worden. Sein Kommentar: „Das mögen sie sich selbst zuschreiben, weil sie bei einem Kriegszuge die engen und knappen Röcke und Schnabelschuhe nicht zu Hause liessen."[218]

Kirche und Obrigkeit sagten ab Mitte des 14. Jahrhunderts geschnäbelten Schuhen den Kampf an. Kirchenvertreter warnten, dass die langen Schnäbel Gottes Zorn erregten und das Knien während der Messe behinderten. Gesetzgeber versuchten, das prahlerische Schuhwerk zu verbieten, extreme Verlängerungen zu begrenzen oder ständisch zu reglementieren. Der Zittauer Kleidererlass von 1353 richtete sich generell gegen das Tragen von Schnabelschuhen: „Auch verbieten die Schöppen, wer ihr Bürger seyn will, der soll nicht tragen spitze Schuhe, wer über das besehen wird, dem will man die Spitzen abhauen, und soll büßen der Stadt 5 Gr."[219] Die Kleiderordnung der Stadt Speyer von 1356 begann – wie üblich – mit einer Klage über die Verderbtheit der Welt und ging dann detailliert auf die Moden der Zeit ein. Das Tragen von Schnabelschuhen wurde untersagt, Schustern das Anfertigen verboten und geschlitzte Schuhe allein Rittern zugestanden:

15. Ez sol ouch ir deheinre keinen spiczen snabel vornan an schuohen oder an lederhosen drage.
16. Unde sol ouch dehein schuochmecher hie zuo Spire der selben gesnebelten schuohe oder lederhosen niht me machen deheinre personen, vrouwen oder mannen, die hie zuo Spire wonent, sie sint burger oder niht, oder wer sie sint.
17. Ez sol ouch dehein man, der niht ist ritter, keinen schuoch dragen, zerhouwen mit loeubern oder mit wehen klueglichen snytden, wie die snytde sint, die durch hochvart unde niht durch gesuntheit gemaht sint, ane geverde.[220]

Es war üblich, die Schuster ebenso wie die Schneider in die Pflicht zu nehmen, sie zur Gesetzestreue aufzufordern und bei Zuwiderhandlung mit Arbeitsverboten zu belegen. So schrieb die Stadt Straßburg um 1370/80 die Länge der verlängerten Spitzen fest und ermahnte die Herstellenden, das Maß einzuhalten: „Item sie dechte ouch guot sin, daz nieman keinen schuch mit snebeln me trage lenger denne über einen zwerchtumen. Und wer daz brichet, der bessert xxx. schillinge. ... Und sol ouch kein schühsüter weder unsern burgern noch in daz lant lenger snebel machen, denne über einen twerch tumen und welre daz brichet, der bessert ouch xxx. schillinge."[221] Und die Stadt Zürich verordnete am 8. März 1371:

109 *Modegeck.* Nachzeichnung einer in Kupfer gestochenen Spielkarte des Meisters E. S., Mitte 15. Jahrhundert. Die Kleidung folgt der Burgundischen Mode dieser Zeit, zusammengesetzt aus knapper Schecke mit Puffärmeln, strumpfhosenartigen Hosen, Biberhut und extrem verlängerten Schnabelschuhspitzen.

„Auch soll niemand, weder Frau noch Mann, Knabe oder Tochter, mehr einen Schuh tragen, an dem sich eine Spitze befindet, in die man etwas hinein schieben kann."[222]

Nach 1450 begann eine zweite Phase der Schnabelschuhmode, auf die die Obrigkeit mit einer Flut neuer Verordnungen reagierte. Leipzig erließ am 20. Dezember 1452 ein Gesetz, „das dy schuster hinforder keyne spitcze noch sneppe an dy schuhin sollin machin, ane eynen vorstich, den mogen (sy) doran stechin, by busse ein nuwen schock",[223] in einem Kleidererlass der Stadt Frankfurt am Main wurde Dienst- und Handwerksgesellen das Tragen von Schnabelschuhen untersagt,[224] Friedrich, Kurfürst von Sachsen, wies den Rat von Dresden am 4. März 1560 an, den Verkauf von spitzen Schuhen an Bürgerinnen und Bürger, seien es Herren, Ritter oder Knechte, bei schwerer Geldbuße zu unterbinden, auch in den zeitgleichen *Görlitzer Statuten* wurden die „schneppichten schuo" verboten.[225] 1463 legten die Gesetzgeber der Stadt Leipzig fest, „das man an schuen nicht lenger snebel trage, denne eind finger gledes lang",[226] König Eduard IV. von England wünschte Schnäbel nicht länger als zwei Zoll.[227] Die Stadt Straßburg erließ 1471 eigens ein *Snebel gebott.* Hierin hieß es unter anderem, allen Knechten der Stadt wären Schnäbel an der Schuhen untersagt, die „lenger sy dann zweyer twerch finger breit von der cehen".[228] Besonders eindrucksvoll ist der 1464–1470 ausgetragene *Berner Twingherrenstreit*, bei dem es um den Erhalt von Adelsprivilegien respektive deren Abschaffung ging. Der erste bürgerliche Schultheiß hatte ein Luxusgesetz erlassen, das sich gegen die Burgundische Mode richtete, doch diesen Eingriff in Standesprivilegien wollte sich der Adel nicht gefallen lassen. Der Streit gipfelte darin, dass adlige Damen und Herren demonstrativ in der verbotenen Kleidung – kurzen Röcken, schleppenden Kleidern und Schnabelschuhen – zum Kirchgang erschienen. Zunächst griff die Obrigkeit hart durch, belegte die Gesetzesbrecher mit Geldstrafen und verwies sie der Stadt. Doch nach Monatsfrist lenkte sie ein, modifizierte den Erlass von 1470 und erlaubte Adligen das Tragen von Schnabelschuhen und Schleppen als Mittel der Distinktion.[229] Die Schuster aber befanden sich nach wie vor in der Zwickmühle zwischen Kundenwünschen und Kleiderordnungen. Verschärft wurde ihre prekäre Situation dadurch, dass Menschen, die auf 'zu großem Fuß' lebten, gezwungen waren, denjenigen zu benennen, der ihnen das Schuhwerk verkauft hatte.[230]

Schmuckexzesse

Ob Schleppe, Hängeärmel, hohe Hauben oder Schnabelschuhe, alle diese Mittel eigneten sich vortrefflich zur Selbsterhöhung und Distinktion. Kostbarer Schmuck aber war das Tüpfelchen auf dem i, das der Prahlsucht ihren ultimativen Glanz verlieh. Adelige und Bürgerliche präsentierten sich auf Bildnissen mit Ketten behangen und durch zahlreiche Fingerringe und Armreifen geschmückt, selbst Barett und Kleider sind häufig mit Edelsteinen oder Goldschmuck besetzt. Gehörte man zu jenen, die es sich leisten konnten sich malen zu lassen, war man bemüht, sich glanzvoll in Szene zu setzen. Aus heutiger Sicht wirken die Porträtierten über die Maßen herausgeputzt, als habe der Künstler nicht ihrem Status, sondern ihrer Prunksucht und ihrem Geltungsstreben Ausdruck verleihen wollen (Abb. 110).

Das Prunken durch demonstrative Zurschaustellung von Schmuck, das im 15. Jahrhundert immer weitere Kreise erfasste, provozierte die Kritik von Kirche und Gesellschaft. Die Prediger argumentierten, wie stets, mit der Heiligen Schrift. Der „herrlichste Schmuck" sei zweifellos die unschuldige Blöße Adams und Evas vor dem Sündenfall gewesen, doch, da dieser Zustand unwiderbringlich verloren sei, wären nunmehr Scham, Ehre und Tugend der beste Schmuck des Weibes. Alle andere Schmückung sei Gott zuwider, denn: „Keuscheit ist das rechte Goldt/ und der edle Rubin ist die Schamhafftigkeit. Zucht und Demuth sind Silber und Perlen/ Unnd die Einfalt und Messigkeit sind der Sammet und Seyden/ die ein ehrlich Weib am besten zieren und schmücken."[231]

Die Moralsatiriker argumentierten hingegen bevorzugt mit Narren, allen voran Sebastian Brant. Das unter seiner Regie zusammengetragene zweiteilige, mit über 330 Holzschnitten ausgestattete antike Fabelbuch *Aesopus* (1501) ist eine bunte Mischung aus Schwänken, Anekdoten, Berichten, Exempelgeschichten und moralischen Sentenzen. Hierzu gehört die Geschichte „Von Narren, die mit Halsket-

110 Meister Hillebrandt: *Margareta Eriksdotter Vasa*, 1528. Stockholm, Nationalmuseum.

111 Hans Brosamen: *Prostituierte und Narr*, um 1530.

112 Lucas Cranach: *Judith* (Ausschnitt). Öl auf Holz, um 1530. Stuttgart, Staatsgalerie.

ten behängt sind.“[232] Ein Mailänder Ritter, der sich in diplomatischer Mission in Florenz aufhielt, trug jeden Tag neuen Kettenschmuck, um damit zu protzen. Der gelehrte und witzige Niccolò kommentierte hierzu: „Die übrigen Toren lassen sich von einer einzigen Kette fesseln. Dieser Mann aber ist dermaßen verrückt, daß er sich nicht mit einer Kette begnügt.“[233] Je unvernünftiger Menschen seien, umso mehr „Fesseln“ trügen sie, sie würden sie verdoppeln, vervierfachen, ja verzehnfachen. Der Hl. Leonhard möge diesen ‘Ketten-Narren’ helfen: „Heiliger Leonhard, der Du von Kerkern und Fesseln befreist: Ich bitte Dich, lass die Hälse wieder frei sein.“ Einen Schritt weiter ging der oberrheinische Prediger und Moralsatiriker Thomas Murner, der in seinem Gedicht „Den lüsen ein stelz machen“ (*Die Narrenbeschwörung*, 1512) ein Plädoyer für die Läuse hielt, denen die Schmucksucht das Leben schwer mache:

Welche frow ietz ist unrein,
Die henkt an hals das edel gstein,
Die do schinen und ouch glitzen,
Darüber dann kein lüs kan blitzen;
Derschin tuet alle lüs vertriben,
Das sie mießen dunden bliben.
Etlich henken perlin an;
Kein lüs ir kraft erleiden kan,
Des mueß sie in hinaber wichen. (...)
Ist es nit ein kleglich ding,
Das man so großen kosten hat,
Wie man den lüsen wert irstat?
Sie tuens darum, das weiß ich wol,
Das kein lüs dar sitzen soll:
Das gold ist kalt durch sin natur
Und wirt den armen lüsen sur (...).[234]

Die Obrigkeit versuchte, durch Schmuckverordnungen der Verschwendungssucht der Bürger Einhalt zu gebieten und die ständisch gegliederte Ordnung im Lot zu halten. Die zeittypische Argumentationsweise beeindruckt zum einen durch ihre Akribie der Aufzählungen, zum anderen durch die Direktheit, mit der Gott und Ökonomie in einem Atemzug genannt werden. So regelt die *Statuta Bononiae* von 1453 gewissenhaft den Gebrauch von Fingerringen. Der alte Adel dürfe nicht mehr als 6, der neue nicht mehr als 4 Ringe tragen, für Bürger sei die Obergrenze auf 2 begrenzt.[235] Ein von der Stadt Breslau erlassenes Gesetz von 1505 regelt Breite und Ausstattung von mit Schmuck besetzten Kragen, Hauben und Bändern der Frauen von Stand. Den Dienstboten, Witwen oder Frauen, die ihren Mann ohne Grund verlassen hätten, sei es nicht gestattet,

113 *Eitler Narr mit Ketten.* Illustration aus dem *Aesopus* von H. Steinhöwel und S. Brant, Basel 1501.

„Seidenbesätze, goldene Borten, Perlen oder Perlenkoller anzulegen“, dies sei „bei Strafe des Stocksitzens“ verboten.[236] Ein Erlass des Kurfürsten zu Sachsen von 1546, verfasst wegen der Zunahme „übermäßiger und unnotdürftiger Pracht“, formuliert in der Vorrede ausdrücklich, dies sei nicht nur wider Gottes Gebot, sondern auch den Untertanen „an ihrer Nahrung schädlich“, und dem Landesvermögen „nicht wenig abbrüchlich und nachteilig“. Für den Gebrauch von Kettenschmuck galt folgende Regelung:

Der erste Stand mag tragen eine silberne Ketten/ doch unvergüldet/ und uber dreissig gulden nicht wirdig.
Der ander Stand mag eine silbernen Ketten tragen/ doch unvergüldet/ und uber fünffzehen gulden nicht wirdig.
Der dritte Stand/ sol sich ketten zu tragen/ gentzlich enthalten.[237]

Gegen Ende des 16. Jahrhunderts weiten sich die Erlasse zu detailversessenen Aufzählungen aus. Dies belegt ein Auszug aus der Ordnung der Rats zu Weissenfels aus dem Jahr 1598, der den Schmuckgebrauch nach Stand zu regeln versucht:

Von der Kleidung/ Tracht und Geschmuck/ Von Rathspersonen und vermügenden Bürgern/ ihren Weib und Kindern.

Zu ihrem Hauptschmuck/muegen sie Sammete Pareth und Mützen tragen/ jedoch ohne Stepwerck oder gülene Gebrem/ Güldene flinderne Hauben unnd Berlne Borten/ die es auch in sonderlichen vermögen haben/ eine güldene Ketten/ viertzig oder zum höchsten funffzig Goldgülden würdig/ Armbender aber uber zehen oder zwölff Goldgülen nicht schwer/ Ein bar güldene Ringe/ silberne Gürtel und Messerscheiden.

Dargegen aber sollen ... alle gehenck unnd Kleinoter von Perlen und Edelgesteinen/ güldene Stiffte/ geschmelzte und geschlagene Rosen/ Spangen unnd alles vergüldte Silber/ Kupfferwerck und Messing verboten sein.[238]

In den Absätzen „Von Handtwercks Leuten/ Ihren Weib unnd Kinder und Von Haußgenossen/ Dienstboten und Taglöhnern“ heißt es lapidar, Pelz, Pelzaufschläge, Samt, Borten und Goldschmuck seien für diese Stände generell verboten.[239]

Die konkreten Vorschriften unterscheiden sich je nach Zeit und Ort ihres Erscheinens erheblich, allen gemeinsam aber ist, dass es sich um Ordnungen zur Kennzeichnung der Standeszugehörigkeit handelt. In den Augen der Moralprediger aber stellte sich die Leidenschaft der Menschen für Ketten als eine der vielen Ausdrucksformen menschlicher Hoffart dar: „Die Müelsteinig kethen/ bedeuten das wir es lange wol verdienet hetten/ mit dem

114 Jacob de Gheyn d. J.: *Vanitas – Ydelheyt.* Holländischer Kupferstich, um 1600. Die Eitelkeit wird durch eine Frau in hochmodischer Aufmachung verkörpert: Die verlängerte Taille (Schneppe) ihres Kleides reicht bis in den Schoß, das weit ausgeschnittene Dekolleté ist von einem gesteiften Spitzenkragen eingerahmt, ihr Haar ist über ein Drahtgestell gezogen und bildet einen hohen Kopfputz. Während sie versonnen ihren Schmuck betrachtet, steht hinter ihr bereits der Tod mit abgelaufener Stundenuhr.

grossen ergernis das wir geben/ das vns Mülsteine an halss gehenget werden.“[240]

In der Bildkritik werden Schmückung und die Beschäftigung mit Schmuck zur Visualisierung eitlen Gebarens eingesetzt, durch das die menschliche Vergänglichkeit – und das Jüngste Gericht – aus dem Blick geraten seien. Jacob de Gheyn gibt Vanitas und Eitelkeit die Gestalt einer putzverliebten Frau, die der Tod heimsucht. Ist die Zeit abgelaufen, so die Bildaussage, hilft weder Schönheit noch Reichtum, der Tod kommt und holt jeden. Tod und Teufel scheinen in dieser Personifikation eins zu werden: nackte Brüste stehen bei Teufelsdarstellungen für Unzucht, der Tod wird meist als Skelett dargestellt (Abb. 114).

Reifrock und Weiberspeck

Standen im 14. und 15. Jahrhundert vor allem die übermäßigen Verlängerungen von Kleid, Ärmel, Schuh und Kopfputz im Zentrum der Kritik, polemisierte man in der zweiten Hälfte des 16. Jahrhunderts gegen die Überbetonung von weiblicher Hüftpartie und Zierkragen.

Die Existenz von Reifröcken ist seit den 1470er Jahren nachweisbar, einen festen Platz in der Damenmode erhielten sie aber erst, als steife, faltenfreie Kegel in der zweiten Hälfte des 16. Jahrhunderts zum Charakteristikum der Spanischen Hofmode avancierten, auch Steißrollen zur Aufpolsterung schmaler Hüften waren bereits um 1500 bekannt.[241] Der Verdugado – abgeleitet vom spanischen *verdugo*, einer biegsamen Gerte oder Rute, französisch *Vertugale* oder im Volksmund verwandelt in *Vertugadin* (Tugendwächter) – ist ein mit Reifen in Form gebrachter und durch Filz- oder Rosshaarauflagen, auch mittels Wachs abgesteifter Unterrock, der zunächst ausschließlich als Unterkonstruktion diente und nach 1580 durch Öffnung des Oberrocks teilweise sichtbar wurde.[242]

Außerhalb Spaniens entwickelten sich Sonderformen, wobei die in Frankreich und England gebräuchliche Variante des tonnenförmigen Reifrocks, des *Verdugade en tambour*, eine

115 Katalanische Schule: *Das Bankett des Herodes*, um 1474 (Ausschnitt). Barcelona, Collection Muntadas. Salome – mit Haupt des Hl. Johannes – und ihre Begleiterinnen tragen eine frühe Form des Reifrocks. Ihre Röcke sind durch mehrere, auf der Außenseite aufliegende Gertenreifen abgesteift, sodass sie eine faltenfreie Glockenform annehmen.

besonders markante weibliche Silhouette schuf (Abb. 116). Gegen Ende des 16. Jahrhunderts begann man, die starren Reifröcke durch flexiblere Hüftpolster zu ersetzen. Diese kreisförmigen, mit Lumpen ausgestopften Steißrollen, auch ‘Weiberspeck’ genannt, erzeugten, unter das Kleid gebunden, eine vergleichbare Hüftbetonung, waren aber alltagstauglicher und kostengünstiger, sodass die Mode auch für bürgerliche Kreise im doppelten Wortsinn tragbar wurde.

Die Gründe, die zu dieser augenfälligen Proncierung des weiblichen Unterleibs führten, sind vielfältig. Ästhetische Kriterien, soziologische (Herausbildung der neuzeitlich-bürgerlichen Frauenrolle) und mentale Aspekte (weltliche Orientierung, veränderte Haltung zu

Körper und Sexualität) waren maßgebliche Faktoren für den Wandel des Weiblichkeitsideals vom schlanken Mädchen zur mütterlich-reifen Frau. Kritische Stimmen kamen aus allen europäischen Ländern und hoben, neben dem Vorwurf der Überschreitung von Standesgrenzen, auf die hierdurch demonstrierte Anmaßung und Sittenlosigkeit ab.

Vor allem letzteres ist Thema des Einblattdrucks „Lobpreisung des Vertugadins der Damen", der das Bild einer Reifrock tragenden Frau ins Zentrum stellt, links und rechts versehen mit den deftigen Sprüchen: „Dame Vernunft, warum habt Ihr den Hintern aufgeblasen?" – „Leser, das kommt daher, daß man mir hineingeblasen hat." (Abb. 117).[243] In sechs weiteren satirischen Texten, die die Darstellung einrahmen, wird in ähnlicher Intonation das Bild des dicken Hinterns thematisiert, mal spottend, mal warnend, mal unverhohlen erotisch derb. Der dritte Textbeitrag spielt auf humoristische Weise auf die Todsünde der Wollust an:

Ausspruch einer Dame mit dickem Hintern und Antwort darauf.

Madame sagte mir, als sie sich eines Morgens fächelte, daß sie, ohne ihren Vertugadin, vor Hitze sterben würde, und daß sie unter sich einen guten, starken Wind verspüre.

Ganz recht, antwortete ich, wenn er steigt und nicht, wenn er herabfährt, wenn ein solcher Wind im Hintern bläst, dient er Euch nicht als eine Feder, der Wind löscht nicht das Feuer, wenn er bläst, sondern er entzündet es,

117 *La Louange du Vertugadin des Dames.* Holzschnitt, eingerahmt von Sonetten in Typendruck. Frankreich, um 1600. Wolfenbüttel, Herzog August Bibliothek. Spottblatt auf die Sittenlosigkeit der Reifrockmode.

116 Remmert Petersen: *Anna Katharina* (1575–1612), Prinzessin von Brandenburg, Königin von Dänemark und Norwegen. Stockholm, Nationalmuseum. Modell eines *Verdugade en tambour*, eines 'Trommelreifrocks'.

damit der Teufel seinen Teil an Euerm Hintern habe: denn darin ist das Feuer groß genug, ohne daß man hineinbläst. [244]

Die Kritiker werden mit den Worten provoziert: „Immer findet Ihr an unseren Hintern aufs neue etwas zu beißen. Wenn Ihr sie endlich ganz gegessen hättet, bräuchtet Ihr nicht länger daran zu beißen". Deren Reaktion ist nicht minder anzüglich: „Das soll Euch nicht zornig machen, Madame. Euer Hintern ist ein Haus-Hintern, Denn wenn man sich ein ganz klein wenig in der Nähe des Loches hält, wird man für alle genug finden." Den Beschluss des Blattes bildet eine Entschuldigung, nicht die weise oder reinliche Dame sei hiermit angesprochen, sondern dieser Spiegel werde „der Dame, die stinkt und der Nestel (den Männern) nachläuft"[245] vorgehalten.

Auf einer Bildsatire von 1590 wird eine fast identisch gekleidete, mit derselben Geste ihr Oberkleid raffende Frau dargestellt, die drei Männer zum Narren hält (Abb. 118). Der Spanier fühlt sich durch ihr Lachen, der Franzose durch ihren Händedruck und der Deutsche durch einen diskreten Fußtritt aufgefordert, die Nacht mit ihr zu verbringen. Die Anspielung auf ein galantes Abenteuer ist auch hier überdeutlich. Ein französischer Druck zeigt eine Situation, in der der Liebesakt allem An-

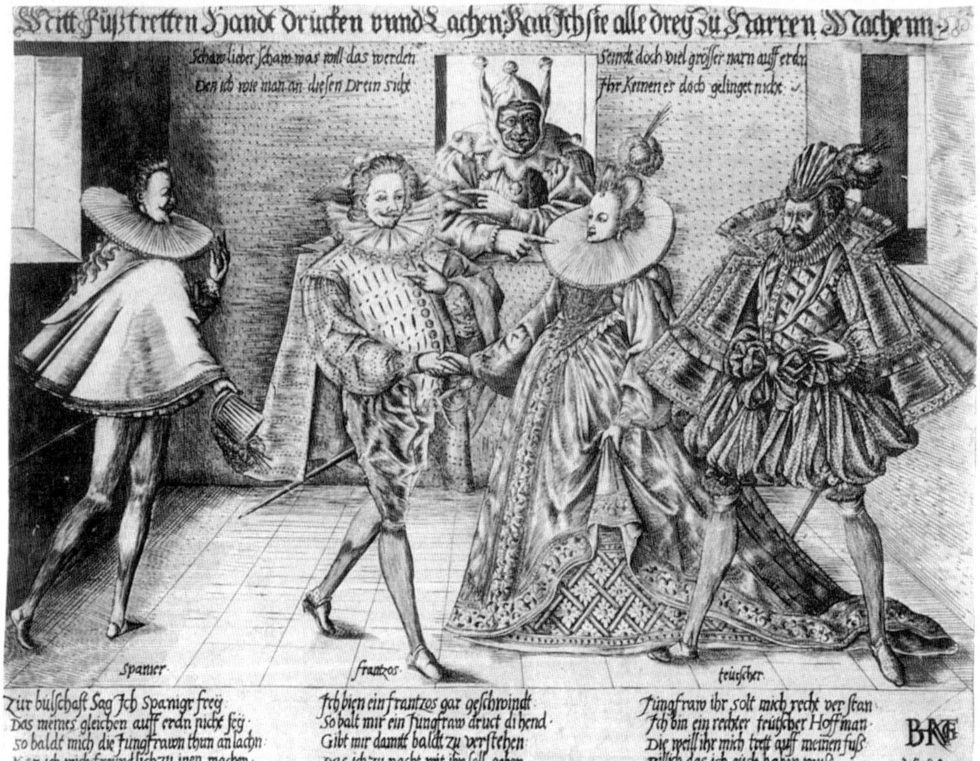

118 *Sie hält alle zum Narren.* Deutsches Flugblatt, 1590. Staatliche Galerie Moritzburg Halle, Landeskunstmuseum Sachsen-Anhalt. Vornehm gekleideter Dame in Spanischer Tracht wird von einem Spanier, einem Franzosen und einem Deutschen der Hof gemacht. Die Freier tragen Kleider nach der Mode ihrer Nationalität: der Spanier Mühlsteinkragen, kurzen Radmantel (*Capa*) und extrem kurze Pumphosen, der Franzose mäßig weite, unwattierte Kniehosen und Wams mit spitzer Schneppe (*Gänsebauch*), der Deutsche weite Pluderhosen mit auffälligem Hosenlatz. Ein Narr beobachtet das närrische Treiben.

schein nach bereits vollzogen ist. Die junge Dame steht in ihrem Reifrock wie ein Fels in der Brandung, ihrem Liebhaber vor der Verfolgung ihrer mit Prügeln bewaffneten Eltern Zuflucht bietend (Abb. 119).

119 *La Facetieuse* (Die Spaßmacherin). Frankreich, 2. Hälfte 16. Jahrhundert. Paris, Bibliothèque Nationale de France.

Die Option, den Vertugadin als Hilfe zur Kaschierung ungewollter Schwangerschaften zu gebrauchen, wird von der Modekritik immer wieder aufgegriffen.[246] Noch Johann Michael Moscherosch berichtet in seinem moralkritischen Werk *Gesichte Philanders von Sittewald* aus den 1640er Jahren, im ersten Gesichte, dem *Alamode Kehrauß,* von einer „losen Schandhure", die ihren „unehrlichen Bauch" auf diese Weise vor der Welt habe verstecken wollen. Es sei eine Schande, dass ehrliche Eheweiber, die nichts zu verbergen hätten, dem Beispiel gefolgt seien.[247] Doch wurden diese anzüglichen Anspielungen offenbar aus sittlichen Gründen nicht direkt bildlich umgesetzt. Zwar wird aus Darstellungen von Ankleidesituationen, in der sich vornehme Damen Wülste zur Hüftverbreiterung anlegen lassen, ersichtlich, dass sich die Polsterungen unstreitig zur Verheimlichung von Schwangerschaften eigneten, doch geht es in den Bildsatiren vorrangig um die Bloßstellung der Bemühungen von durch die Natur benachteiligter Frauen, die unter Verwendung von Hüftrollen ihre erotische Attraktivität zu erhöhen versuchen, respektive diejenigen, die ihr „stinkendes Fleisch" schmücken, um mit den Teufeln in die Hölle zu ziehen.[248] Beispielhaft hierfür ist ein holländischer Kupferstich, der im Bild selbst nur das Anlegen von 'Weiberspeck' und Masken thematisiert. Im Bildtext aber findet sich ein Hinweis auf den „Cachenfant", den 'Kindverstecker', den eine der Frauen zu benötigen scheint.[249] Auch das Maskentragen ist als Hinweis auf ein ausschweifendes Liebesleben zu deuten, denn die dunklen, durch die 'Franzosenkrankheit' oder 'Lustseuche' (Syphilis) verursachten Flecken konnten so versteckt werden. Die Aufforderung „Schmücke mich mit der häßlichen, gemeinen und schmutzigen Maske; denn Häßlichkeit ist meine hauptsächliche Schönheit"[250] spielt vermutlich auf die Kaschierung dieser Entstellungen an.

Ein zweites Hauptthema ist das der Gewährung aufreizender Einblicke, denn der Reifrock ist ein Kleidungsstück, das bei jeder Bewegung zwangsläufig kompromittierte. Beim Laufen musste er vorne angehoben werden, und beim Bücken hob er sich hinten von selbst an, auch das Hinsetzen war nicht frei von Pikanterie. Lucas Osiander schildert in einer Predigt von 1586 minutiös seine Beobachtungen über Enthüllungen durch Reifröcke, die er als Zeichen von Hoffart geißelt:

> Wann ein Weibsbild nahe zu einem Tisch steht/oder aber nidersitzen will/so stehn die obersten Kleider/von wegen des Reiffs/über sich/eines Schuchs hoch/also/daß man darunder/die andern geringeren und nachgiltigen Kleider sehen kann. Wann sonsten ein Schalcksnarr zu einer ehrlichen Frawen oder Jungfrawen hin zu gieng/ vnd hübe ihr vornen die Kleider so hoch auff/so gebe man im ein Maulschellen/ daß ihm Mund und Nasen blutten/ und man thet im recht. Nun aber wir die Kleider selbsten also machen lassen/daß sie sich vornen auffthun/so soll es ein hüpsche herzliche Zierd sein/ das doch ein unflättige häßliche Hoffart ist.[251]

Die Äußerungen Osianders sind ein Hinweis auf eine Neuformulierung der Vorstellungen von Anstand und Sitte in der 2. Hälfte des 16.

120 Anonym (nach Marten de Vos?): *Laden der tollwütigen Liebe, der Eitelkeit, des Stolzes und anderer Laster.* Holländischer Kupferstich, um 1580/1600. Staatliche Museen zu Berlin, Kunstbibliothek. Spottbild auf die Mode der Hüftpolster und des Maskentragens.

Jahrhunderts. Doch Entblößungen, die zuvor moralisch entrüsteten, gehörten nun zur allgegenwärtigen Kleidersprache, und weder Kirche noch Obrigkeit waren in der Lage, Entwicklungen wie diese zu unterbinden.[252]

Mühlsteinkragen

Ein Gegengewicht zu den breiten Reifröcken der Frauen wie zu den ausgestopften Pumphosen der Männer bildeten die sogenannten Mühlsteinkragen, weiße, gestärkte Halskrausen (*Krösen*), die nach 1550 aufkamen, zur Jahrhundertwende gigantische Ausmaße annahmen, um sich dann, in den ersten Jahrzehnten des 17. Jahrhunderts, langsam wieder zurückzubilden.[253] Hier richtete sich die Modekritik vor allem gegen den Aufwand, der mit dieser Mode getrieben wurde. Denn es bedurfte vieler zeitraubender, kostenintensiver Arbeitsgänge, um die *Krösen* herzustellen und in Form zu halten. Auch die Obrigkeit schenkte dieser aufwändigen Mode große Aufmerksamkeit und versäumte es nicht, entweder „alle lange, dichte und unfletige Krausen" in Gänze zu verbieten oder zumindest deren Kosten zu begrenzen.[254]

Ein Kupferstich von Matthias Quadt des Jahres 1589 trägt den Titel „Der Kragensetzer" und führt die Mode der Mühlsteinkragen als eine Erfindung des Teufels vor (Abb. 123). Drei mit der Fertigung und Tollung von *Krösen* beschäftigte Teufel demonstrieren, wie sehr ihnen die Mode gefällt. Der eine sorgt sich voller Inbrunst um die Erhitzung der Eisen, indem er ein Feuer anfacht. Ein am Tisch angebrachtes Schild weist uns auf sein Mühen hin: „Vom

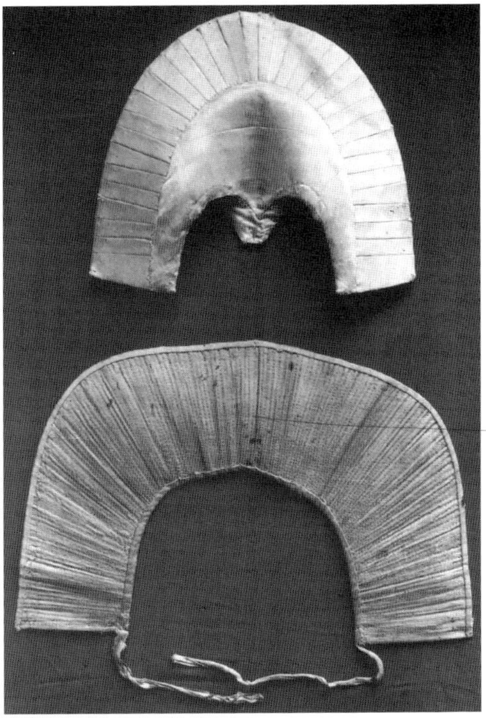

121 *Kragenstützen zum Auflegen übergroßer Kragen.* England, 1610–20. London, Victoria & Albert Museum. Die oben abgebildete Kragenstütze besteht aus Pappe, Satin, umwickelt mit Seidenbändern und Löchern zur Fixierung am Kleidungsstück.

blasen dringt mir aus der schweis. So gern hett ich dz eisen heis." Ein zweiter fertigt neue Kragen an und ein dritter frischt mit Begeisterung den Kragen einer eitlen Frau auf, die sich dies gerne gefallen lässt, ohne zu bemerken, dass sie von Teufeln bedient wird.[255] Der Mann an ihrer Seite steht ihr in seinem Kleideraufwand nicht nach, auch er trägt eine modische Halskrause. Der Kern der Bildaussage, die Kennzeichnung der Mode als Teufelswerk, wird von der Mehrheit der anderen mit Mühlsteinkragen befassten Bildsatiren transportiert, die sich oft nur in Nuancen unterscheiden. Ein satirischer Kupferstich von Hieronymus Nützel aus dem Jahr 1590 nach dem Vorbild Quadts führt den programmatischen Titel *Hierbey soll man spürn und Mercken: Wie der Teuffell Thutt die Hoffardt Sterckenn!* (Abb. 124). Auch hier wird ein modisches Paar vorgeführt, aber die Gleichwertigkeit der Teufel hat sich verloren. Ein durch eine üppige Halskrause markierter Oberteufel tollt den Mühlsteinkragen der Dame und hält ihr mit professioneller Geste einen Spiegel vor, damit sie sein Werk prüfe. Ein zweiter, mit kleiner Kröse, bläst das Feuer an – ein Hinweis auf das, was das Paar als Folge ihres eitlen Treibens erwartet. Neu eingeführt werden eine Kragenanfertigerin, die vom dritten Teufel beaufsichtigt wird, und ein Possenreißer, der im Rücken des Paares auftaucht und es als närrisch kennzeichnet. Der Oberteufel passt auf, dass sich der Narr nicht im Spiegel zeigt. Aufschlussreiche Hinweise enthält der in Reimen abgefasste Text, der die Mode nicht nur als Werk des Teufels denunziert, sondern zudem auf die französische Vorherrschaft in Fragen der Mode eingeht. Schließlich wird noch auf den *Gänsebauch*, die ausgestopfte Verlängerung des modischen Männerwamses, hingewiesen, der wegen seiner sexuellen Konnotation Kritik und Spott auf sich zieht.[256]

Ein anderes Blatt (Abb. 125) zeigt eine sitzende Dame, die von einem verkleideten Teufel

122 *Adlige mit Halskrause nach Spanischer Mode.* Anonym, 1595.

123 Mathias Quadt: *Der Kragensetzer.* Verlegt von Johann Bussemacher, Köln 1589. Staatliche Museen zu Berlin, Kupferstichkabinett. Spottbild auf die Mühlsteinkragen der spanischen Hofmode.

124 Hieronymus Nützel: *Hierbey soll man spürn und Mercken: Wie der Teuffell Thutt die Hoffardt Sterckenn.* Deutschland, 1590. Paris, Bibliothèque Nationale de France. Spottbild auf die menschliche Eitelkeit und die Mode der Mühlsteinkragen.

bedient wird, während ein anderer die Eisen erhitzt. Eine dritte teuflische Gestalt, der gerade die prall gefüllte Geldtasche platzt, ist mit der Herstellung von Krösen beschäftigt, fünf fertige Modelle hängen bereits abrufbereit an der Wand. Das Geschäft mit der Eitelkeit scheint prächtig zu florieren. Der modische Kavalier ist, wie stets, zur Linken der Dame platziert, wird aber von ihr nicht beachtet, da sie nur Augen für sich selbst zu haben scheint. So bleibt auch der durch die Tür eintretende Tod von ihr unbemerkt, während dem Teufel in Erwartung ihrer Seele die Worte: „Mit diesen Eisen, die Euch wärmen sollen, werde ich Euch noch in der Hölle heulen lassen,“ [257] entschlüpfen. Es steht zu vermuten, dass im Stärken der Krösen, ihrem ‘Steifmachen’, ebenfalls eine sexuelle Anspielung mitschwingt, zumindest wird dies durch die dem Mann zugeordneten Worte – „Um Jungfrauen und Frauen zu behagen, bringe ich hier auch meine Krause zum steif machen.“ – nahegelegt.[258]

125 Anonym (nach Marten de Vos?): *Laden des Teufels.* Holland, um 1595. Amsterdam, Rijksprentenkabinet. Spottbild auf die gesteiften und getollten Krösen. Teufelsgestalten umgarnen dienend eine eitle Frau, während der Tod bereits durch die offene Tür tritt.

126 Mathias Quadt: *Eitle Frau wird von drei Teufelsgestalten bedient.* Blatt aus der Serie *Hortus Voluptatum*, um 1590. Staatliche Museen zu Berlin, Kupferstichkabinett. Die rechte Gestalt bläst das Feuer an, um die Eisen zum Tollen der Kröse zu erhitzen, die mittlere beschäftigt sich mit der Frisur der selbstverliebten Dame, während die mit einer Narrenkappe bekleidete Figur das Werk zufrieden betrachtet.

Kirchlichen Modekritikern waren gestärkte, ausladende Halskrausen eine neuerliche Demonstration menschlicher Hoffart, die sie mit altbekannten Mitteln zu bekämpfen versuchten. So greift Johann Strauß in seiner Kampfansage *Wider den Kleider/Pluder/Pauss und Krauß Teuffel* (1581) auf das Beispiel der vom Teufel besetzten Kleidung zurück, der sich nun an Krösen zu erfreuen scheint:

Ein Junger Gesell sol newlich mit einem solchen Gekröß/ zum Hochwirdigen Sacrament gangen sein/ Da ist ihm der Teuffel im Krauß gesessen/ unnd von einem Knaben/ der zu Altar gedienet/ gesehen worden/ Darüber er erschrocken/ das er für dem Altar zur Erden gefallen/ Nachmals hat er außgesagt/ was er gesehen. Da man den Gesellen befraget/ Ob er nichts gefühlet/ Sol er gesagt haben/ Es habe ihn gedünckt /als zwicke ihn ein Floh/ Hat darauff den Kraus hinweg geworffen.[259]

Es ist allerdings anzunehmen, dass sich die Adressaten von Exempelgeschichten wie diesen hiervon nicht mehr nachhaltig beeindrukken ließen, denn für die Menschen des ausgehenden 16. Jahrhunderts waren Teufel längst nicht mehr so real wie in den Jahrhunderten zuvor. Ein Mitstreiter namens Lucas Osiander hat die Zeichen seiner Zeit vermutlich besser verstanden. Er verdammt die Krösenmode nicht in Gänze, sondern geißelt allein deren Auswüchse. Zwar käme sie aus fremden Landen und diene nicht zuletzt zur Verdeckung der Merkmale der Franzosenkrankheit, doch damit wolle er nicht sagen, dass man „kein Kroß tragen soll: sondern darumb/ daß billich nicht/ mit Übermaß derselbigen/ brangen/ und darmit stoltziren/ und Hoffart treiben sollte/ weil derselben Ursprung und anfang/ nicht sonders löblich und rhümlich."[260] – ein Verweis auf die Hoffart als Ursprung aller Sünde in moderatem Ton.

Ähnliches gilt für eine auf traditionelle Muster zurückgreifende niederländische Bildsatire (Abb. 127). Hinter einem eitlen Paar stehen zwar zwei sie leicht überragende Teufel, doch wirken sie nicht wie furchterregende Verkör-

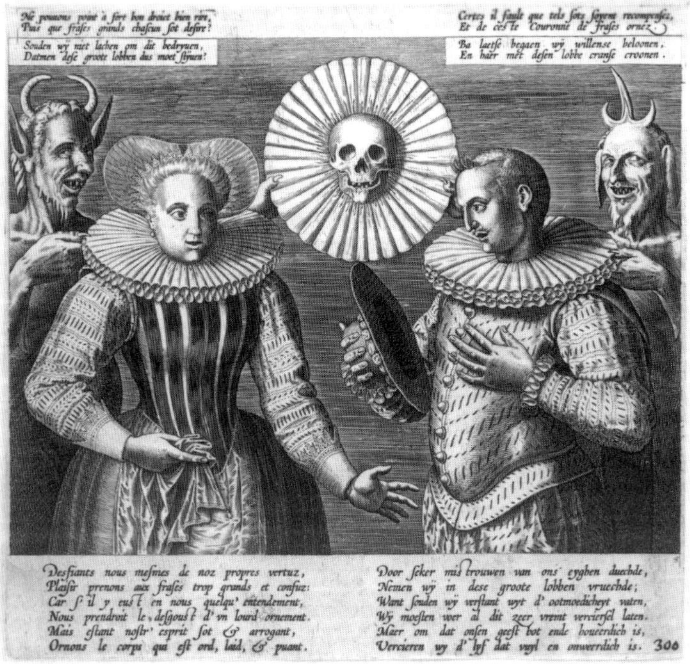

127 *Eitles Paar mit modischen Krösen.* Anonym, Holland, um 1600. Amsterdam, Rijksprentenkabinet. Satirischer Kupferstich mit Hinweis auf sündiges Treiben und Vergänglichkeit der Menschen. Der vom linksstehenden Teufel gehaltene, mit einem Mühlsteinkragen umkränzte Totenschädel erinnert an einen dekorativen Wandspiegel.

128 Karel de Mallery nach Maarten de Vos: *Superbia*. Holländischer Kupferstich, um 1600. Rotterdam, Museum Boijmans Van Beuningen. Bildtext: „Stultitia vitio permista Superbia, tristem Commoda ob alterius procreat Inuidiam.“ (Superbia, dem Laster der Dummheit verbunden, bringt traurigen Neid auf die Bequemlichkeit anderer hervor).

perungen des Bösen, sondern eher wie Vertreter der Narrenzunft. Bedrohlich ist allein ihr drastisches Erinnern an die menschliche Vergänglichkeit, ein Totenschädel mit Kröse, der das Bild beherrscht. Die dem Paar in den Mund gelegten Worte zeugen von ihrer Dummheit, Gottabgewandheit und mangelnden Einsicht: „Unserer eigenen Tugendhaftigkeit misstrauend, erfreuen wir uns an diesen zu großen Krösen. Denn wenn Bescheidenheit uns weise machen würde, müssten wir all diesen unnatürlichen Schmuck im Stich lassen. Aber da unser Geist dumm und eitel ist, schmücken wir den Leib, der faul und wertlos ist.“ [261]

Auch der auf den ersten Blick eher weltlich-satirische Kupferstich von Karel de Mallery zum Thema Hoffart (Abb. 128) ist de facto eine christlich begründete Hoffartskritik. Der als eitle, modisch gekleidete Frau dargestellten Personifizierung der *Superbia* werden die üblichen Accessoires – Pfauenfeder und Spiegel – in die Hand gelegt, sie selbst sitzt auf einem Thron mit Pfauenfederkranz. Zu ihren Füßen die Personifikation des Neids,[262] zwei Eisen zum Tollen und zwei Krösen, im Hintergrund flanierende Paare, Triumphbogen, Siegessäulen und der Turm zu Babylon – Sinnbild des Hochmuts und der gerechten Strafe Gottes.

Gegen Ende des 16. Jahrhunderts gewinnen die satirischen Darstellungen immer mehr an Boden. Überliefert in Flugblättern mit Spottbildern und Spottversen, machen sie sich über menschliche Fehler und Schwächen wie Wollust, Eitelkeit und Nachäfferei lustig. Auf einem deutschen Kupferstich um 1600 sehen wir einen mit einem Mühlsteinkragen bekleideten Affen, der uns einen Spiegel vorhält, in dem sich schemenhaft ein weiterer Affe mit ähnlicher Halskrause abbildet (siehe Abb. 185). Der Spiegel trägt die Inschrift: „Las mich mein Lobben tragen, Darnach thu Du nit fragen, Ist doch nur Affenspiel.“ Im Bildtext wird der Betrachter aufgefordert, im Spiegel zu überprüfen, wie groß und breit der eigene Kragen sei, denn: „Hast Du sie grosser dan ich thu, Bleib Du ein Af, las mich in Rhu.“[263] Hier geht es nicht mehr um Mahnung und Einschüchterung, sondern der Betrachter ist zur Selbstreflexion und Einsicht aufgefordert.

Eine eigenständige Themengruppe bilden die illustrierten Flugblätter von Vogelfängern, sogenannten Leimstänglern. Mit dieser Figur werden närrische Verhaltensweisen und menschliche Laster vorführt, natürlich auch dasjenige exaltierter Bekleidungsweisen.[264] Auf einem Blatt Matthias Greuthers von 1588 verfolgt ein Affe mit Schwert einen Leimstängler, der statt Vögel Affenjunge fing, die jetzt auf ihm herumturnen. Der närrische Buhler bittet um Nachsicht, die er mit seiner besonderen Affinität zum Äffischen begründet:

Ach lieber sey nit also wild/
Dann ich den deinen auch bin mildt.
Wie du mein lieb spürst an den Affen/
Die auß meim Bauch dich ane gaffen
Die kunst han sie von mir empfangen/
Daß sie so lauffen auff der stangen.
Und treiben sonst der narrheit viel/
dann alzeit gleich bey gleich seyn wil.[265]

Der Spott des Künstlers konzentriert sich auf die Krösenmode, an der er selbst und auch die Affenjungen große Freude haben. Mit diesem gestalterischen Mittel werden Halskrausen als närrisch, buhlerisch und äffisch vorgeführt, als unnützer Putz mit anrüchiger Zeichensetzung. Denn als Bildmetapher steht der Vogelfänger für den Buhler, der Begriff des 'Vögelns' für den Koitus. Auch Attribute wie der Fuchsschwanz und die hochgestellten Hutfedern unterstreichen die Aussage, dass es sich hier um einen geilen „Bruder Leichtfuß" handelt.[266] Hier wurde aus dem Vogelfänger ein Affen- und Mädchenfänger, der eigentliche Lockvogel sucht das Weite.

Ein anderes Blatt (Abb. 130) stellt einen Leimstängler als Hasenjäger vor.[267] Diese Figur ist mit allen nur erdenklichen Attributen der Narrheit und Lüsternheit ausgestattet, die die Zeit kannte: sich spiegelnde Affen und Kuckucksvögel auf der Leimstange, Narrenköpfe als Zierde von Knöpfen, Strumpfband, Schuh und Hutnadel, erbeutete Hasen und Teufelsfratze als Hosenzier (vgl. Abb. 166 und 167), und auch

129 Matthias Greuther: *Holla wahin (!) mit der Leimstangen./ Ich mein do woelst auch Voegel fange./ Du fehlst weit lieber Bruder mein/ Und wirst voll Affen kommen heim./ Doch sollstu darumb nit sehr trawen/ Uns seind gleich Edelleut und Bawren.* Kupferstich, 1588. Staatliche Galerie Moritzburg Halle, Landeskunstmuseum Sachsen-Anhalt.

130 *Fistula la Dulce Canit Volucrem Dum Decipit Auceps.* (Die Flöte singt süss, während der Betrüger den Vogel betört). Kupferstich, um 1590. Staatliche Museen zu Berlin, Kunstbibliothek. Leimstängler mit Hasen, Affen und Eule.

131 Hieronymus Nützel: *Sich lieber Sich/ Wie Jagen sie Mich.* Kupferstich, 1589. Wolfenbüttel, Herzog August Bibliothek.

132 *Alte und junge Leimstänglerin.* Anonym (Matthias Greuther?). Kolorierter Kupferstich mit graviertem Text, o. J. (um 1588). Staatliche Galerie Moritzburg Halle, Landeskunstmuseum Sachsen-Anhalt.

der Fuchsschwanz fehlt nicht. Eine nochmalige Steigerung erfährt die Aussage dadurch, dass der Vogelfänger beidhälftig verschieden gekleidet ist, teils nach französischer, teils nach spanischer Mode. Der Hintergrund ist mit tierischen und närrischen Leimstänglern ausfüllt, im Vordergrund erledigt ein Hund sein Geschäft. Auf einem zeitgleichen Flugblatt mit dem Titel *Sich lieber Sich/ Wie Jagen sie Mich* (Sieh, Lieber, sieh, wie sie mich jagen) von Hieronymus Nützel folgt die Figur ebenfalls zwei Modelinien. Hier trägt selbst der Lockvogel eine Narrenkappe. Aus dem linken, stark wattierten Ärmel blicken Narr und Hase und legen die Vermutung nahe, dass sich hier ein närrisches Nest befindet. Im Hintergrund gehen mit Kröse, modisch-spitzem Wams und Pluderhose ausstaffierte Hasen dem Fänger ins Netz (Abb. 131).

Beide Blätter richten ihren Spott zum einen auf die konkreten Modeerscheinungen ihrer Zeit, vor allem auf Halskrausen, Prachtärmel und die prall ausgestopften Wamsverlängerungen, die sie als Narrheit vorführen. Zum anderen wird in Bild und Text die Übernahme fremder Moden – der Jäger unterscheidet zwischen deutschen und welschen Hasen –, angesprochen, ein Sujet, das in der zweiten Hälfte des 16. Jahrhunderts noch relativ selten ist und erst in den 1620er Jahren zum alles beherrschenden Thema wird.[268]

Das ungewöhnliche Blatt mit der Darstellung einer großen, älteren und einer kleinen, jungen Leimstänglerin (Abb. 132) trägt den Titel „Mein Bruder Hans woes ewch gefelt,/ Wolt mich in ewren Orden weyen/ Dan gleich und gleich sich gern geselt,/ Wir werden desto baß gedeyen."[269] und zielt in eine ähnliche Richtung. Beide Leimstänglerinnen sind nach Spanischer Mode gekleidet und beabsichtigen, die Leimstängler bei der Jagd auf hoffärtige, närrische Menschen zu unterstützen. Ihre schweren Brokatkleider spannen sich faltenlos über die kegelförmigen, aus Rohrreifen gefertigten Reifröcke. Die vorne offen stehenden, schleppenden Mantelkleider weisen modische, vorne spitz zulaufende Taillenverlängerungen (*Gänsebäuche*) und dekorative Hängeärmel auf, steif abstehende, radförmige Mühlsteinkragen vervollkommnen den aufwändigen Aufzug nach 'äffischer (adelicher) Art'.[270] Die Damen sind mit Leimstangen ausgerüstet und überprüfen ihr Erscheinungsbild in Spiegeln, wobei die Jüngere die Ältere imitiert. Der ihr zugeordnete Reim „Gleich die alten sungen/ So pfiffen die jungen" unterstreicht diese durch Dopplung evozierte Bildaussage. Die Stangen sind dem Text zufolge mit „Hoffart, Stolz und anderer List"[271] bestrichen, dies sei der Leim, an dem die eitlen, sich über ihren Stand erhebenden zarten Jungfrauen kleben blieben. Die ältere hat bereits eine selbstverliebte Dame, einen Narren und einen Kuckuck gefangen.

Andere Einblattdrucke nehmen weniger die Moral als die Politik aufs Korn. Der „Spanische Pfau auf der Gassen" spielt zwar auf die modische Inszenierung des Spaniers an, will ihn aber vor allem politisch treffen:

Macht Platz, ihr Leut, jetzt kommt die Sau,
Welch sich verwandelt in ein Pfau,
Mit großen Kragen einhergeht,
Damit ziert er sein Gravität.[272]

In der Folgezeit tauchen Mühlsteinkragen und Tonnenreifröcke in Bildsatiren zum Thema Effekthascherei, Nachäfferei und Modenarrheit meist als sogenannte Singerien auf, Blätter, bei denen Affen die Hauptdarsteller sind. Ein Blatt aus den Niederlanden trägt den Titel *Affenwäscherei* und beschäftigt sich mit Herstellung und Verkauf von Krösen in einer Affengesellschaft. Auf dem Blatt *Verliebte Affen* sind mit Tonnenröcken bekleidete alte Äffinnen dargestellt, die von jungen Affen hoffiert werden. Während das erste Blatt die aktuelle Mode gesteifter Krösen aufs Korn nimmt, um sie als äffisch zu entlarven, bezieht sich das zweite auf vergangene Moden, mit denen die in die Jahre gekommenen Äffinnen gekennzeichnet und ihr buhlerisches Verhalten der Lächerlichkeit preisgegeben werden:

133 *Der Spanische Pfau.* Niederländische Karikatur, um 1600.

Man will noch jeder Zeit,
ist man schon hoch an Jahren
Doch gerne den Geschmack
von jungem Fleisch erfahre(n)
Kan schon der weiße Kopff
mit Schnee und Eiße prangen
So soll das dürre Hertz
doch im(m)er Feüer fangen.[273]

134 *Affenwäscherei.* Niederländische Bildsatire auf die Halskrausenmode, o. J. (um 1600). Staatliche Museen zu Berlin, Kunstbibliothek.

135 *Verliebte Affen.* Deutschland, um 1680. Staatliche Museen zu Berlin, Kunstbibliothek. Die vergangene Mode der Tonnenröcke und Medici-Kragen werden zur Kennzeichnung alter Äffinnen herangezogen, die wegen ihres Geldes umworben werden.

Anreizung böser Lüste

Galt Kleiderluxus allein schon als Frevel gegen göttliche Gebote, so gab es aber noch Steigerungen: Kleider, die zur Unkeuschheit aufstachelten. Die Anklagen der Sittenprediger gipfelten in wortgewaltigen Feldzügen gegen 'unmoralische' Moden, denen sie eine direkte oder indirekte Aufforderung zu unkeuschen Handlungen zuschrieben. Kleidung kann jedoch nicht per se 'unmoralisch' sein. Jede Epoche, jeder Kulturkreis und selbst Gruppen innerhalb einer konkreten Gesellschaft formulieren Standards, die zwar für den jeweils begrenzten Raum-Zeit-Rahmen verbindlich sind, aber keine Allgemeingültigkeit besitzen.[274] Kleider, die diese Standards nicht übernehmen, als fremd, andersartig oder deplatziert empfunden werden, gelten als Verstoß gegen die Sitte, als sittenlos. Bei den als 'unmoralisch' angeprangerten mittelalterlichen Moden stand die bis dato unbekannte Zurschaustellung des Körpers durch extrem enganliegende Kleidung im Zentrum der Kritik, die Moralkritik der Renaissance konzentrierte sich auf die augenfällige Präsentation von sekundären Geschlechtsmerkmalen durch Entblößung oder Überzeichnung.

Da Gott gemäß der biblischen Überlieferung Adam und Eva nach ihrem Sündenfall Felle zur Bedeckung ihrer Blöße gab, bestimmten körperverhüllende Kleider bis ins hohe Mittelalter die Alltags- ebenso wie die Festtracht. Diese Festlegung hatte für Gottesfürchtige noch Jahrhunderte lang Bestand, sie empfanden körperexponierende, phantastische Moden als Verhöhnung Gottes.[275] Als die Menschen des hohen Mittelalters begannen Figur zu zeigen, setzte eine leidenschaftliche Diskussion ein, wie Kleidung auszusehen habe. Alles, was zu 'böser Lust und Begierde' anreizte, galt als unmoralisch: übertriebene Enge durch Schnitt und Schnürung, Entblößungen von Hals, Schulter, Brüsten, Armen und Beinen und die Prononcierung von Brüsten, Gesäß und männlichem Geschlecht.

Zucht und Unzucht, Scham und Schamlosigkeit sowie beständig und unbeständig sind Begriffspaare, die sich wie ein roter Faden durch die Mode thematisierenden Klagen und Anklagen des Mittelalters und der Renaissance ziehen. Diese modekritischen Äußerungen verstanden sich fast ausnahmslos als Anleitungen zu gottgefälligem Lebenswandel. „Unzüchtige und schambare kleider sind Sündlich/ geben böse verdacht und ursachen zu Sünden", predigte Joachim Westphal, denn Kleidung verrate das Innerste. „Wie man ein Vogel an Federn erkennet/ also erkenne man an hoffertiger/ nerrischer/ unbestendiger kleidung/ wo ein hoffertig/ nerrisch/ und unbestendig Hertz ist".[276] Und der Prediger Johann Strauß warnt nachdrücklich vor unmoralischem Kleiderverhalten und seinen Folgen und schließt: „Darumb hat Gott mit der Kleidung alle böse anfechtunge/ reitzunge und begierde/ zudecken und abschneiden wöllen."[277] Christen sollten Kleider als Zeichen ihrer Demut, zur Bedekkung ihrer Blöße und als Wetterschutz tragen, nicht als Blickfang oder Schmuck.

Kleider der Unzucht

Die geschnürten Gewänder des Hochmittelalters stehen am Anfang einer gesellschaftlichen Neuorientierung, bei der Kleiderinszenierungen eine wichtige Rolle spielen. Höfische Damen gaben erstmals Auskunft über ihre Figuren, die vordem durch locker fallende Gewänder kaschiert waren, und auch die Höflinge zeigten deutlich mehr Kontur.[278] Durch diesen Wandel vertiefte sich zum einen die Kluft zwischen den Ständen – die Enge der Kleider signalisierte die Nichtteilhabe an körperlicher Arbeit – zum anderen verstärkte er die zunehmende Verfeinerung höfischer Rituale.

Die Selbstbeherrschung, die *mâze*, avancierte zur ersten höfischen Tugend. Affekte sollten gezügelt und Derbheiten vermieden werden. Die Verengung der höfischen Gewänder, die den Bewegungsspielraum der Höflinge einschränkte und zugleich erotisierte, ist als Zeichen des Rollenwandels zu sehen, dem sich verhöflichte Ritter zu unterziehen hatten. Der veränderte Lebensschwerpunkt leistete auch der männlichen Eitelkeit Vorschub, die der Kleriker Ordericus Vitalis bereits um 1140 konstatierte und der Prior von Vigeois 1184 als Fehlverhalten anprangerte.[279] Männer wurden der Unmännlichkeit bezichtigt, wenn sie aufreizende Kleider trugen, um Frauen zu beeindrucken. In seinem Werk *Historia ecclesiastica* zeichnet Ordericus Vitalis ein anschauliches Bild der männlichen Jugend des nordfranzösischen Hochadels, die er hiermit zugleich als unmoralisch anprangert: „... sie liebten es, sich in lange, sehr enge Hemden und Gewänder zu kleiden ... Die ausgelassene Jugend gibt sich weibischer Weichlichkeit hin, und die Höflinge schmeicheln den Frauen gar sehr durch alle möglichen Arten von Unzüchtigkeiten ...; bei allem, was sie tun, bedecken sie ihre Hände mit langen und weiten Ärmeln und, beladen mit solchen überflüssigen Sachen, können sie kaum schnell gehen und auch sonst nichts nützliches tun."[280]

Vor allem der enge Rock wurde als Ausdruck höfischer Dekadenz gesehen. Hochgeschlitzt erweiterte er den Bewegungsspielraum und ermöglichte das ungezwungene Zeigen von Männerbeinen. Wohlgeformte Beine galten in der höfischen Dichtung als wesentliches Schönheitsattribut des höfischen Mannes.[281] Die aus feinem Wollstoff genähten Beinlinge mussten passgerecht zugeschnitten sein, damit sich die Kontur der Beine deutlich abzeichnete und ihre Schönheit zur Geltung kam.

Für die Begegnung der Geschlechter wurden neue Regeln geschaffen, die einen wichtigen Beitrag zur Steigerung des Raffinements der höfischen Umgangsformen leisteten. Die Rituale der Hohen Minne waren komplizierte Abläufe des Werbens um weibliche Gunst, die eine genaue Kenntnis der gültigen Regeln, vor allem aber ritterliche Selbstbeherrschung und Zartgefühl erforderten. Die höfischen Damen ihrerseits kennzeichneten sich durch Betonung ihrer schlanken Silhouette mittels geschnürter, schleppender Kleider als mädchenhaft-zart und hilfsbedürftig. Durch diese kleidersprachliche Zeichensetzung forderten sie vom Höfling ritterliches Verhalten ein, appellierten an seine *mâze* und seinen Beschützerinstinkt.

Die durch Schnitt[282] und Schnürung erzeugte Körperkonturierung kann zudem als Hinweis auf die zunehmende Konkurrenzsituation der Damen am Hofe interpretiert werden. Eine schlanke Taille ist – wie die Kleidergeschichte

136 *Titelseite des Prologs von 'Moralia in Job' mit dem Initial R.* Miniatur aus einer Kopie des frühmittelalterlichen Moralhandbuchs, Frankreich 1111 (L'Abbay de Cîteau). Dijon, Bibliothèque Municipal. Enger, mit hohem Schlitz versehener Männerrock.

137 *Ennius und Flaccus.* Miniatur aus der *Aldersbacher Sammelhandschrift* um 1200. Ennius, dargestellt als junger Mann, trägt über seiner kurzen Tunika einen auffällig gemusterten modisch-engen Rock mit Mittenschlitz. Durch Vorstreckung des linken Beines weist er demonstrativ auf dessen Wohlgeformtheit und die Prächtigkeit des Innenfutters seines Gewandes hin.

zeigt – ein überaus effektives Mittel zur geschlechtlichen Prononcierung. Brust und Hüften werden hierdurch in subtiler Weise betont, sie erscheinen durch Kontrastierung optisch reizvoller.

Was den Moralisten ein Dorn im Auge war, setzten höfische Dichter zur Lobpreisung der Heldinnen ihrer Epen ein. In ihren Lieddichtungen fungiert prachtvolle Kleidung als Zeichen innerer Vollkommenheit der Auserwählten, die Gott an die Spitze der Gesellschaft gestellt hat. Gottfried von Straßburg, ein Dichter der Stauferzeit, beschreibt um 1210/15 Isolde, die Geliebte des ritterlichen Helden Tristan, indem er ihr edles und reines Wesens mittels höfischer Kleidung charakterisiert. Gewand und Mantel Isoldes sind aus violett-braunem Samt gefertigt, das Kleid nach französischer Manier geschnitten, körpernah geschnürt und ab den Hüften in weiten Falten fallend, auch der prächtige Ziergürtel fehlt nicht:

(...) sie truoc von brûnem semît an/ roc unde mantel, in dem snîte/ von Franze, und was der roc dermite/ da engene, dâ die sîten/ sinkent ûf ir lîten,/ gefranzet unde geenget,/ nâhe an ir lîp getwenget/ mit einem borten, der lac wol,/ dâ der borte ligen sol.[283]

Der Dichter Ulrich von dem Türlîn preist in seinen Epen höfische Damen mit weißer Haut und kleinen Brüsten, Konrad von Würzburg schwärmt von kleinen, festen Brüsten, die sich durch dünne Seiden und enganliegende Kleider abzeichnen und ihm als Inbegriff weiblicher Schönheit und Reinheit erscheinen:

man sach ir senften brüstelîn
an dem kleide reine
stortzen harte kleine,
als ez zwên epfel waeren.[284]

138 *Troubadour und Tänzerin.* Bemaltes Holzkästchen (Seitenansicht), um 1180. Schatzkammer der Kathedrale zu Vannes, Frankreich. Das geschlitzte Gewand des Spielmanns gehört zu den vom Prior von Vigeois 1184 angeprangerten Lastern männlicher Eitelkeiten. Die Tänzerin trägt ein geschnürtes Kleid mit engen Ärmeln und angesetzten Tuchstreifen.

139 *Mariae Geburt.* Federzeichnung aus dem *Antiphonar von St. Peter*, um 1160 (Ausschnitt). Wien, Österreichische Nationalbibliothek. Die beiden helfenden Frauen sind nach höfischer Mode gekleidet, ihre Kleider mit dekorativen Flügelärmeln versehen, eng geschnürt und schleppend.

Der fahrende Sänger Wolfram (1170/75 – nach 1220) aus dem mittelfränkischen Eschenbach verwendet in seiner Parzivalfassung das Bild eines außergewöhnlich schlanken Mädchens sowohl zur Betonung ihrer höfisch-tugendhaften Gesinnung als auch ihrer körperlichen Reize, was in der höfischen Dichtung keineswegs ein Widerspruch ist, sondern Ergänzung und Verstärkung. Als der Waffenruf erschallt und Gâwân, der edle Ritter, fliehen muss, bietet Antikonîe, die Schwester des Königs, dem ihr anempfohlenen Gast ohne Zaudern ihre Hilfe an. Beide verschanzen sich in einem Turm und verteidigen sich tapfer, bis der Auftritt Vetter Kingrimorcels weiteres Unheil abwendet. In Kampfpausen stärkt Gâwân seinen Mut durch Blicke auf die erotisch anziehende Jungfrau:

Entstand beim Kämpfen eine Pause,
starrte er das Mädchen an,
den Mund, die Augen, ihre Nase,
Schlanker als am Spieß der Hase!
Den habt ihr, glaube ich, noch nie
so rank gesehen, wie sie zwischen
Hüfte und Brüsten war.
Ihr Körper war dazu geschaffen,
Liebeslüste zu erregen.
Ihr saht nicht mal bei einer Ameise
eine derart schmale Taille,
wie ihr Gürtel sie umschloß.[285]
Dies gab ihrem Kampfgefährten
Gawan neuen Mut, als Mann. (...)
Wenn Gawan dieses Mädchen sah,
wog der Haß der Feinde wenig –
das zahlten viele mit dem Leben![286]

Der Anblick einer schmalen Taille, die Tristan bezauberte, Gâwân beflügelte und Moralisten erzürnte gehört zu den ersten Versuchen, Kleidung erotisch aufzuladen und als Mittel des Wettbewerbs einzusetzen. Das Spiel mit dem Reiz wechselnder Silhouetten begann.

Nach einer Phase der Konsolidierung, in der traditionelle Formen aufgegriffen und modifiziert wurden,[287] begann man gegen Ende des 13. Jahrhunderts, verstärkt nach der Zeit der großen Pestepidemie in der 2. Hälfte des 14. Jahrhunderts, erneut mit dem „heimelichen" Sitz der Kleidung zu experimentieren, nun aber in deutlich erweiterter Runde. Auch nahmen jetzt beide Geschlechter mit gleicher Intensität am Kleiderwettbewerb teil, sodass im Spätmittelalter Bekleidungsformen entstanden, die noch heute durch ihre Exaltiertheit verblüffen.

Eine Überlieferung aus dem Jahr 1322, verfasst von Leobiensis, dokumentiert die Verän-

140 *Der Liebende begehrt, die Rose zu pflücken.* Miniatur aus einer Kopie des *Roman de la Rose.* Paris, um 1380. Oxford, Bodleian Library.

derungen der Kleidung. Nach dem Tod des römischen Königs Albrecht seien in Österreich, in der Steiermark und anderen Ländern viele Erfindungen und Neuheiten in der Anfertigung der Kleider aufgekommen:

Die einen tragen an den Röcken den linken Aermel von einem anderen Tuche; andere vergrösserten den linken Aermel so sehr, dass seine Weite die Länge des Rockes überschritt; ... andere hingen silberne Röhren mit Seide an ihren ganzen Aermel; ... So sehr machten fast alle die Röcke eng, dass mancher nur mit fremder Hilfe, andere vermittels Nesteln, die von den Handwurzeln der Aermel bis zu den Schultern reichten und über die Brust und den ganzen Bauch befestigt waren, ihre Röcke an- oder ausziehen konnten. Sie vergrösserten auch damals die Kopflöcher, d.h. die Oeffnungen, durch die der Kopf aus den Kleidern gezogen wird, so dass bei den Männern die Brust, die Schultern, die Achseln zum grossen Theil sichtbar wurden ... Damals verkürzten sie auch die Mäntel so sehr, dass sie einigen kaum das Hintertheil bedeckten.[288]

Die Limburger Chronik des Jahres 1351 weiß zu berichten, dass nach dem großen Sterben, als die Welt wieder anfing zu leben und fröhlich zu sein, Männer sich „nuwe kleidunge" machten. Ihre Röcke seien erst so lang und eng gewesen, dass ein Mann in ihnen nicht habe ausschreiten können, dann habe man sie abgeschnitten, erst einen Spann unter dem Knie, dann einen Spann unter dem Gürtel. Die Frauen aber hätten ihre Kleiderausschnitte, ihre 'Fenster zum Kopfdurchstecken', so sehr vergrößert, dass man ihre Brust beinah zur Hälfte gesehen habe: „di frauwen drugen wide heuptfinster, also daz man ire broste binach halbe sach".[289]

In dieser Phase des kurzfristigen Entstehens und Vergehens von neuen Bekleidungsweisen gewinnen die bis dato eher nebensächlichen weltlichen Belehrungen zusehends an Bedeutung. Ihre inhaltliche Schwerpunktsetzung leitet sich aus der Herkunft der Verfasser ab, die entweder aus bürgerlicher Sicht den allgemeinen Sittenverfall anprangern, oder aus adliger Sicht vor allem den Niedergang höfischer Kultur beklagten. Peter Suchenwirt (2. Hälfte 14. Jahrhundert), der in seinem Gedicht *Von der Mynn slaff* Ritter ob ihrer modisch-engen Kleider verhöhnte,[290] weist in seinem Lehrgedicht *Daz sind di syben todsuend* nachdrücklich auf die sündhafte Verbindung zwischen enggeschnürten Kleidern und hoffärtigem Verhalten hin. Einschnürungen forderten zu sündigem Verhalten auf, rieben wund, täten weh und seien zu verspotten:

Hochfart la dir entweichen,
Si gibt dir nur tze suenden rat.
Du tzeuchst dich ein, daz du pist vrat
In den seitten, daz ich spuer;
Paumwoll legest du da fuer,
Daz tut dir we und ist ein spot:
Du machst dich anders, wan dich got
Noch im selb gepildet hat.[291]

Die Verlockung, der Natur etwas nachzuhelfen, um dem Schönheitsideal so nahe wie möglich zu kommen, lag nahe. Dem anonymen Dichter von *Des Teufels Netz* (um 1411) waren offenbar derartige Hilfsmittel, mit denen Damen ihre Figur reizvoll konturierten, nicht fremd. In seinem Werk läßt er den Teufel Attrappen erwähnen, mit denen adlige Damen ihr brettartiges Gesäß wirkungsvoll runden würden:

Hat aine ain ars als ain brett;
Si kan in grosz und dik machen,
Den henkt si ze nacht an ain stang.[292]

Konzentrierte sich die Kritik an spätmittelalterlicher Damenmode primär auf ihre Körperkonturierung und Dekolletierung, stand bei der Männermode das öffentliche Zeigen der Gliedmaßen im Zentrum der Kritik. Denn kurze Schecke[293] und Hose, die jedermann vor Augen stellten, was bis dato durch lange Gewänder, Faltenröcke oder Kittel verhüllt war, waren das eigentliche Novum der Mode nach 1350. Traditionalisten werteten dies hauptsächlich als Ausdruck unstandesgemäßer Herabstufung, eine Haltung, die nachvollziehbar ist. Kurze Kittel gehörten zur bäuerlichen Kleidertradition und die Protagonisten der innovativen Männerkleidung waren körperlich Aktive niederen Standes, verarmte Ritter, Söldner und Henker.[294] Bürgerliche Kritiker bemängelten vor allem deren bewegungshemmende Enge und Schamlosigkeit durch Zeigen von Bein, Gesäß und Scham. „Wie die Affen, die zu thun und nachzumachen suchen, was sie von dem Menschen thun sehen," klagt Benesch von Waitmuel aus Böhmen 1367, „nahmen sie die schmäliche und verderbliche Mode anderer Länder an und entfernten sich in dem Kleidungsschnitt von dem Muster ihrer Vorfahren, indem sie sich kurze und knappe, vielmehr richtiger schandbare Kleider machen liessen, dass man meist den Oberschenkel und das Gesäss sehen konnte, und so enge, dass sie kaum zu athmen vermochten. Um die Brust stopften sie sich aus mit Baumwolle, dass sie Weiberbrüste zu haben schienen. Um den Bauch waren sie so geschnürt, dass sie Windhunden glichen. Auf der Rückseite pressten sie sich mit mehreren Bändern so, dass sie kaum mit langsamen Schritten einhergehen konnten."[295]

Die von Kritikern des 14. Jahrhunderts als fremd und 'unmoralisch' empfundene Bekleidungsweise der Männer wurde zur neuen, bis heute gültigen Norm, auch wenn sich ihre konkreten Ausprägungen oft wandelten. Die Männermode des 15. Jahrhunderts entwickelte die Vorgabe weiter, veränderte die Silhouette des kurzen Rockes und begann, die Lätze der Hosen auszupolstern. Ein Kommentar aus der Enisheimer Chronik vermittelt hiervon ein recht drastisches Bild:

141 *Hofleute beim Tanz.* Miniatur aus einer französischen Handschrift des *Roman de la Rose.* Jean de Meung, 2. Hälfte 14. Jahrhundert. Paris, Bibliothèque Nationale de France. Die Höflinge und Hofdamen tragen farbenprächtige, körperexponierende Kleider nach neuestem Schnitt. Männer zeigen Gesäß und Bein, und Frauen betonen Taille und Brüste.

142 Albrecht Dürer: *Henker.* Ausschnitt aus dem Blatt *Marthyrium der Hl. Katharina.* Holzschnitt, um 1498/ 99.

143 *Henkerskleidung.* Ausschnitt aus dem Blatt *Geißelung Christi.* Werkstatt Dürer, um 1500.

Anno 1492 was der hoffart so vil, daß man weder geschrieben noch gelesen fand, dan man trug selzame kleider, besonders die mann, von vielen farben und stückern, von flammen, von bäumen, von asten, laubern und von buchstaben, das ist in der warheit war, daß man wol ein wammest und hoßen fand, das so vil stück hät, als tag im jar sind. Und kost ein kleid alweg zweymal so viel zu machen, als das tuch dazu. Und trug das jung volck röck, die gingen nit mehr dann eyner hand breyt under dem gürtel, und sach man ihm die bruch hinten und vornen und was so scharf gemacht, das im die hoßen die arßkerb austheilten, das was ein hüpsch ding, und hatten zullen vor ihn groß und spitz voraus gohn, und wan einer vor dem tisch stund, so lag ihm die zull auf dem tisch. Also gieng man vor kaiser, könig, fürsten und herren und für ehrbare frauen.[296]

Deutlich sichtbar wird die der neuen Kleidung zugeschriebene erotische Signalsetzung in spätmittelalterlichen Darstellungen von Morisken, ritualisierten Männertänzen, die vermutlich auf Tänze der Mauren – spanisch *morisca* – zurückzuführen sind und in Europa seit dem 15. Jahrhundert bekannt und beliebt waren.[297] Auf einer Vignette, entstanden um 1490/1500, stellt Israhel van Meckenem sechs junge Männer in modisch-knapper Kleidung dar, die einer Frau huldigen. Die Tanzenden vollführen sexuell aufreizende Figuren, die erst durch ihre körperexponierende Kleidung vollends zur Geltung kommen. Dekolletiertes Hemd, dekorative Schnürung des knappgeschnittenen Wamses, extreme Enge der Hose und auffällige Ausstaffierung des Hosenlatzes unterstreichen die Wirkung ihrer pantomimischen Vorstellung.

144 Israhel van Meckenem: *Moriskentanz.* Karikaturistische Vignette, um 1490/1500 (Ausschnitt). Coburg, Sammlung der Veste Coburg. Junge Männer im närrischen Tanz um eine Frau. Die körperexponierende Kleidung unterstreicht ihr erotisch motiviertes Umwerben.

Ein anderer Kupferstich Meckenems zum gleichen Thema zeigt fünf Männer unterschiedlicher Herkunft, die eine Jungfrau zu betören versuchen (Abb. 145). Der eine spielt ihr auf, ein anderer versucht sie zu erobern. Hier zeigt sich besonders augenfällig, wie stark die spät-

145 Israhel van Meckenem: *Der Tanz um den Preis.* Moriskentanz, Ende 15. Jahrhundert.

mittelalterliche Mode auf Betonung der sexuellen Attraktivität des Mannes hin ausgerichtet war. Durch den rund ausgeschnittenen Seitenschlitz des Rockes werden Gesäß und Beinansatz optisch hervorgehoben, die mit strumpfhosenähnlichen Hosen bekleideten Beine imaginieren Nacktheit, die überlangen ausgestopften Schuhspitzen wirken erektiv.[298]

Der reich ausgestattete Surkot,[299] seit Mitte des 12. Jahrhunderts bis Anfang des 15. Jahrhunderts repräsentativer Bestandteil der höfischen Tracht beider Geschlechter, stand zu diesem Zeitpunkt vor seinem endgültigen Aus. In den letzten Jahrzehnten seiner Existenz spielte er jedoch eine bemerkenswerte Rolle in der höfischen Damenmode, jetzt als ärmelloses, mit Knopfverschluss und Zierknöpfen versehenes, schleppendes Überkleid. Durch seine Weite setzte sich der Surkot effektvoll von der Enge des Unterkleides ab, ein Reiz, der durch die weit ausgeschnittenen Armlöcher nochmals gesteigert wurde. Denn die großzügigen Ausschnitte fordern den Blick auf die körperangepasste *Cotte* geradezu heraus, auch wirkt die Taille in Kontrastierung zum faltenreichen

146 *Jeanne de Bourbon im Gebet.* Ausschnitt aus dem Parement de Bourbon, 1380. Paris, Musée du Louvre.

147 Hans Memling: *Jeanne de France, Herzogin von Burgund, bei der Andacht.* Diptychon (Ausschnitt). Chantilly, Musée Condé.

Obergewand noch schmaler. Zudem wurde hier sehr gekonnt mit Signalen der Ver- und Enthüllung gespielt. Anhand der Darstellungen der betenden Jeanne de Bourbon auf dem Parement de Bourbon von 1380 (Abb. 146) und der Andacht haltenden Jeanne de France, Herzogin von Burgund, auf einem zeitgleichen Diptychon (Abb. 147), ist etwas von der erotischen Ausstrahlung zu spüren, die von dieser Bekleidungsweise ausging. Die optisch durch Einfassungen in farbig abgesetzten Stoffen oder Pelzstreifen hervorgehobenen Armlöcher reizen zum Blick auf das Darunter. Durch das Armloch des Surkots der Herzogin von Burgund sieht man ihr schmal geschnittenes Kleid aus exquisitem Stoff[300], durch das der Jeanne

148 *Totentanzbild.* Randschmuck einer Seite des Pergamentdrucks von *Heures* (Ausschnitt). Paris, um 1520. Staatliche Museen zu Berlin, Kunstbibliothek.

de Bourbon erblickt man ihr enggeschnürtes Unterkleid – 'Fenster des Teufels',[301] durch die man besonders gut sieht, wenn die Arme zum Gebet erhoben sind.

Bloße Brüste

Zur gleichen Zeit trat das Mittel des Hochschnürens erstmals als Mittel weiblichen Werbens auf. Die um 1400 noch relativ bescheidenen Dekolletés der Burgundischen Hofmode wuchsen sich in den folgenden Jahrzehnten zu spitzen, vorne zu bis auf die Brust – *en coeur* – und hinten fast bis zur Gürtellinie herab reichenden Ausschnitten aus, und Bürgerinnen ahmten diese Entwicklung eifrig nach. Die „schamperen cleyder" mit ihren „houbetfinster"[302] erregten ganz besonders die Gemüter der Sittenwächter und sind Thema zahlreicher Klagen und Verordnungen.

Die Dekolletierung, die das Kleid der Sünde zu einem der Verführung fortentwickelte, rief als erstes Prediger auf den Plan, die mit stärksten Worten dagegen anzukämpfen versuchten, allen voran der böhmische Reformator Johann Hus (um 1370–1415), bekannt für seine Rigidität in Fragen der Moral. In seinem Werk *De Sacerdotum et Monachorum carnalium abominatione* (Von den fleischlichen Versuchungen der Priester und Mönche) geißelt er die Entblößung als Werk des Teufels: „Die Weiber trugen und tragen ihre Kleider oben an der Halsöffnung so ausgeschnitten und weit, daß beinahe bis an die Hälfte der entblößten Brüste überall jeder ihre leuchtende Haut offen erblicken kann, in den Tempeln des Herrn vor den Priestern und Geistlichen, ebenso wie auf dem Markte, aber noch viel mehr im Hause, und was noch von der übrigen Brust bedeckt war, das ist ... so hervorstehend künstlich vergrössert und hervorgeschoben, dass es fast wie zwei Hörner an der Brust erscheint."[303] Der Verfasser von *Des Teufels Netz* (um 1411) sieht in großzügiger Dekolletierung eine Gefahr für Sitte und Anstand, für besonders gefährdet hält er junge Angehörige der Bettelorden. Der Anblick derart freizügig gekleideter Frauen sei eine Versuchung, die einerseits vom Teufel eingegeben sei, andererseits von den Frauen selbst ausginge. Insofern hätten sie es sich auch selbst zuzuschreiben, wenn sie wider Willen geschwängert würden. Einem von einem Bettelmönch, der sich an einer Frau verging, um Rat gefragten Eremiten legt er die Absolution erteilenden Worte „das hat das wib getan/ die solt nit so ain wytz hoptloch han..."[304] in den Mund. Auch nach Ansicht des Augustinermönchs Gottschalk Hollen aus Osnabrück (gest. 1481) stellen die modischen Entblößungen der Frauen eine arge Versuchung dar. Dies sei für Männer bedrohlicher als ein offen ausgetragener Kampf.

149 Israhel van Meckenem: *Der Tanz der Salome.* Kupferstich, Ende 15. Jahrhundert (Ausschnitt). Wien, Graphische Sammlung Albertina.

Gefährlich sei es, „mit dem Feinde zu kämpfen, der ein Schwert aus der Scheide gezogen, aber viel gefährlicher ist es, wenn er viele gezogen, d.h. den Mantel und das Kleid zurückgeschlagen und sich entblösst, den Schleier abgelegt, dass der Busen bis zu den Brüsten sichtbar wird". Dies reize die Männer zur Unzucht.[305]

150 *Drei Frauen in modischer Tracht.* Nach einer Skizze aus dem Skizzenbuch von Jacques Daliwe, um 1400–1420. Berlin, Staatsbibliothek.

Die Diener Gottes drohten und verdammten, die Dichter moralisierten oder spotteten. Ein ungewöhnlich pragmatischer Vorschlag zur Bekämpfung modischer Entblößungen stammt aus der Feder Heinrich des Teichners, der anregt, die lästigen Schleppen abzuschneiden und damit die freiliegende Brust zu bedekken. Auf diese Weise könne man zwei Übel auf einmal beseitigen.[306]

Dennoch blieben Dekolletés *en coeur* bis Ende des Spätmittelalters usus, und die Kritiker wurden nicht müde, sie als Ausdruck „fleischlicher Hoffart"[307] zu geißeln. In bildlich festgehaltenen Intermezzi verdeutlicht sich das Gemeinte: die von Kleidern ausgehende Aufforderung zur Unkeuschheit. Auf einem Kupferstich Albrecht Dürers um 1500 (Abb. 151) neigt sich die vornehm gekleidete Reiterin huldvoll einem Landsknecht zu, der sie schmachtend anschaut. Ihre körperlichen Vorzüge werden mittels stark dekolletierter und reizvoll geschnürter Kleidung hervorgehoben, auch die Kleidung des Mannes markiert deutlich sein Geschlecht. Gestik und Mimik unterstreichen ihr beiderseitiges Begehren.

In der Mode der Renaissance spielte man bis zum Aufkommen der körperfeindlichen Spanischen Mode ebenfalls mit diesem Thema, und die Kritiker ließen nicht nach, das Übel der Zurschaustellung körperlicher Reize zu bekämpfen, obwohl im Prinzip alles zu diesem Thema bereits von ihren Vorrednern gesagt war. So stellte der bekannte Moralsatiriker und Prediger Johann Geiler von Kaysersberg Frauen an den Pranger, deren Hemden „seind da vornen also weit offen, das man ... in busen sehen kann, den brustkernen, het schier gesagt: den brusthurenspiegel, gesehen mag."[308] Thomas Murner (um 1475–1537), Prediger und Poet, setzte die von Sebastian Brant eingeführte Thematik einer Welt voller Narren fort. Allerdings entspricht sein Narrenbegriff nicht mehr dem Brants. Denn bei ihm verkörpert der Narr nicht allein die menschliche Lasterhaftigkeit, sondern das Narrentum steht generalisierend für die Narrheit der Welt, die zum alles beherrschenden Element geworden sei und diese zerstöre.[309] 1512 erschien seine Satire *Narrenbeschwörung*, in der er die Dekolleté-Mode und deren Folgen anschaulich vorführt. Murners Spott zielt darauf ab, schamlosen Damen den Spiegel vorzuhalten und sie auf diese Weise zur Umkehr zu bewegen. Er beginnt, wie üblich, mit der Klage über neue Moden und Bräuche, gefolgt von einer Anekdote über lose Sitten der Frauen, die sich zwar mit Worten wehrten, aber gegenteilig handelten:

151 Albrecht Dürer: *Dame und Landsknecht*. Kupferstich, Ende 15. Jahrhundert. Staatliche Museen zu Berlin, Kupferstichkabinett.

Doch jetzt herrscht eine andre Sitt
Und keine folgt Maria nit.
Je schandbarer, je besser nun,
Die Frauen der Scham entbehren tun.
So groß ward jetzund schlechte Zucht,
Daß man in Blöße Zierde sucht:
Man sieht ihnen mitten auf den Rücken
Und meisterhaft sie können schicken
Die Brüst' herfür, recht mit Behagen,
Die von Gestellen sind getragen;
Sie könnten sonst im Tuch ersticken.
Mehr als die Hälfte lass' ich blicken,
Daß sie den Narren Lockung sei'n.
„Laß ab", sag ich, „was soll das sein",
Will er die Brust will greifen an:
„Was seid ihr für ein böser Mann!
Ich sag's bei meiner Ehr fürwahr,
So frech noch nie ein Mannsbild war!"
Dem Mann sie so zur Wehr sich stellt,
Als wenn dem Esel der Sack entfällt.
Ganz heimlich greift sie mit der Hand,
Indem sie leistet Widerstand,
Und hängt ganz still das Häkchen aus,
Damit der Milchmarkt fällt heraus. (...)
Ihr reizet Laien, Mönch und Pfaffen
Und machet jedermann zum Affen. (...)[310]

152 Urs Graf: *Profilbild einer jungen Frau*, 1516. Basel, Kupferstichkabinett.

153 Urs Graf: *Dirne, zur Liebe auffordernd*, 1514. Basel, Kupferstichkabinett.

Ein Ehrenweib entblöße nicht den eigenen Leib und würde sich nicht eitel aufputzen, dies seien Mittel der käuflichen Damen. In der Maske des Narren-Exorzisten geißelt Murner die Fülle menschlicher Torheiten und zeichnet das Bild einer Welt, in der sich das unterste zu oberst kehrt, wobei er gerne volkstümliche Motive wählt und den geistlichen Stand nicht schont. Gerade die Vertreter dieses Amtes hält er für besonders sittenlos und warnt die holde Weiblichkeit: „In Hut die Scham vor Männern haltet/ Vorab vor dem, der Messe waltet."[311]

In den folgenden drei Jahrzehnten werden die Themen der Moralisten und Kritiker vom Religionsstreit dominiert,[312] um dann von protestantischen Eiferern als Kampfmittel gegen Gottlosigkeit, Sittenverfall und Unmoral entdeckt zu werden. Seit 1550 gehören Klagen über 'Anreizungen zu bösen Lüsten' durch unzüchtiges Kleiderverhalten zum festen Kanon protestantischer Moralprediger. So beanstandet W. C. Spangenberg in den 1560er Jahren transparente, durchbrochene Spitzenkragen „von klarer schleierlein wand/ dardurch man nicht alleine auff die blosse haut/ sondern auch gar nahr bis in das Hertzen hienein sehen möchte/ mit schönen köstbarlichen Borten/ mit grossen gekrösen und krollen/ Holen nethen/ es muss alles löchericht sein/ anzuzeigen/ das wir nu mehr bey dem hoffart löchriche Beutel haben/ und bald alles mit uns gar löchericht werden wird."[313] Die Huss'sche Hörnerschelte wandelt sich bei Spangenberg zur 'Löcherschelte', einer Mode, die er als Zeichen der Haltlosigkeit deutet. Die „durchsichtige(n) Kleider von Nesselgarn und mit bleckenden halss/ blossen Armen/ und offener Bubengassen" seien eine Schande, sie seien wie „durchsichtige Ercker/ da man ein und aus sehen kann". [314] An solcher Kleidung könne man ablesen, wie es um die Frau bestellt sei.

Ausfälle gegen den durch Kleidung ausgedrückten unkeuschen Lebenswandel von Frauen bleiben in dieser Literaturgattung gang und gäbe. Besonders bildreich echauffiert sich der Kapuzinermönch Montrand: In einer Predigt aus dem Jahr 1581 stellt er dekolletierte Frauen

154 Matthias Gerung: *Babylonische Hure auf siebenköpfigem Ungeheuer.* Zeichnung, um 1540. London, British Museum. Die allegorische Figur trägt zur Kennzeichnung ihres unzüchtigen Lebenswandels ein sehr freizügig dekolletiertes, schleppendes Kleid. Die Prunkärmel weisen eine unübliche Weite und Länge auf, auch das durch Raffung gezeigte Unterkleid ist mit einer extrem kostspieligen Zierborte versehen.

in eine Reihe mit Prostituierten, die mit entblößter Brust auf Kundenfang gingen: „... auf gleiche Weise gehen unsere Jungfern, welche durch die Blasebälge oder das Athemholen ihrer Lunge, das Feuer der Herzen der Heliogabalisten[315] unseres Hofes anzünden, welche ohnedieß schon weibisch genug und in ihrer Fleischeslust erhitzt sind; ... allein ... um sie noch mehr anzufeuern, und sie über und über in Brand zu bringen, erfinden alle Künste, ... um sie zu geilen, schändlichn und unfläthigen Dingen anzuwenden."[316] Die bloßen Brüste seien wie Blasebälge eines Schmieds, in beständiger Auf- und Abbewegung, um das Feuer in der Esse anzufachen. Diese eindrucksvolle Bildmetapher wird noch hundert Jahre später favorisiert, um die Entblößung von Hals, Schulter und Brust als Zeichen der Schamlosigkeit anzuprangern.

Im Zuge der Adaptation durch Bürgerinnen wurden Dekolletés auch zum Thema von Kleiderordnungen. 1356 tat der Rat von Speyer kund, er habe großen Schaden bemerkt, Hoffart und Übermut breiteten sich in Stadt und Land aus.[317] Der Rat missbillige dies, vor allem aber verbiete er die eng geschnürten Kleider der Frauen, solche, „die ir lip oder ir bruste mit enggenisse entwingen oder binden".[318] Gemeint sind Kleider, die vorne oder an der Seite zwecks Anpassung an den Körper geschnürt oder geknöpft waren. Die Gesetze der Stadt Straßburg (um 1370/80) schrieben eine Bedekkung der weiblichen Brust unabhängig vom Stand vor – das „houptloch“ solle so beschaffen sein, dass die Brüste nicht zu sehen seien.[319] Andere Städte folgten, schränkten die Ausschnittsgröße der Kleider ein oder verboten das Entblößen von Hals-, Brust- und Schulterpartie in Gänze. Speyer und Zürich (vor 1371) schrieben vor, dass zumindest die Schultern bedeckt sein müssten. Ulm (1420) und Konstanz (1439) verfügten, dass der bloße Hals nicht sichtbar werden dürfe. Die Stadt Nürnberg begnügte sich nicht mit einer allgemeinen Verordnung, sondern schrieb genau vor, wie tief der Ausschnitt maximal gehen dürfe: Beim aufrechten Stand zwei Finger breit unter das Schlüsselbein.[320] Die mannigfaltigen Vorschriften zeugen von dem angestrengten Bemühen der Obrigkeit, Ungewohntes möglichst umgehend zu untersagen. Zugleich sind sie ein Beleg dafür, dass sich die Gesellschaft im Umbruch befand. Ein Teil der Bevölkerung war Neuem gegenüber aufgeschlossen, andere konzentrierten ihre ganze Kraft darauf, Neues abzuweisen.

155 Virgil Solis: *Edeldame*. Holzschnitt, gedruckt von W. Strauch 1570. Wien, Graphische Sammlung Albertina.

156 Monogrammist H. F.: *Fliegender Händler mit kaufinteressiertem Publikum,* 1516. Die Stadtbevölkerung war der Teil der Gesellschaft, der an Macht gewann, die größte Mobilität aufwies und sich Neuem gegenüber besonders aufgeschlossen zeigte.

Schamkapseln

Ein Novum und zugleich *das* Kleidungsstück, dem Modekritiker nach 1450 ein Höchstmaß an Aufmerksamkeit zukommen ließen, waren die auffälligen Lätze, mit denen Männer ihre trikotähnlichen Hosen seit der Einführung kurzer Röcke und Schecken[321] ausstatteten. Aus einer Notwendigkeit – der Kaschierung des offen gelegten Hosenschlitzes – wurde sehr bald Übertreibung, bis schließlich eine prall ausgestopfte Kapsel das Beinkleid junger Männer zierte. „Die Buhler in unserer Stadt sie strecken ihre Lätz, so weit aus den Hosen herfür, verwickelns auch und verstopfens mit so viel Tüchlein, daß die Metzen wähnen, es seind Zumpen, so sind es Lumpen."[322]

Als alle Bemühungen, eine gesäß- und geschlechtsverhüllende Bekleidung durch Festschreibung der Rocklänge zu konservieren, nach rund hundert Jahren Kampf endgültig gescheitert waren,[323] versuchte die Obrigkeit nun, die Betonung der Hosenlätze zu zügeln. Hier schlagen die bis dato vergleichsweise sachlich gehaltenen Kleidererlasse erstmals einen eifernden Ton an, der dem der Sittenprediger gleichkommt. Eine Nürnberger Kleiderordnung (vor 1480) führt erst ausführlich Klage über die „unzüchtige und schanndbare übung und gewonheit", die bei Mannspersonen entstanden sei: dass sie ihre Lätze an den Hosen ohne Notwendigkeit vergrößern ließen und dieselben bei Tänzen und anderen Gelegenheiten vor ehrbaren Frauen und Jungfrauen unverschämt bloß und unbedeckt trügen, was nicht allein Gott, sondern auch Ehrbarkeit und männlicher Zucht widerspräche und unziemlich sei.[324] Erst dann folgt das eigentliche Gebot, Scham und Latz der Hosen hätten bedeckt zu sein. Die Straßburger Verordnung des Jahres 1493 bezeichnet die Hosenlatzmode als schändlich: Sie zeuge von nicht vorhandener Gottesfurcht, sei für ehrbare Personen lästerlich zu sehen und nicht zu leiden.[325]

Auch als die Hosen an den bewegungsrelevanten Partien – Gesäß, Oberschenkel und Knien – erst aufgeschlitzt, dann immer stär-

157 *Dame küßt Geliebten hinter dem Rücken ihres Mannes.* Kolorierte Federzeichnung, 1482. Staatliche Museen zu Berlin, Kupferstichkabinett. Jünglinge und Dame sind nach höfischer Mode der Zeit gekleidet, die Körpersilhouetten der Männer durch die Enge ihrer Kleider deutlich vor Augen gestellt.

158 Jan van Rillaer d. Ä.: *Das Urteil des Salomonis.* Holland, 1528 (Ausschnitt). Staatliche Museen zu Berlin, Gemäldegalerie.

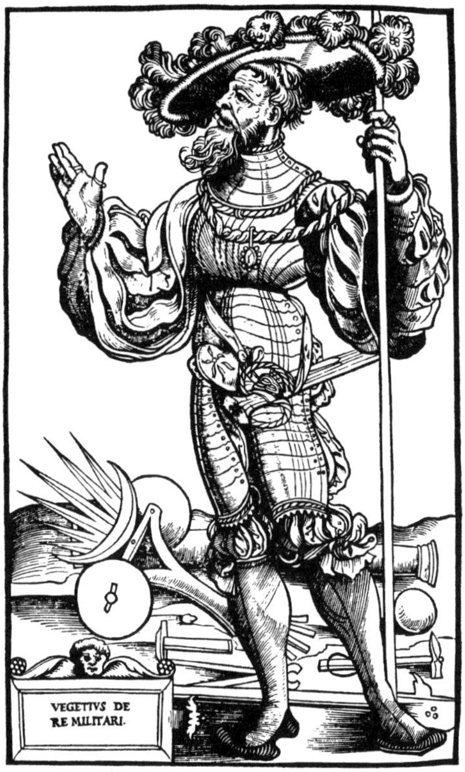

159 Anonym: *Landsknecht in Halbrüstung mit Schamkapsel.* Holzschnitt aus Fl. Vegetius: *De re Militari libri quatuor*, Basel 1532.

160 Wolfgang Strauch: *Zwei Landsknechte mit einem Weinglas.* Paris, Bibliothèque Nationale de France.

ker erweitert wurden, um sich schließlich, in der 2. Hälfte des 16. Jahrhunderts, zu riesigen Pluderhosen[326] aufzublähen, blieben Hosenlätze Blickpunkt der Männermode. Das bereits in seinem Anfangsstadium beklagte „Vergrößern ohne Notwendigkeit" nahm Formen an, die noch heute in ihrer Direktheit erstaunen. Männer wiesen mit ihren als *Braguette* oder *Schamkapsel* bezeichneten Auspolsterungen unverhohlen auf Größe und Standvermögen ihres Geschlechts hin. Ziel war es, sich als kraftvoll, potent und sexuell interessiert darzustellen. Eine ähnliche Signalwirkung ging von muskulösen Gesäßmuskeln und prallen Waden aus, die man durch Kleidung gleichermaßen ins rechte Licht zu rücken verstand.

In Chroniken, Liedern und Reimen der 1550er und 1560er Jahre wird die Pluderhosenmode als Erfindung der Landsknechte eingeführt.[327] „Welcher nun will wissen was doch erfunden sei; Die Kriegsleut sind geflissen auf solche Buberei," dichtete ein Anonymus um 1555, „sie lassen hosen machen mit einem Überzug/ Der hangt bis auf die Knochen/ Dran han sie nicht genug. Ein Latz muß sein daneben/ wol eines Kalbskopffs groß/ Karteken drunter schweben/ Seiden on alle moß; kein geld wird da gespraret/ und sollt er betteln gon, damit wird offenbaret, wer ihn wird geben den lon."[328]

Mit diesen drastischen Prononcierungen des männlichen Geschlechts ist der Höhepunkt einer Entwicklung erreicht, die die Männerhose in Folge der extrem verkürzten Röcke zum Hauptobjekt der Moralprediger und Kleidererlasse in ihrem Kampf gegen Sittenlosigkeit und Unmoral werden ließ. Wort-

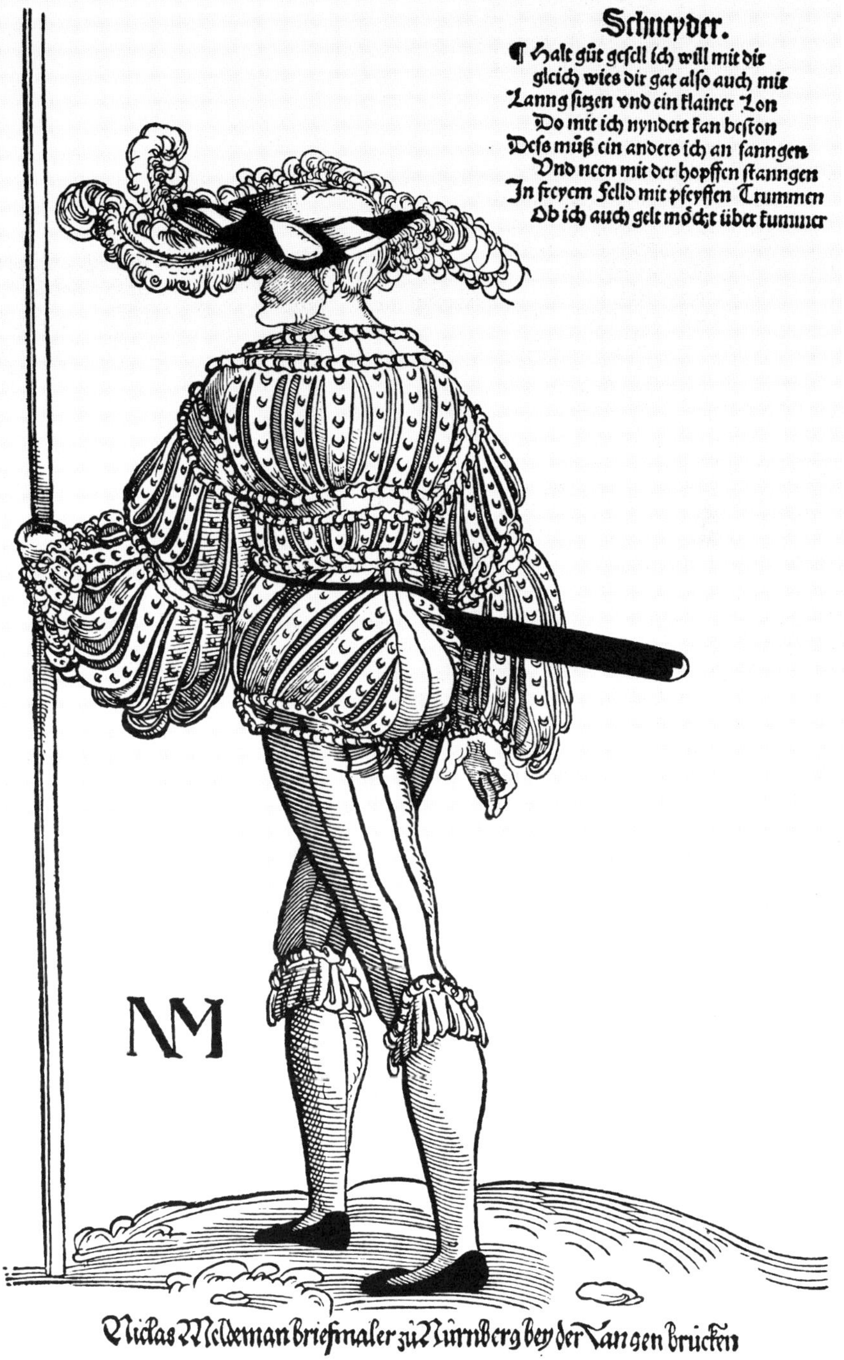

161 Niklas Stoer: *Landsknecht Schneyder*. Gedruckt von Niclas Meldemann, Nürnberg, 1. Hälfte 16. Jahrhundert.

162 Urs Graf: *Krieger mit Hellebarde, um eine Dirne werbend.* Federzeichnung, 1516. Basel, Kupferstichkabinett.

führer gegen die Mode der Pluderhose war der Generalsuperintendent und Theologieprofessor Andreas Musculus aus Frankfurt an der Oder. Seine Predigt *Vom zuluderten zucht und ehr erwegen, Pluderichten Hosen Teuffel* erschien 1555, wurde in den folgenden acht Jahren zehn Mal nachgedruckt und bildete das Muster für nachfolgende Moralpredigten und -satiren. Mit dem Werk schuf Musculus wohl die erste selbständige, sich gegen eine einzelne Modeausgeburt wendende Schrift in deutscher Sprache.[329] Max Osborn bewertet das Traktat zurecht als „ein Meisterwerk grobianischer Kunst, alles ist voll Leben und Bewegung, die Sprache bunt und mannigfaltig, ... und bis zum Ende von einer unermüdlichen Begeisterung der Wut erfüllt."[330]

Der Aufbau der Musculus'schen Predigt folgt, wie die anfangs vorgestellten Moralpredigten,[331] einer inhärenten Logik. Acht Sünden des Hosenteufels werden aufgeführt und begründet, wobei nicht nur auf die Aspekte des Sündenfalls, der Sittenlosigkeit und Unkeuschheit, sondern auch auf Tradition, Zeichenhaftigkeit, die christliche Lehre und das Gemeinwohl Bezug genommen wird.

Wortgewaltig verdammt Musculus die neue Mode, nennt ihre Träger leichtfertig, bübisch und unzüchtig: „An deinen unzüchtigen, unmenschlichen, zufladerten, lumpen hosen, siehet und spüret man wol, ob der Geist Gottes, oder der geist des bösen, der unzucht und unreinigkeit in dir wone."[332] Er wünscht das männliche Geschlecht sittsam bedeckt, damit nicht „fleisch und bluth, welches in bösen lüsten und begirden, gantz und gar entzündet ... und angereitzet werde."[333] Zur Zeit würde ein boshafter und unverschämter Teufel unter den jungen Leuten regieren, die mit kurzen Röcken und höllischen Flammen das entblößten und jedermann vor Augen stellten, was die Natur bedeckt und verborgen haben wolle. Besonders verdammenswert sei, dass sie den Latz vorne mit höllischen Flammen und Lumpen unmenschlich und groß machten und die Teufel auf allen Seiten herausschauen ließen. Nicht genug, dass sie solche bösen Lüste im Herzen

163 Titelholzschnitt der Streitschrift *Vom Hosen Teuffel* des kurmärkischen Generalsuperintendenten und Professors der Theologie Andreas Musculus. Frankfurt/ Oder, 1555. Staatliche Museen zu Berlin, Kunstbibliothek.

trügen, sie lenkten auch noch die Aufmerksamkeit darauf, mit dem Ziel, junge, unschuldige Mädchen und Frauen zu verführen.[334] Das Titelblatt zeigt einen Landsknecht in extrem knappem, stark geschlitztem Wams und üppig sich bauschenden Pluderhosen. Die Schamkapsel ist mit Lumpen (*Werg*) oder anderem Füllmaterial ausgestopft und ebenfalls mit Schlitzen versehen, aus denen der farbige Futterstoff wie 'höllische Flammen' hervorquillt. Der Mann folgt offenbar einer teuflischen Einflüsterung, links unten im Bild wartet bereits der Teufel auf sein Opfer.[335]

Der Hosenteufel, zuständig für die als unzüchtig und verschwenderisch empfundenen Pluderhosen, ist zwar nur einer unter vielen 'Spezialteufeln', die in dieser Epoche in Szene gesetzt werden, aber ein häufig auftretender

164 Wolfgang Strauch: *Landsknecht Claus Wintergrün und sein Sohn Heintz*. Gedruckt von Wolff Strauch, Nürnberg, 1568. München, Staatliche Graphische Sammlung.

und bedrohlicher. Grimm kann allein zehn Einzeldrucke des Musculus'schen Werkes bis einschließlich 1563 belegen, dazu noch drei Abdrucke im *Theatrum Diabolorum* und drei Nachdrucke des 17. Jahrhunderts.[336] Ergänzend kommen noch ungezählte Auftritte in anderen Werken der Teufelsliteratur und der Moraldidaxe hinzu, die den Hosenteufel fast immer als einen der Ärgsten geißeln. Auf dem Titelkupfer des von H. Feyrabend herausgegebenen Sammelbandes *Theatrum Diabolorum,*[337] mit dem die erste (1569) und zweite Ausgabe (1575) ausgestattet sind, sind die dem Oberteufel huldigenden Teufelsgestalten durch für sie charakteristische Merkmale gekennzeichnet. Der Tanzteufel spielt Flöte, der Saufteufel schwenkt einen Pokal, der Fraßteufel ist unmäßig dick, der Hurenteufel hält eine Frau im Arm, der Hoffartsteufel trägt die Capa[338] des vornehmen Spaniers und der Hosenteufel bis zum Boden herabhängende Pluderhosen, die fast nur noch aus einer Futterhose zu bestehen scheinen (siehe Abb. 163). Für die herausragende Stellung des Hosenteufels spricht seine Platzierung im Zentrum der vorderen Bildebene, für die der Kleidung, dass es gleich zwei auf sie bezogene 'Spezialteufel' gibt.

Der Kampf gegen Pluderhosen und üppige Hosenlätze führte zu phantasievollen, anzüglichen Wortschöpfungen wie „Blasbalg der Höllen", „Teufelsapfel", „Lustkugel" oder auch „Diebessack",[339] die auf fliegenden Blättern des 16. Jahrhunderts ihre bildersprachliche Umsetzung fanden. So setzte Martin Weigel auf ei-

165 Anonym: *Zweiter Hauptmann des Grafen Serin.* Holzschnitt, um 1560. Graz, Steiermärkisches Landesmuseum. Landsknecht mit überdimensionaler Pluderhose und 'kalbskopfgroßer' Braguette nach verlorenem Kampf gegen die Türken.

166 Martin Weigel: *Allegorie auf die Völlerei.* Deutschland, um 1560/75. Zürich, Zentralbibliothek.

nem Holzschnitt zum Thema Freßsucht und Unmäßigkeit der Landsknechte die Pluderhose eines Söldners aus Diebesgut in Form von Schinken, Bratwurst und Kutteln zusammen (Abb. 166). Ergänzend hierzu der Spott- und Mahnvers:

Wann Gott die Welt hart straaffen wil
So helt dieselb darvor kein zil.
Zeugt die zeit Mohe (!) verworren
Deßgleich Sodom und Gomorrhen.
Ja Christus/Paulus thünds sagen
das/ wie damals laster tagen
Lieb/speiß/tranck/kleid scheußlich verkeert
maß zucht darinn werd gar unwerdt.
Drumb Teutschland bsich diß ebenbild
innen ists meh: dann außen wild.[340]

Dem Dichter gelang sogar noch der Brückenschlag zu Söldnern nachgesagter Verschwendungssucht und Unbeständigkeit, denn „Plodern zeigt an hochs verschwenden/ visch/ fleisch des gmüts schnells verwenden.“ Ein solches Kleid tauge zu nichts, sei Gott ein Greuel und bringe Schande und Pein. Den Teufel könne man sich nicht fürchterlicher vorstellen als den Kriegsmann „der an außrer gstalt gantz scheuchlich/ innen tausent mal mehr grewlich.“[341] Das Geschlecht der allegorischen Figur ist als Tierkopf mit Wurst im Maul besonders markiert.

Moralsatirische Gedichte dieser Zeitspanne stellen die Pluderhosenmode gleichermaßen als Teufelswerk vor: „Der Teuffel mag wol lachen/ zu solchem affenspiel“, dichtet ein Anonymus um 1555.[342] In einem kirchlichen Spottgedicht von Johann Walther (1561) wird vermutet, Pluderhosen seien eine Erfindung des Teufels, mit der Gott Deutschland strafen wolle:

167 Erhard Schoen: *Teufel mit Dudelsackpfeife.* Deutschland, um 1535.

Wer jtzt nicht Pluderhosen hat
Die schir zu erden hangen
mit zotten, wie des Teuffels wat
Der kan nicht höfflich prangen.
Es ist solchs so eine schnöde tracht
Der Teuffel hats gewis erdacht
wird selbs sein also gangen.

Denn welcher Christ solch kleidt anblickt
der wird fur Frawen klagen
Sein Hertz fur Gottes zorn erschrickt
wird bey jm selbs offt sagen:
Ach Gott, Deudschland das dringet dich
Das du must straffen hertiglich
mit schweren grossen plagen.[343]

In der Bildsprache der 2. Hälfte des 16. Jahrhunderts treten Teufel meist in riesigen, stark geschlitzten und mit einem überdimensionierten Latz versehenen Pluderhosen auf. Hierauf bezieht sich 1570 Hans Sachs, wenn er in seinem Spottvers *Der Teufel lest kein Landsknecht mehr inn die Helle faren* die Landsknechtsmode als Übertrumpfung des teuflischen Aufzugs darstellt. Belzebub, von Luzifer ausgesandt, die leere Hölle mit gottlosen Kriegsknechten zu füllen, kehrt voll Grausen vor den wüsten Gestalten heim und berichtet:

Wilder Leut hab ich nie gesehen
Ir kleyder auff den wildesten sitten
Zerflambt, zerhawen und zerschnitten.
Eins theyls jr schenkel blecken thetten.
Die andern groß weyt hosen hetten.
Die ja bis auff die füß rhab hiengen
Wie die gehosten dauber giengen.
Ir Angsicht schrammet und knebelpartet
Auf das aller wildest geartet
In summa wüst aller gestalt,
Wie man vor Jarn uns Teufel malt.[344]

Überhaupt wird die Verbindung zwischen Landsknechten und Teufelsgestalten in den Wort- und Bilddokumenten der Zeit als eine sehr innige gedacht. Mal befindet sich der Landsknecht ob seines lasterhaften Lebens in der Gewalt des Teufels (Abb. 168), mal lässt der

168 Urs Graf: *Landsknecht in der Gewalt des Teufels.* Feder- und Tuschzeichnung, 1516. Basel, Kupferstichkabinett.

Heilige Petrus wider Gottes Rat Landsknechte – „ein nackate Rott“ – durch die Himmelspforte ein und wird die streitende Bande nur mit Gottes Hilfe wieder los.[345]

Eine Federzeichnung von Urs Graf gehört zu den raren Dokumenten, in denen die Verspottung des martialischen Aufzugs nicht auf die Pluderhosenmode und die Auspolsterung der Hosenlätze abzielt, sondern auf den bei Kriegsleuten des 16. Jahrhunderts überaus beliebten Federschmuck (Abb. 169). Das Blatt zeigt einen *Gefiederten Reisläufer,*[346] dessen wunderlichen Aufzug Graf in handwerklich brillanter und witziger Weise karikiert. Im Zentrum des Spottes steht die Putzsucht der in fremden Diensten stehenden Söldner, die wegen ihrer Vorliebe für Straußenfedern mit dem Namen „Federhansen“[347] bedacht wurden. Exotische Federn galten im 16. Jahrhundert als Luxus und wurden in Kleiderordnungen häufig verboten oder im Gebrauch drastisch eingeschränkt.[348]

169 Urs Graf: *Gefiederter Reisläufer.* Feder mit schwarzer Tusche, 1523. Basel, Kupferstichkabinett.

In den 1580er wird weiterhin gegen den Hosenteufel gepredigt, denn allen Anfeindungen zum Trotz blieben voluminöse Beinkleider und augenfällige Schamkapseln bis circa 1600 Mode. Doch die Bilder der Hölle und des Teufels verlieren nun an Überzeugungskraft, an ihre Stelle treten die der Übertreibung, Entlarvung und Verspottung. Auf dem Titelblatt der Schrift von Johann Strauß: *Wider den Kleider/ Pluder/ Paußss- und Krauß Teuffel* des Jahres 1581 ist ein modisch gekleideter Herr in überdimensionierter Heerpauke[349] und üppigen Krausen dargestellt – der teuflische Begleiter fehlt (Abb. 170).

Die Kleiderordnungen des 16. Jahrhunderts greifen Pluderhosen primär wegen ihres unmäßigen Stoffverbrauchs an, mit der Mode ausstaffierter Lätze scheint man sich nach anfänglicher Empörung arrangiert zu haben. Nicht mehr die Verstöße gegen Anstand und Sitte, sondern die gegen die ökonomische Vernunft bilden nun den Anlass für die Mehrzahl der Erlasse. Kirche und Staat beginnen, gesonderte Wege zu gehen. Nürnberg war mit seiner Verordnung aus dem Jahr 1560 unter den ersten Städten, die auf die Stoffverschwendung reagierten. Die Hosengebilde seien „ein unnotürftiger uberflueß, und mehr ein recht unart, dan ein ziehr“, deshalb erachte der Rat es für richtig, Material und Schnitt der „unzimbliche ploderhossenn“ vorzuschreiben.[350] Die Stadt Braunschweig wollte 1573 die „schentlichen langen Pluderhosen“ zunächst ganz verbieten, während die Gesetzgeber der Stadt Rostock 1585 versuchten, die verschwenderische Mode auf Adelige zu begrenzen und den Stoffverbrauch der Futterhose zu reglementieren. Hohen Personen gestattete sie 12–14 Ellen

170 Titelblatt des Traktats *Wider den Kleider/ Pluder/ Pauss vnd Krauß Teuffel* von Johann Strauß, Elsterberg 1581.

Stoff. Die Stadt Braunschweig genehmigte 1579 – wohl aufgrund von Umsetzungsschwierigkeiten eines generellen Verbots – 12 Ellen Seide als maximalen Stoffverbrauch für Futterhosen, die Stadt Magdeburg legte 1583 die Höchstmenge auf 18 Ellen Kartek (leichte, billige Seide) fest.[351]

Mode lebt vom Wandel. Gegen Ende des 16. Jahrhunderts nahmen Hosen wieder maßvollere Formen an, und Montaignes 1580 ausgesprochener Wunsch, das ordinäre Kleidungsstück, „das unsere Schamteile so schamlos zur Schau stellt", möge verschwinden,[352] ging in Erfüllung. 'Unzüchtige Kleider' – ob körperkonturierend, hautzeigend oder geschlechtsprononcierend – waren um 1600 kein Thema mehr, weil es sie de facto nicht mehr gab. Für Männer verstummen hiermit die auf schamlose Geschlechtspräsentation abzielenden Äußerungen der Modekritik, für Frauen hingegen wird der Kanon der Anprangerungen, Klagen und Verhöhnungen stetig erweitert werden.

Wundergeburten

Berichte von „erschröcklichen Geburten“, die, als Fingerzeige Gottes interpretiert, Gläubige zu gottgefälligem Lebenswandel und modischer Zurückhaltung anhalten sollten, ergänzten den Kanon kirchlicher Ermahnungen und Warnungen. Die ‘Wundergeburten’ gehören zur Gruppe der ‘Wunderzeichen’, die Kirchenvertreter in ungewöhnlichen Naturereignissen und Begebenheiten zu erkennen glaubten und als göttliche Missbilligung menschlichen Fehlverhaltens interpretierten. Damit die Warnungen Gottes einen möglichst großen Adressatenkreis erreichten, wurde die Kunde von Abnormalitäten, Unglücken oder Katastrophen so effektiv wie möglich verbreitet: durch Mundpropaganda, Predigten, gedruckte Berichte und illustrierte Flugblätter. Allerdings war die Interessenlage sowohl der Nachrichtenverbreiter, als auch der Nachrichtenempfänger durchaus mehrschichtig. Vordergründig ging es um die Darstellung und Deutung von ‘Wunderzeichen’, verbunden mit Appellen, die Drohungen Gottes ernst zu nehmen. Dahinter standen die ökonomischen Interessen von Verlegern und ihren Zu- und Mitarbeitern (Textautoren, Drucker, Entwerfer, Zeichner, Formschneider) sowie das Sensationsbedürfnis der Käufer. „Die Dominanz der Erbauungsliteratur auf dem Buchmarkt und der hohe Anteil religiöser Flugblätter in der Bildpublizistik ist nur zum geringsten Teil mit den Wirkungsabsichten zu erklären, die die Autoren in ihren Werken verfolgten“, konstatiert Michael Schilling in seiner Abhandlung über Aufgaben und Leistungen des illustrierten Flugblatts in der Frühen Neuzeit. „Vielmehr müssen die Erbauungsliteratur und die ihr zugehörigen Einblattdrucke auf elementare Bedürfnisse des Publikums geantwortet haben, die sehr wahrscheinlich andere waren als die erzieherischen und disziplinierenden Ziele der Verfasser.“[353]

Die Bedürfnisse nach Information und Sensation entwickelten sich ab dem 15. Jahrhundert parallel zur Herausbildung bürgerlicher Mentalitäten. Am Anfang der kommerziellen Bildpublizistik stehen spätmittelalterliche Holzschnittblätter und mit Text versehene Holztafeldrucke, gefolgt von Einblattdrucken, die Holzschnitt und Typendruck kombinieren. Diese mit Texterläuterungen ausgestatteten Bildblätter gelten als Vorläufer der illustrierten Flugblätter, die im 16. und beginnenden 17. Jahrhundert ihre größte Auflagen- und Verbreitungsdichte erreichten, um dann sukzessiv durch die auf den Markt drängenden Zeitungen ersetzt zu werden. Die Wunderzeichen-Blätter gehören zu den professionell produzierten Einblattdrucken der Frühen Neuzeit, die aktuelle Ereignisse nach marktstrategischen Gesichtspunkten aufbereiteten. Die anvisierte Käuferschicht waren gläubige Menschen, die über ein gesichertes Einkommen verfügten und meist, aber nicht immer, des Lesens kundig waren.[354]

Nachrichten, die sich offenbar hervorragend verkaufen ließen, waren Berichte über ‘Wundergeburten’. Körperliche Abnormalitäten bei Neugeborenen faszinierten und erschütterten die Menschen im 16. und 17. Jahrhundert in hohem Maße, sicherlich, weil hier ureigene Ängste mobilisiert wurden. Oft führten die christlichen Moralinstanzen diese Naturphänomene auf hoffärtiges Verhalten im Allgemeinen und ab Mitte des 16. Jahrhunderts, von protestantischer Seite, auf Kleidermoden der Gegenreformation zurück.

So listet Joachim Westphal in seinem Traktat *Wider den Hoffartsteufel* (1565) Geschehnisse aus jüngster Vergangenheit auf, die er als 'Wunderzeichen' wider die Todsünde *Superbia* und den Wucherteufel verstanden wissen will. Die hornartige Missbildung am Kopf eines 1531 geborenen Kindes warne die Menschen vor Hoffart, die zerfurchten Hautlappen eines 1548 in der Mark Brandenburg geborenen Kindes vor der Mode „zerschnittener" Hosen,[355] Koller und Wämser. Dessen blutende Wunde an der Brust unter einem als *Spanische Kappe* (Kurzmantel) interpretierten Hautlappen sieht er als Hinweis auf den nahenden Weltuntergang. Die Wunde zeige, „das es schon den meisten theil umb uns geschehen sey/ ob wirs wol mit dem hoffart und pracht noch eine weile zu decken und schmücken/ so werden wir uns doch unter demselbigen allgemach ab und tod bluten."[356] Eine anormale Geburt des Jahres 1551 wird von Westphal als göttliche Kritik an der Krösenmode gelesen. Das Kind habe keine Stirn gehabt, „zwischen dem genick aber und scheitel hat es runde und gefaltete gekröse gehabt/ wie etliche Weiber an den Schleiern/ und sonst an den gefalteten ausgenehten kragen/ aus hoffart tragen."[357] Johannes Curo deutet in seinem Traktat *Hoffarts Wohlstand* (1593) ein missgestaltetes Kind als Zeichen wider Aufputz und spanische Hosen: „An den Lenden hat diß Kind den Wulst, welcher mit den Hosen getrieben wird, zeigen müssen. Indem es nicht gnug das sich mancher mit eim hauffen Zeuge behenget, das er einer Hamburger Thonne nicht ungleich herein watzschelt, Sondern, do jo einer deß Gewandes oder Zeuges weniger nimmet, so müssen ein ein hauffen seidener Schnür, oder Borten, oder Bender, jetzt, wie an diesem Kinde zusehen, in die quer, jetzt in die lenge, bald Creutzweis herüber und herumb geflicket, gestipt, und gepletzet werden, welches doch, weder vor die werme, noch für die Kelte dienstlich ist, und gleichwol solche Geschnüre, offt mehr als die Materi, kostet."[358] Für den Prediger Daniel Schaller aus Magdeburg offenbart sich der Unwille Gottes über das sündige Kleiderverhalten der Menschen in der Missbildung eines am 9. Juni 1601 in Stendal zur Welt gekommenen Kindes. Menschen würden höhnischer Weise solche Zorneszeichen Gottes verachten und versuchen, die Dinge auf natürliche Ursachen zurückzuführen. Sie aber, die Theologen, hätten die Aufgabe, die Erklärungen aus dem göttlichen Willen abzuleiten.[359] Es folgt eine detaillierte Auseinandersetzung mit allen Einzelheiten der Monstrosität und der Krösenmode, die sich, übertragen in heutigen Sprachgebrauch, wie folgt liest:

> Um den Hals hat dies Kind eine fleischerne Haut gehabt. ... Was soll und kann das anders bedeuten, als das große närrische Lappen- und Fledderwerk um den Hals so in diesen Landen in wenig Jahren aufgekommen und jetzt ohne Scham und Scheu von Hohen und Niedrigen, Reichen und Bettelleuten, die nicht gut ein Hemd über ihrem Leib haben, getragen wird. Ein Teil trägt gedoppelte, drei- oder vierfach dicke ungeheuere Krausen, dazu so viel Leinwand kommt, daß man ein ganzes Hemd daraus machen könnte und das teuerste Kammertuch dazu, sodaß ein solcher Kragen in die acht, neun, zehn, zwölf Thaler zu stehen kommt, dazu man eine Dienstmagd halten muß, die mit Reinigen und Ausbeugen solcher Kragen umzugehen weiß. Ein Teil läßt die Krausen oben ausfasern, daß sie rauh werden wie Taubenfüße und damit hereintreten wie ein zotteliger Teufel. Ein Teil zieht und dehnt die Kräusel in die Breite, daß sie die ganzen Schultern damit bedecken. Das ist für Deutschland gar recht eine neue Torheit und Teufelssünde, dergleichen unsere Vorfahren nie gesehen.[360]

Entstanden sei die Mode aufgrund einer in Deutschland grassierenden Krankheit, genannt *Morbus gallicus*,[361] die häßliche Narben an den Hälsen zurückgelassen habe. Diese habe man versucht zu kaschieren: „Hieraus ist diese gräulich stinkende Hoffart geworden. Man sollte glauben, daß alle, die jetzt solche Kragen tragen, voller Aussatz und Franzosen wären, wie sie gewißlich für Gott geistlich aussätzig sind und übel stinken."[362]

Während die Prediger mittels drastischer Schilderungen allein an die Vorstellungskraft ihrer Zuhörer und Leser appellieren, geben die mit 'Wundergeburten' befassten illustrierten Flugblätter dem Schrecken Gestalt. Ereignisse wie diese, deren Nachrichtenwert primär im Sichtbaren lag, eigneten sich in idealer Weise für die seit Ende des 15. Jahrhunderts auf den Markt drängende Bildpublizistik. Je spektakulärer das Ereignis, umso höher die Auflage und die Anzahl konkurrierender Fassungen.[363] Die Gestaltung der meist im Hochformat gedruckten Einblattdrucke zum Thema 'Wundergeburten' folgte einem für populäre Druckgrafik in der zweiten Hälfte des 15. Jahrhunderts eingeführten und inzwischen etablierten Muster: über dem Holzschnitt der Sachtitel (die Schlagzeile),[364] im Zentrum der Holzschnitt (der Blickfang), darunter der oft mehrspaltige Textanhang (die Erläuterung und Belehrung).

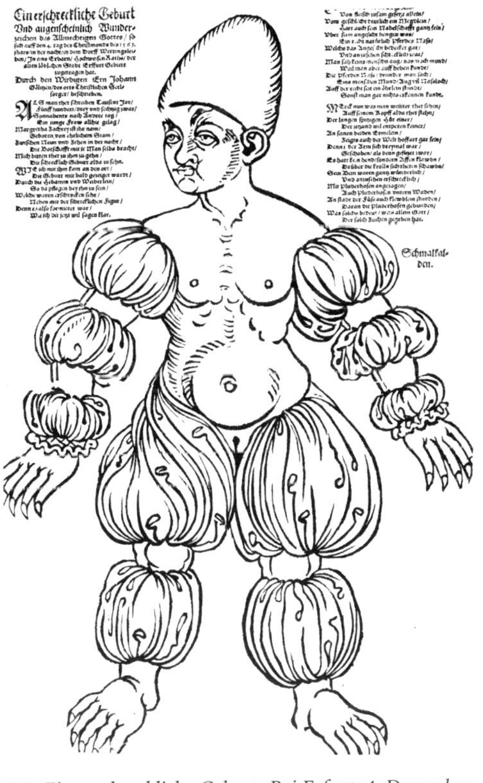

171 *Ein erschreckliche Geburt. Bei Erfurt, 4. Dezember 1563*. Druck: Michael Schmuck, Schmalkalden. Zürich, Zentralbibliothek.

Zwei in Jahresabstand herausgegebene illustrierte Flugblätter zum Thema 'Missgeburt in Pluderhosen' gehören zu den ersten Blättern, die eine abnorme Geburt auf eine konkrete Mode zurückführen. Die fettgedruckte Schlagzeile verweist auf das selbe Ereignis und nennt den Seelsorger der Stadt Erfurt, Ern Johan. Gölitzen, als Zeugen und Nachrichtenüberbringer.[365]

Bei dem 1563 erschienenen Blatt dominiert die bildliche Darstellung der 'Wundergeburt', ergänzt durch eine in Reimen abgefasste Schilderung des Seelsorgers, der als einer der ersten mit dem Neugeborenen konfrontiert wurde.

Die Geburt trug sich, Gölitzens Angaben zufolge, in einem Dorf namens Werringsleiben in der Nähe von Erfurt in einer Dezembernacht des Jahres 1563 zu. Die Eltern des missgestalteten Kindes seien Margretha und Hans Zachrey, beides „ehrliche Christen". Zwischen neun und zehn Uhr nachts habe der Ehemann ihm die Nachricht überbracht und gebeten, sich die „schröcklich Gburt" anzusehen, eine Bitte, der er sofort nachgekommen sei. Das Kind habe keine Knochen, bestünde nur aus Fleisch und sei von Geschlecht eindeutig ein Mädchen. Über seinem Gesicht hinge eine „Pferdenase", die Augen und Mund verdecke, und auf dem Kopf stünde ein langer spitzer Hut, eine Kopfbedeckung, die heute niemand entbehren wolle. Seine beiden Ärmchen seien nach Art modischer Pluderärmel dreifach unterteilt, über seine affenähnlichen Klauen schöben sich Krausen und auch seine Beine sähen aus, als seien es wadenlange Pluderhosen, an die Klauen angebunden seien:

An seinen beyden ärmelein/
Zeigts auch der Welt Hoffart gar fein/
Denn jeder Arm sich drey mal war/
Geschobn/ als denn gefitzet zwar
Es hatt kein Händ/ sondern Affen klaubn/
Drüber die kralln sich theten schaubn/
Sein Bein waren gantz wunderlich/
Uns anzusehen erschröcklich/

Mit Pluderhosen angezogen/
Auch Pluderhosen untr den Waden/
An stade der Füß auch Kleüblein stundn/
Daran die Pluderhosn gebundn/
Was solch bedeut/ weiß allein Gott/
Der solch Zeichen gegeben hat.[366]

Die letzten Zeilen drücken die Ratlosigkeit des Pfarrers aus, der zunächst nicht weiß, wie er das Gesehene deuten solle.

Der zweite Druck setzt das Bild aus Schmalkalden offenbar als bekannt voraus, denn es wird nunmehr als Bildzitat in die um eine christliche Auslegung erweiterte Schilderung Gölitzens eingebunden. Beginnend mit einer allgemein gehaltenen Aufforderung an alle, die Missgeburt als Zeichen des göttlichen Zorns über menschliche Eitelkeiten zu verstehen, konzentriert Gölitzen sich dann auf die Ausdeutung als Verhaltens- und Modekritik:

Ach ach/ du werder frommer Christ/
Schaw und bedenck zu diser frist/
Was Gott doch allhier meynen thut/
Denn jhm gefelt kein ubermut/
Man sicht an allen orthen zwar/
Wie die Welt thut ersauffen gar/
Inn Ubermut/ Stoltz und Hoffart/
Darob man keinen kosten spart/
Es ist kein Geffel jetzt so klein/
Will haben ein spitzigs Hütelein/
Pluder und auch zerschnitzte Hosen/
Darinn sie sich gar sehr auffblasen/
Gar ergerlich Jungfrawen und Weiben/
Ihr schand/ unzucht und hoffart treiben/
Sehr wenig achtens sünd und schand/
Uns sonderlich der Adelstand.

Mit der Missgeburt verweise Gott auf die vier Stände. Der Kopf kennzeichne den Adel und sein „viehisches Leben“, die Ärmel stünden für Bürger und Edelleute und deren hoffärtiges Benehmen, die Hosen für den gemeinen Mann, der sich durch Nachahmung versündige, indem er ein „Kleid des Teufels“ trage, und die Füße für die Geistlichen, die ihr Predigtamt verletzten.

Do sicht man auch wie sie sich halten/
Nicht mehr sich kleiden wie die Alten/
Die Pluder und zerschnitzte Hosen/
Die jetzt der Teüffel hat außgelassen/
Will jetzund scheinbar jederman/
Entperen nicht/ und eilends han/
Vermeinen es sey ein köstlich tracht/
Ob dem der Teüffel selber lacht/
Wie solchs dem lieben Gott gefelt/
Ist dir hie für die Nasen gstelt.

Die teuflische Pluderhosenmode sei Gott zutiefst zuwider, deshalb habe er dieses Wunderzeichen gegeben, als Versuch, „ob er durch solches und andere Zeichen, das harte Herz in uns könnt erweichen, auf dass wir von Sünden ablassen und wahre Reue und Busse tun“.[367] Die hohe Moralität seiner Ausführungen mit Seitenhieb auf hoffärtige Prediger weist darauf hin, dass es sich hier um einen Vertreter der protestantischen Kirche handelt.

‘Andere Zeichen’ gab es viele, und wer sich berufen fühlte, sie als Warnzeichen Gottes zu lesen, ließ seiner Phantasie freien Lauf. So wird das in Bild- und Textblatt unterteilte Flugblatt *Bildtnuß und Gestalt einer erschrecklichen unnatürlichen und ungewöhnlichen Geburt/ eines Kindes/ welches Anno 1577. den XX. Decembris zu Grevesmülen in dem Lande zu Meckelnburg/ von eines Schneiders/ W. B. Ehelichen Haußfrauwen/ geboren ist.*[368] gleich doppelt gedeutet (Abb. 173). Zum einen sollen die gerunzelten Hautwucherungen und abnormen Faltenbildungen des Neugeborenen, dem protestantischen Theologen Simon Pauli aus Rostock zufolge, durch ihre Ähnlichkeit mit einem türkischen Hut auf die Türkengefahr hinweisen – wenn es zu keiner Bekehrung käme, würden diese siegen –, zum anderen enthielten sie eine generelle Kritik an Prachtentfaltung. Im Textanhang äußert Pauli zudem Kritik an kurzen Männerhosen, die „die sitten und das leben verdürben.“[369] Letzteres ist als Diskreditierung der bei Anhängern der Gegenreformation üblichen spanischen Hosenmode zu lesen, bekannt unter dem Namen *Heerpauke*. Das Bild – Beilage oder Deckblatt einer Flugschrift[370] –

Ein Erschröckliche Geburt/ vnd Augenscheinlich Wunderzeichen des Allmechtigen Gottes/ so sich auff den IIII. tag des Christmonds/ kurtz verlauffens M. D. LXIII. Jars/ in der nacht/ im Dorffe Wetringschleben/ Jn eines Erbarn/ Hochweisen Rhats/ der alten löblichen Statt Erffurdts Gebiete/ zůgetragen.

Beschriben zů einer gemeinen kurtzen Bůßpredig/ Durch den Wirdigen/ Ern Johan. Gölitzschen/ des orts Christlichen Seelsorger.

Die zeügen solches Gesichts/ ist aus der Gemein Wetringschleben/ Kircheim/ Rockhausen/ Bechstatt/ Giegleben/ Osthausen/ mehr dan. Tausent Menschen.

Des Kindes Vatter ist Hans Zachrey/ seines standes/ ein frommer einfeltiger Taglöner/ Er vnd sein Weib liebhabere Götlichs Worts.

ALs man thet schreiben Tausent Jar/
Fünffhundert drey vnd sechtzig zwar/
Sonnabents nach S. Andres tag/
Ein junge Braut allhie gelag/
Mergretha Zachrey ist jr nam/
Geborn von eim Ehlichen Stam/
Zwischen Neün vnd Zehn wol in der Nacht/
Die botschafft mir jr Mann selbst bracht/
Mich bitten thet zů jhm zů gehn/
Die schröcklich Gburt allda zů sehn/
Wie ich mit jm kam an d(a)s ort/
Die Gburt mir bald gezeiget ward/
Durch die Hebahm vnd Weiberlein/
So da pflegen bey jhn zů sein/
Welch waren all erschrocken sehr/
Nebn mir der schröcklichen Figur/
Denn es also formieret war/
Wie ich dir jetzt will sagen klar:
Es was ein Kind ohn alle gbein/
Von fleisch zůsamen gsetzt allein/
Vom gschlecht deütlich ein Meidelein/
Hat auch sein Nabelschafft gantz fein/
Vbr seinem Angsicht hengen was/
Ein recht natürlich Pferdes Nas/
Welchs das Angsicht bedecket gar/

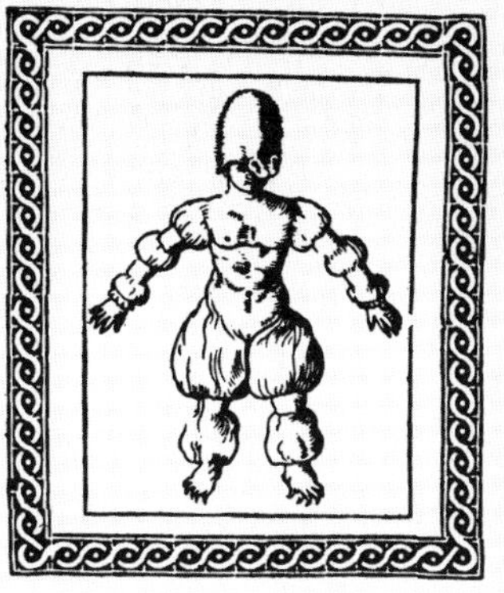

Vnd anzusehen schröcklich war/
Man sach keins menschen aug/ nas noch mund/
Weil man aber auff heben kund/
Die Pferdes Nas/ drunder man sach/
Eins Menschen Mund/ Aug vnd Nasloch/
Auff der recht seit ein öhrlein stund/
Sonst man gar nichts erkennen kund.
Merck nun was man weiter thet sehn/
Auff seinem Kopff allda thet stehn/
Der langen spitzigen Hüte einr/
Der jetzundt will entperen keiner/
An seinen beyden ärmelein/
Zeigts auch der Welt Hoffart gar fein/
Denn jeder Arm sich drey mal war/
Geschobn/ als denn gesitzet zwar
Es hatt kein Händ/ sondern Affen klaubn/
Drüber die krolln sich theten schraubn/
Sein Bein waren gantz wunderlich/
Vnd anzůsehen erschröcklich/
Mit Pluderhosen angezogn/
Auch Pluderhosen vnter den Waden/
An stadt der Füß auch Kleüblein stůndn/
Daran die Pluderhosn gebundn/
Was solchs bedeüt/ weißt allein Gott/
Der solch Zeichen gegeben hat.

Christliche Auslegung erstgesetzter Wundergeburt.

ACH ach/ du werder frommer Christ/
Schaw vnd bedenck zů diser frist/
Was Gott doch allhier meynen thůt/
Denn jhm gefelt kein vbermůt/
Man sicht an allen orthen zwar/
Wie die Welt thůt ersauffen gar/
Jnn Vbermůth/ Stoltz vnd Hoffart/
Darob man keinen kosten spart/
Es ist kein Gesell jetzt so klein/
Will haben ein spitzigs Hütlein/
Pluder vnd auch zerschnitzte Hosen/
Darinn sie sich gar sehr auff blasen/
Gar ergerlich Jungfrawen vnd Weiben/
Jhr schand/ vnzucht vnd hoffart treiben/
Sehr wenig achtens sünd vnd schand/
Vnd sonderlich der Adelstand.
JN disem Bild vier Stend gemein/
Meins achtens/ drinn bedeütet sein/
Das Haupt bedeüt die Obrigkeit/
Die Ermel/ Burger vnd Edelleüt/
Die Beine/ den gemeinen Mann/
Die Füß/ den Priesterlichen stam/
Das nun das Haupt bedecket ist/
Mit einer Viehs Nas zů der frist/
Zeigt an das Viehisch Sewisch lebn/
Zů Hoff/ dardurch sie ergerniß gebn/
Mit Sauffen/ Fressen vnd Hoffart/
Welchs bey vilen nicht wirdt gespart/
Solch Laster vil Obrigkeit verblendt/
Dardurch Gottes Gnad wirdt geschendt/
Die gröst Hoffart geht da im schwang/
Tragn Hüt fast einer Elen lang/
Wo hört man grösser flůchen vnd Schwern/
Denn ja zů Hoff bey Knecht vnd Herren/
Das aber das recht Ohr nicht bedeckt/
Zeigt an/ das Gott auch fromme erweckt/
Die da anhörn Gottes Wort/
Ein Christlich Regiment füren fort/
Regieren weißlich/ vnd mit that/
Vnd straffen Viehischen vnflat/
Thůn auch die Armen hören gern/
Vnd volgen Gott dem höchsten HERRN.

DJE Arm vnd Hend bedeüten sein/
Die Edelleüt gantz in gemein/
Darzů in Stetten die Burgerlein/
Die wöllen auch nicht die gringsten sein/
Jhr Wammes vnd Ermel seind gefalten/
Geschobn/ gesitzt/ vnd auch zerspalten/
Vnd sonderlich der Jungfraw standt/
Gros Hoffart an Arm vnd Leibe hangt/
Wie man in diser Figur das sicht/
An Hoffart jhn gantz nichts gebricht/
Was da thůt fürn der Fürsten Stam/
Das will ein Graff zůgleich auch han/
Wie sich der Graff schön zieren thůt/
Bald wechst dem Edelmann sein můth/
Prangt vnd stoltziert gantz vbr dmassen/
Das will der Burger auch nicht lassen/
Es můs nur alls verbremet sein/
Gefalten vnd durchlöchert sein/
Manch Rock/ Hembd/ Bröst/ die kosten mehr/
Denn der Alten gantz Hochzeitlich zier/
Vnd wie der Affen art stets sicht/
Alles nach zů thůn was er sicht/
Drumb Gott die Klaubn hieran gestelt/
Das wir doch sehn wie man sich helt.

DER Leib vnd Bein bedeüten thůn/
Den nider standt vnd gmeinen Mann/
So sicht man auch wie sie sich halten/
Nicht mehr sich kleiden wie die Alten/
Die Pluder vnd zerschnitzte Hosen/
Die jetzt der Teüffel hat außgelassen/
Will jetzund schier bar jederman/
Entperen nicht/ vnd eilends han/
Vermeinen es sey ein köstlich tracht/
Ob dem der Teüffel selber lacht/
Wie solchs dem lieben Gott gefelt/
Jst dir hie für die Nasen gstelt.

DAS es nun an der Füsse stat/
Kurtz Verschen vnd auch Kleublein hat/
Bedeüt jetzundt zů diser frist/
Wies Predigampt verletzet ist/
Durch falsche Lehr vnd durch gewalt/
Die Kirch zertrennet manigfalt/
Der reissend Löw einbrechen thůt/
Reisst nach der Christen Seel vnd Blůt/
Mit seinen Kleublein also gschwind/
Fromb Prediger sehr betrůbet sind/
Die Ohrenkrawer kommen fein/
Geschlichen in die Kirchen ein/
Die Lehr sie felschen gar manigfalt/
Ach lieber Gott/ vns du erhalt/
Gantz vnuerruckt bey deinem Wort/
Das wir dich preisen hie vnd dort.

MErck auch mein lieber Christ vnd freünd/
Dieweil dis Zeichen komm heint/
Jnn diser Nacht/ da wir als morgn,
Thůn predigen gentzlich vnuerborgn/
Das jherlich Euangelion/
Am einvndzwentzigsten Luce stahn/
Von Zeichen vor dem Jüngsten tag/
Vergeblich dis nicht gschehen mag/
Wölln wir nicht glauben seiner Lehr/
Thůt es Gott für die Thür beschern/
Ob er durch solch vnd ander Zeichn/
Das hart hertz in vns könds erweichen/
Das wir von sünden abelan/
Vnd ware rew vnd Bůsse than/
Jm rechten glauben all zůgleich/
Gott helff vns in sein Himelreich/
Vnd stehe vns bey in aller not/
Bitt ich Johan Gölitz frů vnd spat.
Amen/ es gschech vnd werde war/
Wünsch hiemit einem jeden zwar/
Ein frid vnd seligs newes Jar.

Oratio Ioannis Goseli.

O Lieber Gott in Ewigkeit/
Behůt vns heüt vnd allezeit/
Durch dein Gnad vnd Barmhertzigkeit/
Vor Sünd/ Jammer/ vnd Hertzeleid.

Der Christen algemeine Regel/ für jr gantzes leben vnd wandel Paulus zun Philip. IIII.

Lieben Brůder/ Was warhafftig ist/ Was erbar/ Was gerecht/ Was keüsch/ Was lieblich/ Was wollautet/ Jst etwan ein Tugent/ Jst etwan ein Lob/ dem dencket nach.

PSALM XXXII.

Seidt nicht wie Roß/ vnd Meüler die nicht verstendig seind/ etc.

¶ Getruckt zů Strasburg/ bey Thiebolt Berger. 1 5 6 4.

172 *Ein Erschröckliche Geburt. Bei Erfurt, 4. Dezember 1563.* Druck: Thiebold Berger, Straßburg 1564. Zürich, Zentralbibliothek.

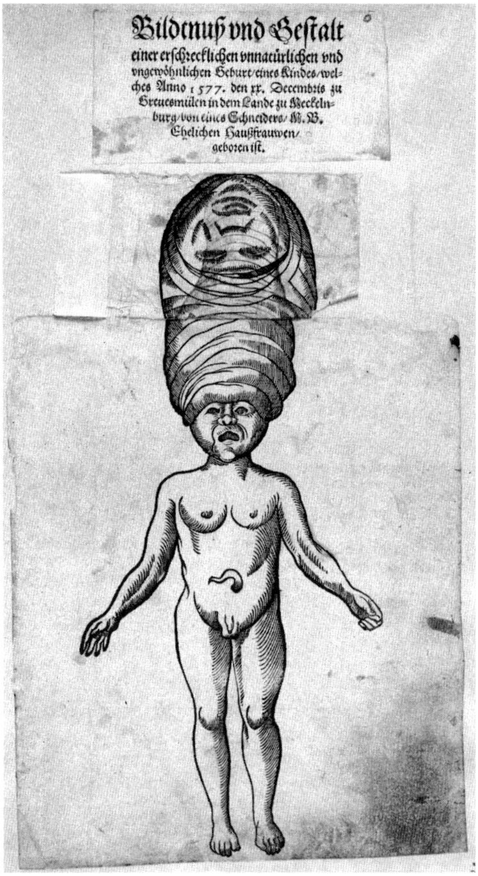

173 *Bildtnuß und Gestalt einer erschrecklichen unnatürlichen und ungewöhnlichen Geburt. Grevesmü(h)le, Mecklenburg, 20. Dezember 1577.* Text: Simon Pauli, Druck o. O. 1578. Zürich, Zentralbibliothek.

zeigt einen Holzschnitt mit der Darstellung eines nackten Neugeborenen, bei dem die an der Stirn angewachsene Hautwucherung nach oben geklappt ist. Dadurch erscheint der Kopf wie mit Geschwülsten bedeckt, die entfernt an einen großen Turban erinnern.

Missbildungen an Köpfen von Neugeborenen werden noch bis ins 17. Jahrhundert hinein als Hinweise göttlichen Zorns über die Hoffart interpretiert, in der die Welt nun „gantz ersoffen“[371] sei. Ein Flugblatt des Jahres 1619 zeigt die „Eygentliche Abbildung unnd Contrafactur/ eines newen Hoffart=Spiegels/ und wunderbarlich gestalteten Kinds“,[372] geboren in Kempten. Als Eltern werden die Hausfrau Maria und der Weber Michael Buechelins genannt, die beide Bürger der Stadt seien (Abb. 174).

Wie üblich wird der Schreckensbericht in einen belehrenden Text eingebunden, der das Monströse des Totgeborenen als Drohung Gottes auslegt:

Wer ist der nit gesehen het/
Den erschröcklich grossen Comet/
In disem Jahr? (...)
Hat nit Gott da sehen lassen/
Sein Zorn uber alle massen.

Wer weist nit von dem Kind zusagn/
So wunder seltzam diser Tagn/.
Zu Kempten der löblichen Statt/
Ob gemelt Weib geboren hat/
Viel hundert seynd, die's gsehen han/
Und mit Händen betastet an/
Ward gstalt als hie abcontrafet/
Mit dem Auffsatz/ oder Karnet/
Derselb ward drey zwerch finger hoch/
An der Stirnen am höchsten doch/
Verlohr sich darnach uff beyd seyt/
Den Oerlein zu gschweifft gleicher weyt/

Im angriff kruspelt und mit Haar/
Umbgflochten unnd verkrauset gar.
Das Kind ohn leben kam uff d'welt/
Weil jhm in der Geburt zerschelt
Das Hirn ward/ und außgeflossen
Durch ein Loch am Kopff entsprossen/
An Gliedmassen sonst hat kein fehl/
Wie repraesentirt diß Gemähl/

Mit offnem Mund/ nach Todtes art/
Verblichen anzusehen ward/
Deß andern Tags/ röttlich erscheint/
Mit Verwundrung mancher vermeynt/
Als ob ein Leben in jhm wer/
Weil es sich gfärbet het so sehr.
Aber die Rött' an jhm erschien/
Den dritten Tag mehr als vorhin/
Kein Todten Gruch war da gespürt/
Das manchen wunder nemmen wird.

Eygentliche Abbildung vnnd Contrafactur/ eines newen

Hoffart-Spiegels/ vnd wunderbarlich gestalten Kinds/ so jüngst den 26. Januarij/ alten oder 5. Februarij newen Calenders/ Anno 1619. In deß H. Reichs Statt Kempten/ Von Maria/ Michael Büchelins Burgers vnd Webers daselbsten Ehlichen Haußfrawen/ Morgens zwischen 6. vnd 7. Vhr/ ist in dise Welt geboren worden.

WEr nicht wil glauben Christi Lehr/
Vom jüngsten Tag/ vnd was vorher/
Für Zeichen am Himmel werden
Geschehen/ vnd auch auff Erden/
Dem wird der Glaub in d' Hand ge-
gebn/
Zu diser letzten Zeit gar ebn/
Wer ist der nit gesehen het/
Den erschröcklich grossen Comet/
In disem Jahr? was er beditten/
Weist Gott/ der ernstlich zubitten/
Daß er die anbetrowte Gfahr/
Gnedig abwend von seiner Schar.
Ist nicht aller Welt offenbar/
Was sich zutrug/ ist noch kein Jahr/
Mit Plurs dem stattlichen Flecken/
Wer dran gedenckt/ muß erschrecken/
Wie derselb einsmals gieng zu grund
Ach GOTT was Jammer in einr
Stund/
Hat man gesehen zu der frist/
Alts vnd Jungs da vmb kommē ist/
Durch einen plötzlichen Ruin (hin/
Eins Bergs/ in Summ/ alles gieng
Augenblicklich/ als wann der Ort/
Vorhin nichts gstandē wer/ man hort
Hat nit Gott da sehen lassen/
Sein Zorn vber alle massen.
Wer weist nit von dem Kind zusagn/
So wunderseltzam diser Tagn/
Zu Kempten der löblichen Statt/
Ob gemelt Weib geboren hat/
Viel hundert seynd/ die's gsehen han/
Vnd mit Händen betastet an/
Ward gstalt als hie abcontrafet/
Mit eim Auffsatz/ oder Karnet/
Derselb ward drey zwerch finger hoch
An der Stirnen am höchsten doch/
Verlohr sich darnach vff beyd seyt/
Den Oerlein zu gschweifft gleicher
weyt/

Im angriff kruspelt vnd mit Haar/
Vmbgflochten vnnd verkrauset gar.
Das Kind ohn leben kam vff d' welt/
Weil jhm in der Geburt zerschelt
Das Hirn ward/ vnd außgeflossen
Durch ein Loch am Kopff ent-
sprossen/
An Glidmassen sonst hat kein fehl/
Wie repræsentirt diß Gemähl/

Mit offnem Mund/ nach Todtes art/
Verblichen anzusehen ward/
Deß andern Tags/ röttlich erscheint/
Mit Verwundrung mancher ver-
Als ob ein Leben in jhm wer/ (meynt/
Weil es sich gfärbet het so sehr.
Aber die Rött' an jhm erschien/
Den dritten Tag mehr als vorhin/
Kein Todten Gruch war da gespürt/
Das manchen wunder nemmē wird.
Hier ist auch nit zuverschweigen/
Deß Todtengräbers anzeygen/
Als er ein Gräblein machen wolt/
Weiß nicht/ was Schröcken jne solt
Ankommen sein/ vnd entsetzen/
Daß er vom graben mußt außsetzē/
Sey jhm dergleichen nie geschehen/
Weil sein Dienst wehrt/ ohnversehen
Fiel ein/ was er grub zu der stet/
Sein Weib solchs voll zurichten thet/
Also daß Kind mit Bund vnd Haar/
Zu seim Ruhbett bestettet ward.
Ist das nit wunder auff Erden/
Daß solch Zeichen gschen werden/
An welchen GOtt klärlich fürstellt/
Ein Spiegel seines Zorns der Welt/
Die in der Hoffart gantz ersoffen/
Was soll man nun jetzt weiter hoffen/
Wird nicht die Welt von Sünden
lahn/
Wie vbl wird es jhr ergahn/
Wenn kompt der Richter aller welt/
Dem hoffertig wesen nicht g'fällt/
Gott wöll sich vnser erbarmen/
Buß geben Reichen vnd Armen/
Daß wir samptlich zu seiner Frist/
Wol bstehn vor dem 'Gricht JEsu
Christ/

A M E N.

Getruckt zu Kempten/ durch Christoff Krausen/ Im Jahr/ 1619.

174

174 *Eygentliche Abbildung unnd Contrafactur/ eines newen Hoffarts-Spiegels/ und wunderbarlich gestalteten Kinds. Geboren am 26. Januar 1619 in Kempten.* Druck: Cristoff Krausen, Kempten 1619.

(...)
Ist das nit wunder auff Erden/
Daß solch Zeichen gsehen werden/
An welchen GOtt klärlich fürstellt/
Ein Spiegel seines Zorns der Welt/
Die in der Hoffart gantz ersoffen/
Was soll man nun jetzt weiter hoffen/
Wird nicht die Welt von Sünden lahn/
Wie ubl wird es ihr ergahn/
Wenn kompt der Richter aller welt/
Dem hoffertig wesen nicht g'fällt/
Gott wöll sich unser erbarmen/
Buß geben Reichen und Armen/
Daß wir samtlich zu seiner Frist/
Wol bstehn vor dem 'Gricht JEsu Christ/
AMEN.[373]

Noch nie sei die Sündhaftigkeit der Menschen so groß gewesen wie in diesen Tagen, so der Tenor pastoralen Klagens um 1600. Es sei nicht verwunderlich, dass die göttlichen Wunderzeichen an Umfang und Deutlichkeit dramatisch zunähmen, das Weltengericht stünde zweifelsohne unmittelbar bevor.

Die weiße, gestärkte und getollte Halskrause der Spanischen Mode stellt *das* Kleidungselement dar, das mit Abstand am häufigsten mit körperlichen Anomalitäten in Zusammenhang gebracht wurde.

Ein frühes Blatt mit Hinweis auf die Spanische Mode trägt den Titel *Ware Abcontrafactur einer missgeburt/ so zu Brott Roda den 8. Augusti dieses 1566. Jhars(!)/ Tod auff diese Welt geboren ist.*[374] Zwei kleine Holzschnitte, gefertigt von Michael Schmuck, zeigen einen am Kopf missgebildeten Knaben in Vorder- und Rückansicht (Abb. 175). Das Neugeborene hat weder einen vollständigen Kopf noch einen Hals. Die weitere Beschreibung verknüpft sich mit Deutungen, die auf Modeerscheinungen hinzuweisen scheinen, ohne dass diese konkret benannt werden. Über den Augen sei braunes Fleisch, anzusehen wie Bänder. „Hinder demselben war Rot braun fleisch wie zöpff/ die da geflochten und auffgesetzt sind. Und hinder den zöpffen war ein loch ins heupt hinein." Der Verfasser des Textes, M. Christoff Vischer, ist sich ob

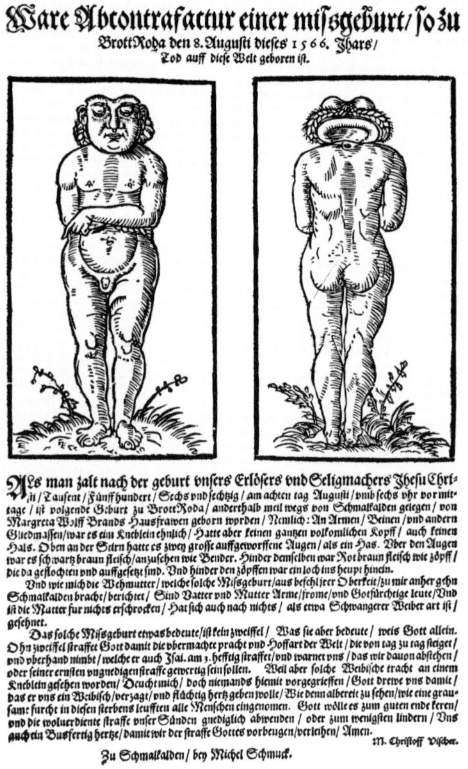
Ware Abcontrafactur einer missgeburt/ so zu Brott Roda den 8. Augusti dieses 1566. Jhars/ Tod auff diese Welt geboren ist.

ALs man zalt nach der geburt vnsers Erlösers vnd Seligmachers Jhesu Christi/ Tausent/ Fünffhundert/ Sechs vnd sechtzig/ am achten tag Augusti/ vmb sechs vhr vor mittage/ ist volgende Geburt zu BrottRoda/ anderthalb meil wegs von Schmalkalden gelegen/ von Margreta Wolff Brands Hausfrawen geborn worden/ Nemlich: An Armen/ Beinen/ vnd andern Gliedmassen/ war es eim Kneblein ehnlich/ Hatte aber keinen gantzen volkomlichen Kopff/ auch keinen Hals. Oben an der Stirn hatte es zwey grosse auffgeworffene Augen/ als ein Has. Vber den Augen war es schwartz braun fleisch/ anzusehen wie Bender. Hinder demselben war Rot braun fleisch wie zöpff/ die da geflochten vnd auffgesetzt sind. Vnd hinder den zöpffen war ein loch ins heupt hinein.

Vnd wie mich die Wehmutter/ welche solche Missgeburt/ aus befehl jrer Oberkeit/ zu mir anher gehn Schmalkalden bracht/ berichtet/ Sind Vatter vnd Mutter Arme/ frome/ vnd Gotfürchtige leute/ Vnd ist die Mutter fur nichts erschrocken/ Hat sich auch nach nichts/ als etwa Schwangerer Weiber art ist/ gesehnet.

Das solche Missgeburt etwas bedeute/ ist kein zweiffel/ Was sie aber bedeute/ weis Gott allein. Ohn zweiffel straffet Gott damit die vbermachte pracht vnd Hoffart der Welt/ die von tag zu tag steiget/ vnd vberhand nimbt/ welche er auch Jsai. am 3. hefftig straffet/ vnd warnet vns/ das wir dauon abstehen/ oder seiner ernsten vngnedigen straffe gewertig sein sollen. Weil aber solche Weibische tracht an einem Kneblein gesehen worden/ Deucht mich/ doch niemands hiemit vorgegrieffen/ Gott drewe vns damit/ das er vns ein Weibisch/ verzagt/ vnd flüchtig hertz geben wolle/ Wie denn albereit zu sehen/ wie eine grausame furcht in diesen sterbens leufften alle Menschen eingenomen. Gott wölle es zum guten ende keren/ vnd die woluerdiente straffe vnser Sünden gnediglich abwenden/ oder zum wenigsten lindern/ Vns auch ein Busfertig hertze/ damit wir der straffe Gottes vorbeugen/ verleihen/ Amen.

M. Christoff Vischer.

Zu Schmalkalden/ bey Michel Schmuck.

175 *Ware Abcontrafactur einer mißgeburt. Geboren am 8. August 1566 in Brot-Roda*. Text: M. Christoff Vischer; Druck: Michael Schmuck, Schmalkalden o. J. Zürich, Zentralbibliothek.

des konkreten Zeichencharakters der Geburt jedoch unschlüssig. „Das solche Missgeburt etwas bedeute/ ist kein zweiffel/", schreibt er, „Was sie aber bedeute/ weis Gott allein. Ohn zweiffel straffet Gott damit die ubermachte pracht und Hoffart der Welt/ die von tag zu tag steiget/ und uberhand nimbt."[375] Die bildliche Dokumentation spielt offenbar auf die Kragenmode an, denn die Rückansicht zeigt eine wulstartige Wucherung in Form eines abgesteiften Unterkragens[376] zur Stützung des Mühlsteinkragens.

Andere 'Wundergeburten' mit Hinweisen auf Elemente der Spanischen Mode folgten. Auf einem anonymen Kupferstich des Jahres 1589 wird ein Neugeborenes mit haubenartigem Kopfgeschwulst und weißem Mühlsteinkragen nackt und bloß auf einem Kissen liegend vorgestellt (Abb. 176). Der Begleitvers richtet sich an das Publikum:

Siehe gunstiger Leser wie ein wunderbarliche Creatur im jtz ablauffenden monat Novembri zu Aken uf die Welt komen mit ausgeputztten lobben oder kragen (wie mans nennet) auch ufgeriebenem haer, und Niderländschen hauben die man uf Frantzosisch Connersie nennet, alls von fleisch hergebracht, zu warnung denen so in al solchen zieraet und pracht der welt suchen zugefallen.[377]

Sehr eindrucksvoll ist der Druck *Gründtliche und Warhafftige Newe Zeitung/ von einer unerhörten Mißgeburt/ so zur Liben in Ober Laußnitz/ eines armen Hirten Weib geboren/ recht unnd Natürlich wie in dieser Figur zu sehen/ geschehen den 10. Novembris Anno 1598. In Gesangweiß gestelt/ In Ton/ Kompt her zu mir spricht GOTTES Sohn.* Das Bild zeigt ein auf freiem Feld zur Welt gekommenes Kind mit weißer Halskrause und aufgeblähtem Bauch (Abb. 177). Der in Reimen abfasste, dreispaltige Text berichtet ausführlich, wie sich die Geburt zutrug und erläutert, was Gott den Menschen damit sagen wolle:

Alß sie das Kind im weiten Feldt/
kümmerlich geboren auff die Welt/
wunderlich wars anzuschawen/
es hat so seltzam form und gestalt/
das zu vor nit war kommen halt/
solch Geburt von einer Frawen.

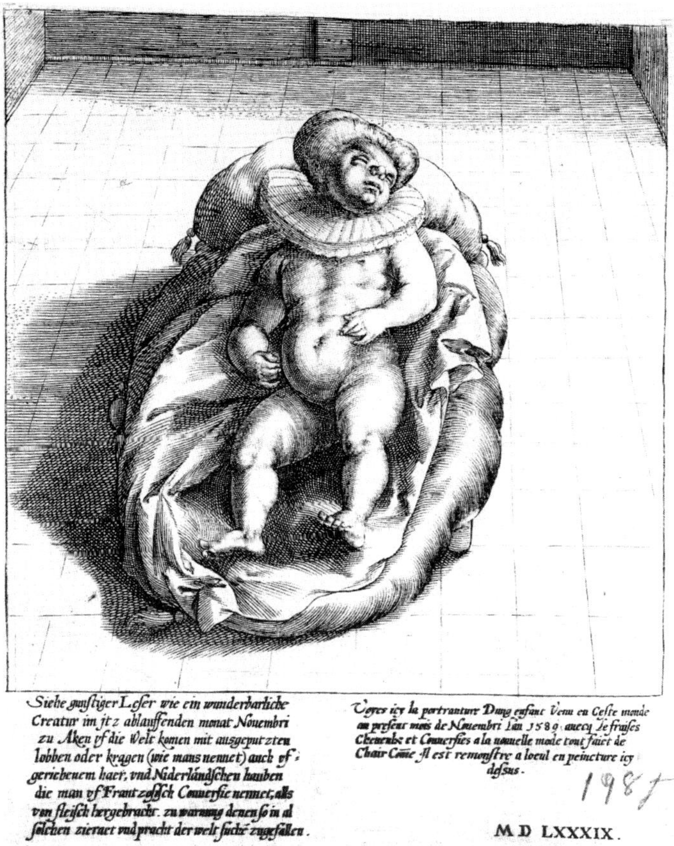

176 *Siehe gunstiger Leser wie ein wunderbarliche Creatur im jtz ablauffenden monat Novembri zu Aken uf die Welt komen.* Anonymer Kupferstich, 1589. Staatliche Galerie Moritzburg Halle, Landeskunstmuseum Sachsen-Anhalt.

177 *Gründtliche und Warhafftige Newe Zeitung/ von einer unerhörten Mißgeburt/ so zur Liben in Ober Laußnitz/ eines armen Hirten Weib geboren.* 10. November 1598. Text: Johan Rauch von Bautzen; Druck: Christoff Lochner, Nürnberg 1599. München, Bayerische Staatsbibliothek.

Erstlich sein Haupt gantz klar und rein/
war gantz schneeweiß von lauter Bein/
als ein Todenkopff formieret/
von fleisch gewachsen ein grosses kröß/
umb seinen halß auch hete es auß/
gebrochen schön gezieret. (...)

Gar groß so war sein Bauch/
wie es mit den wammestern jetzt der brauch/
Auff die Spanischen veise/
darauff auch gantz sichtbar und klar/
ein Schwerdt und Rutten formieret war/
mit Blutstropffen besprengt mit fleise. (...)

Der Welt zu eim Exempel mild/
hat Gott dis Kind in dir gebild/
darumb merck du auff mein reden/
du solt mich wol unnd recht verstan/
unnd thu menniglich zeigen an/
Erstlich thut das Kröß bedeuten.[378]

Bemerkenswert ist hier der sowohl im Bild als auch im Textanhang enthaltene Hinweis auf die Mode des *Gänsebauchs*, der spitzen, prall ausgestopften Verlängerung des spanischen Wamses oder Mieders. Im weiteren Verlauf des Textes wird die überhand nehmende Hoffart und die fremde Kleidung angeprangert, die wunderlich sei und die Menschen verstelle.

Vieldeutig waren auch die 'Wundergeburten' von Lüttich und Gottsfeld 1612. Viele Menschen hätten bereits „mit schrecken und verwunderung" die Gestalten beschaut, heißt es in der Überschrift eines illustrierten Flugblattes, das über zwei verschiedene Ereignisse zugleich berichtet. Während sich die 'Wundergeburt' von Lüttich offenbar einer augenfälligen Auslegung entzog, wurde die von Gottsfeld als unmissverständliche Drohung Gottes wider die Hoffart gelesen:

Ihr hoffertig Man und frawen
Diss Munster wolt doch anschawen
Und dabey lehrn erkenen all
Wie sehr die hoffart Gott missfall[379]

Der erläuternde Text nennt als Vater einen Schneider namens Antoni Cantani, als Mutter seine Ehefrau und Hausfrau Maria. Das Bild zeige die drei von ihr geborenen Kinder, allesamt „Monstra":

Das erste war gantz abschewlich/ mit Rippen und Beinen einem todten Cörper ... nicht ungleich ... Das ander hatte ein schwarzes stück Fleisch gleichsam einer schwartzen Federn auff dem Kopff/ darneben an beiden seyten bey den Ohren gleichsam zwey ysen wie heutigs tags die Frawen und Jungfrawen tragen/ deßgleichen an beyden hüfften zween ... Wülst/ wie heutigs tags unter den Edeln/ ja auch noch wol schlechten Frawen im gebrauch seind. Das dritte hat ein großlangs gekrös umb den Hals/ in gestalt der langen Lobben oder Krägen/ die heutigs tags unter reich und armen/ nu viel zu gemein seind/ ... In summa auß aller gestalt dieser Mißgeburt konte man sehen daß Gott die Hoffart dieser jetzigen welt/ und sonderlich des Weibvolcks/ gleichsam in einem Spiegel hat für Augen stellen/ und meniglich zu verstehen geben wollen/ wie höchlich jm dieselbe mißfalle.[380]

Bei diesem Blatt zielt die Kritik nicht nur auf Krösen, auch wenn dies ein zentraler Aspekt ist, sondern zudem auf modischen Hutputz und

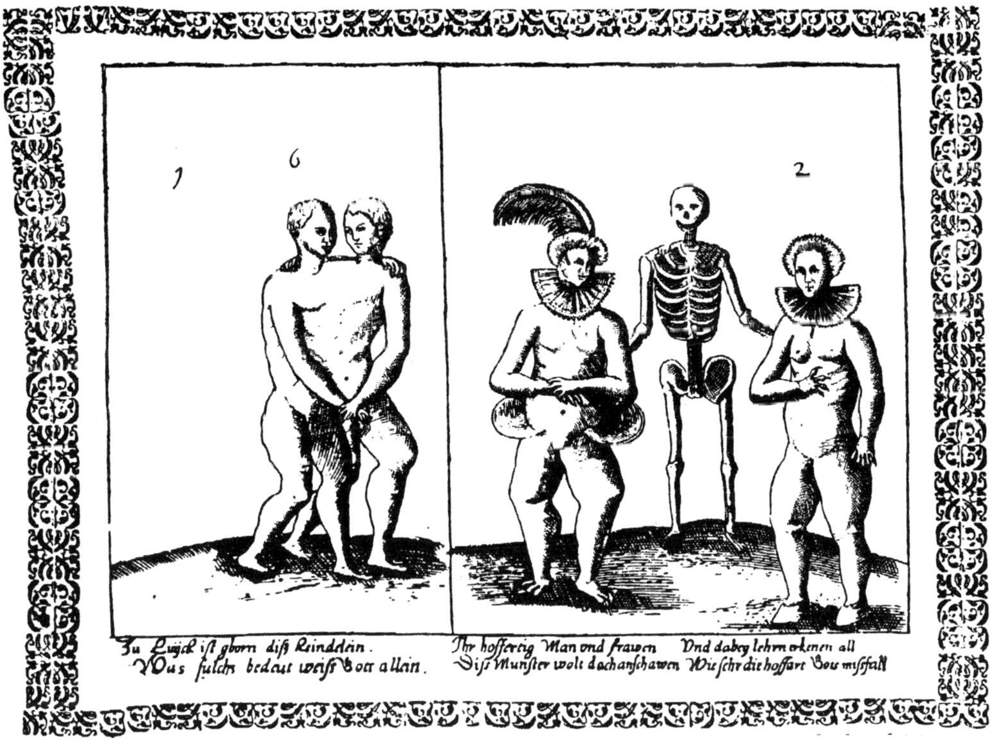

178 *Eigentliche Abbildung Zweyer seltzamer Mißgeburten* (Ausschnitt). Gottsfeld in Westflandern, 1612.

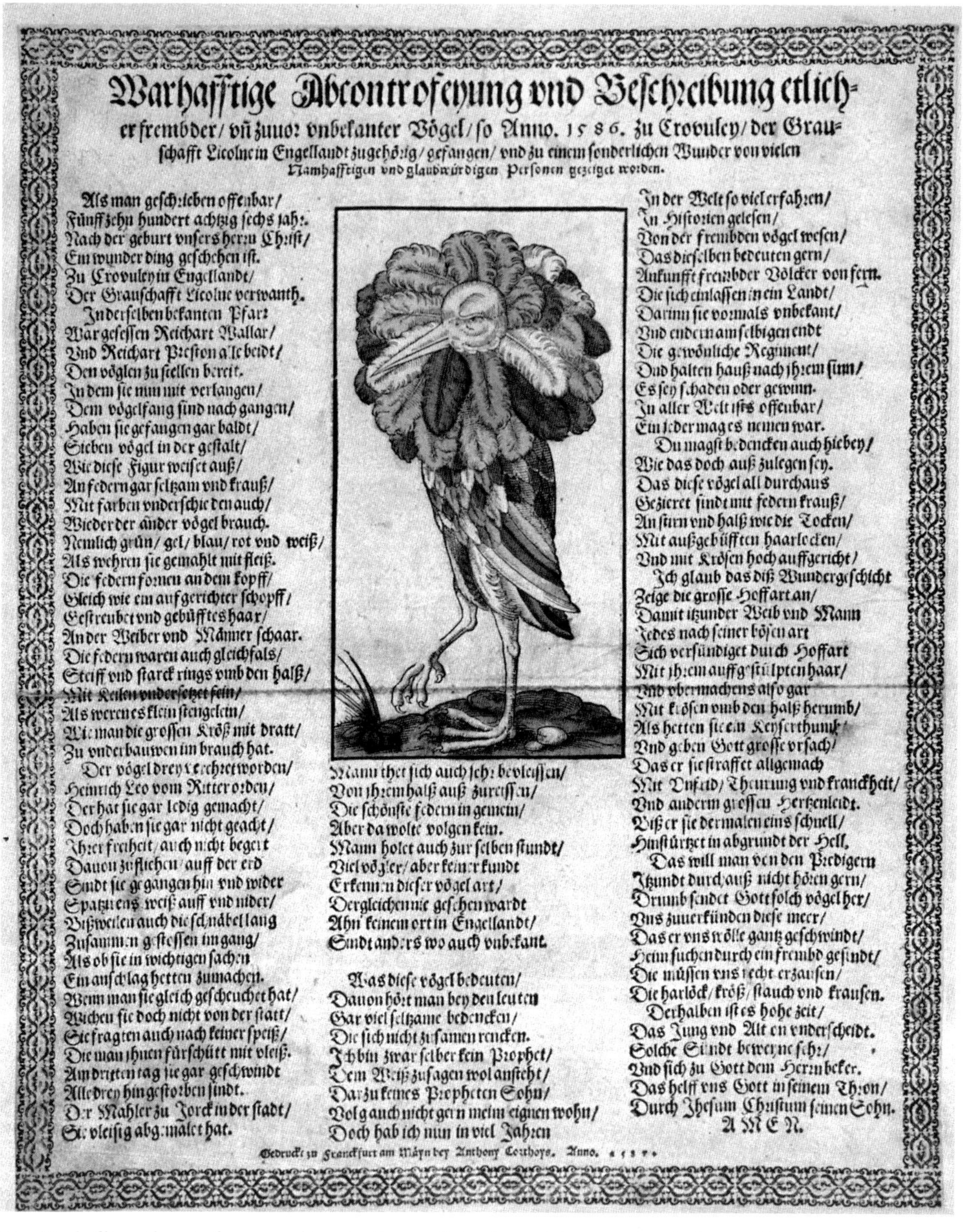

Warhafftige Abcontrofeyung vnd Beschreibung etlicher frembder / vnd zuvor vnbekanter Vögel / so Anno. 1586. zu Crovuley / der Grauschafft Licolne in Engellandt zugehörig / gefangen / vnd zu einem sonderlichen Wunder von vielen Namhafftigen vnd glaubwürdigen Personen gezeiget worden.

Als man geschrieben offenbar /
Fünffzehn hundert achtzig sechs jahr.
Nach der geburt vnsers herrn Christ /
Ein wunder ding geschehen ist.
Zu Crovuley in Engellandt /
Der Grauschafft Licolne verwanth.
In derselben bekanten Pfarr
War gesessen Reichart Wallar /
Vnd Reichart Preston alle beidt /
Den vöglen zu stellen bereit.
In dem sie nun mit verlangen /
Dem vögelfang sind nach gangen /
Haben sie gefangen gar baldt /
Sieben vögel in der gestalt /
Wie diese Figur weiset auß /
An federn gar seltzam vnd krauß /
Mit farben vnderschieden auch /
Wieder der ander vögel brauch.
Nemlich grün / gel / blau / rot vnd weiß /
Als wehren sie gemahlt mit fleiß.
Die federn fornen an dem kopff /
Gleich wie ein auffgerichter schopff /
Gestreubet vnd gebüfftes haar /
An der Weiber vnd Männer schaar.
Die federn waren auch gleichfals /
Steiff vnd starck rings vmb den halß /
Mit Keilen vndersetzet fein /
Als weren es klein stengelein /
Wie man die grossen Kröß mit dratt /
Zu vnderbauwen im brauch hat.
Der vögel drey verehret worden /
Heinrich Leo vom Ritter orden /
Der hat sie gar ledig gemacht /
Doch haben sie gar nicht geacht /
Ihrer freiheit / auch nicht begert
Davon zufliehen / auff der erd
Sindt sie gegangen hin vnd wider
Spatzirens weiß auff vnd nider /
Bißweilen auch die schnäbel lang
Zusammen gestossen im gang /
Als ob sie in wichtigen sachen
Ein anschlag hetten zumachen.
Wenn man sie gleich gescheuchet hat /
Wichen sie doch nicht von der statt /
Sie fragten auch nach keiner speiß /
Die man jhnen fürschütt mit vleiß.
Am dritten tag sie gar geschwindt
Alle drey hingestorben sindt.
Der Mahler zu Jorck in der stadt /
Sie vleisig abgemalet hat.

Mann thet sich auch sehr bevleissen /
Von jhrem halß auß zureissen /
Die schönste federn in gemein /
Aber da wolte volgen kein.
Mann holet auch zur selben stundt /
Viel vögler / aber keiner kundt
Erkennen dieser vögel art /
Dergleichen nie gesehen wardt
Ahn keinem ort in Engellandt /
Sindt anders wo auch vnbekant.

Was diese vögel bedeuten /
Davon hört man bey den leuten
Gar viel seltzame bedencken /
Die sich nicht zusamen rencken.
Ich bin zwar selber kein Prophet /
Dem Weißzusagen wol ansteht /
Darzu keines Propheten Sohn /
Volg auch nicht gern mein eignen wohn /
Doch hab ich nun in viel Jahren
In der Welt so viel erfahren /
In Historien gelesen /
Von der frembden vögel wesen /
Das dieselben bedeuten gern /
Ankunfft frembder Völcker von fern.
Die sich einlassen in ein Landt /
Darinn sie vormals vnbekant /
Vnd endern am selbigen endt
Die gewönliche Regiment /
Vnd halten hauß nach jhrem sinn /
Es sey schaden oder gewinn.
In aller Welt ists offenbar /
Ein jeder mag es nemen war.
Du magst bedencken auch hiebey /
Wie das doch auß zulegen sey.
Das diese vögel all durchaus
Gezieret sindt mit federn krauß /
An stirn vnd halß wie die Tocken /
Mit außgebüfften haarlocken /
Vnd mit Krösen hoch auffgericht /
Ich glaub das diß Wundergeschicht
Zeige die grosse Hoffart an /
Damit itzunder Weib vnd Mann
Jedes nach seiner bösen art
Sich versündiget durch Hoffart
Mit jhrem auffgestülpten haar /
Vnd vbermachens also gar
Mit krösen vmb den halß herumb /
Als hetten sie ein Keyserthumb /
Vnd geben Gott grosse vrsach /
Das er sie straffet allgemach
Mit Vnfrid / Theurung vnd kranckheit /
Vnd anderm grossen Hertzenleidt.
Biß er sie dermalen eins schnell /
Hinstürtzet in abgrundt der Hell,
Das will man von den Predigern
Itzundt durchauß nicht hören gern /
Drumb sendet Gott solch vögel her /
Vns zuverkünden diese meer /
Das er vns wölle gantz geschwindt /
Heimsuchen durch ein frembd gesindt /
Die müssen vns recht erzausen /
Die harlöck / kröß / stauch vnd krausen.
Derhalben ist es hohe zeit /
Das Jung vnd Alt en vnderscheidt.
Solche Sündt beweyne sehr /
Vnd sich zu Gott dem Herrn beker.
Das helff vns Gott in seinem Thron /
Durch Jhesum Christum seinen Sohn.
AMEN.

Gedruckt zu Franckfurt am Mäyn bey Anthony Corthoys. Anno. 1587.

179 *Warhafftige Abcontrofeyung und Beschreibung etlicher frembde/ uns zuvor unbekanter Vögel.* Druck: Anthony Corthoys d. J., Frankfurt am Main 1586. Zürich, Zentralbibliothek.

die Auspolsterung der Röcke durch Anlegen des *Weiberspecks*. Der Bericht schließt mit dem Hinweis, die Kinder hätten drei Tage überlebt und seien von vielen auch noch nach ihrem Tod „besichtigt“ worden. Dieses Blatt sei angefertigt worden zur Erinnerung und Mahnung an das, was Gott damit habe sagen wollen.

Selbst vor Ort unbekannte oder missgebildete Tiere wurden für modekritische Wunderdeutungen herangezogen.[381] Für die erste Variante steht ein Blatt mit einem aus ornithologischer Sicht in Wort und Bild korrekt beschriebenen Kampfläufer, einen großen Vogel, der in England noch nie gesichtet worden war. Von Fallenstellern eingefangen, wurde ein Kampfläufer-Männchen wegen seines auffälligen Federschmucks als Wunderzeichen gedeutet. Gott tue hiermit seinen Unmut über das Tragen von großen gestärkten Halskrausen kund, lautete die Deutung. Die Entdeckung des seltenen Vogels war eine Sensation, die sich gut vermarkten ließ, denn auch von diesem Flugblatt gibt es mehrere Fassungen. Ein in Frankfurt am Main von Anthony Corthoys im Jahr 1587 gedrucktes Exemplar trägt den Titel *Warhafftige Abcontrofeyung (!) und Beschreibung etlicher frembde/ uns zuvor unbekanter Vögel/ so Anno. 1586. zu Crovuley/ der Grauschafft (!) Licolne in Engelland zugehörig/ gefangen/ und zu einem sonderlichen Wunder von vielen Namhafftigen und glaubwürdigen Personen gezeiget worden.*[382]

Hier nimmt das Bild des Kampfläufers knapp ein Drittel des Blattformats ein. Der dreispaltige Erläuterungstext besteht aus 118 Knittelversen, die den fremden Vogel beschreiben und als 'Wunderzeichen' deuten. Im Zentrum der Kritik stehen Hoffart, modische Frisuren und Krösen:

(...)
Du magst bedencken auch hierbey/
Wie das doch auß zulegen sey.
Das diese vögel all durchaus
Gezieret sindt mit federn krauß/
An stirn und halß wie die Tocken/
Mit außgebüfften haarlocken/
Und mit Krösen hoch auffgericht/
Ich glaub das diß Wundergeschicht
Zeige die grosse Hoffart an/
Damit itzunder Weib und Mann
Jedes nach seiner bösen art
Sich versündiget durch Hoffart
Mit ihrem auffgestülpten haar/
Und ubermachens also gar
Mit krösen umb den halß herumb/
Als hetten sie ein Keyserthumb/
Und geben Gott grosse ursach/
Das er sie straffet allgemach
Mit Unfried/ Theurung und kranckheit/
Und anderm grossen Hertzenleidt.
(...)
Das will man von den Predigern
Itzund durchauß nicht hören gern/
Drumb sendet Gott solch vögel her/
Uns zuverkünden diese meer/
Das er und wölle gantz geschwindt/
Heimsuchen durch ein frembd gesindt/
Die müssen uns recht erzausen/
Die harlöck/ kröß/ stauch und krausen.
(...)
AMEN.[383]

Die Modekritik endet mit einer Warnung, dass, sollten die hoffärtigen Menschen Gottes Zeichen nicht ernst nehmen, dem Einfall fremder Vögel der Einfall fremder Völker folgen würde. Eine ähnliche Vorstellung findet sich bereits 1561 in einer Flugschrift anlässlich des Auftretens von Krauskopfpelikanen als Irrgäste in Deutschland.[384]

Für die zweite Variante steht ein Aland-Fisch, dessen krankhafte Wucherung als göttliche Kritik an der Krösenmode ausgelegt wurde.

Von dieser Sensation liegen wiederum verschiedene Fassungen vor. Ein Holzschnitt mit der Darstellung eines Fisches mit Halskrause erschien in Lübeck im Jahr 1599 und wurde, wie die Mehrzahl der Sensationsblätter, durch einen Textanhang in Typendruck ergänzt. Der Alandfisch ist hier hellblau, die Kröse weiß und die sich an den Armauswuchs anschließende Rute rotbraun koloriert. Gründlicher sind Be-

Ware Conterfeyhung eines abscheulichen Aland Fisches/ welcher im Land zu Holstein bey Gottdorff/ mit einem Angel von einem Fischer ist gefangen worden/ den 2. Februarij dises 99. Jars/ vnd ist dem Thumdechent zu Lübeck Doctor Besinger zugeschickt worden.

Es weiß leider ein jeder Christen Mensch/ wie vbel es zu diser zeit allenthalben in der Welt stehet/ vnd jmmerdar von tag zu tag ärger wirdt/ Dann alle Sünden schand vnd Laster nemen über hand/ vnd werden ohne scheuch getrieben/ daß wir vns freilich vber Gottes langmütigkeit verwundern müssen/ wie er doch so lang der Welt boßheit könne vnnd möge zusehen/ Aber nit allein helt er die Straff auff/ sondern er warnet vnns auch beydes mit seinem Wort/ vnnd mancherley seltzamen schröcklichen Wunderzeichen/ die vnns seinen ernstlichen Zorn verkündigen/ vnd seiner schröcklichen Straff Vorboten sein. Denn es geschehen vil vnd mancherley grosse Wunderzeichen am Himel/ deßgleichen auff Erden vnd im Wasser/ vnd vil heuffiger dann jemals zuvor. Was haben wir nur in wenig Jaren her/ für mancherley Mißgeburt vnd schröckliche Monstra an Menschen vnd Viehe erfaren? So hat vns auch das Meer vnd andere Wasser greuliche Wunderthier geben/ Wie auß obgesetzter Figur eines abscheulichen Alland Fisches zusehen ist/ welcher mit einem Angel von eim Fischer ist gefangen worden/ den 2. Februarij dises 99. Jars/ im Land zu Holstein bey Gottdorff/ nit weit von der Vestung oder Schloß/ in der refier Slit genant/ da der Hertzog Hoff helt/ welcher Fisch dem Thumdechent zu Lübeck Herrn Doctor Bensinger/ Fürstlichen Hollsteinischen Rath von Gottdorff zugeschickt ist worden.

Was Gott damit wölle anzeigen/ ist leichtlich abzunemen/ daß er vns nemlich mit der Ruten drowe/ er wölle/ wie im 90. Psalm steht/ vnsere Sünde mit der Ruten heimsuchen/ vnd vnsere missethat mit plagen. Cardanus schreibt/ das im jar 1554. zu Genua am Vfer ein Haupt von einem Fisch sey gefunden worden/ welcher Balena genennet wird/ in solcher größ/ daß er von dem innersten Rachen/ biß fornen an das maul 18. schrit lang gewest/ welches zuvor vnerhört/ vnd hoch zuverwundern ist/ wie es von dem Leib kommen/ vnd eben an disen ort muß gebracht worden sein/ aber vber ein Jar hernach hat sich das Portentum selbst außgelegt/ denn es hat die Türckische Meerfart bedeuttet/ in welcher das grosse Haupt der Türck die Insel Cyrnam erobert vnd geblündert hat.

Derowegen anders nichts zuvermuten/ denn daß GOtt durch disen Fisch/ der in solcher gestalt vnd farb gefangen worden ist/ vns seinen gerechten Zorn vnd straff vber vnsere sünd/ sonderlich vber die vnmeßliche Hoffart/ so mit kleidungen/ vnd den grossen wüsten/ tollen Krösen getrieben wirdt/ wölle ankündigen.

Mögen derowegen dise sonderlich/ so mit grossen vnzimlichen schendlichen Krösen sich mehr verstellen denn zieren/ nit allein Mañs/ sonder auch Weibs personen/ solches für kein gespött halten/ sonder sich dadurch von jrer Thorheit zu wenden bewegen lassen/ damit Gott/ seinen gerechten zorn vnnd grimme/ vber das Menschliche geschlecht eigentlich beschlossen/ nicht außgiesse? Sondern durch rechtschaffene Buß nach dem exempel der bußfertigen Niniviter wider zur gnad vnd güte gegen vns bewegt werden möge. Derselbige getreue vnnd barmhertzige GOtt/ erleuchte vns mit seinem heiligen Geist/ daß wir durch ware erkentnuß/ reu vnd leyd/ jm/ den wir hefftig erzürnet haben/ in die Ruten fallen/ vnd solches vnnd dergleichen Spectacul/ vns eine starcke Warnung vmb vnsers Heils vnd Seligkeit willen sein lassen/ Amen.

Gedruckt zu Nürnberg/ durch Matthes Rauch Brieffmaler/
wohnhafft in der neuen Gassen.

180 *Ware Conterfeyhung eines abscheulichen Aland Fisches/ welcher im Land zu Holstein bey Gottdorff/ mit einem Angel von einem Fischer ist gefangen worden.* 2. Februar 1599. Druck: Matthes Rauch, Nürnberg 1599. Darmstadt, Hessische Landes- u. Hochschulbibliothek.

richt und Auslegung des in Nürnberg erschienenen illustrierten Flugblatts zum gleichen Thema. Dort wird die Missgestalt des Fisches als Zeichen für „unmeßliche Hoffart" interpretiert, „so mit kleidungen/ und den grossen wüsten/ tollen Krösen getrieben wirdt." Die Rute wurde als Strafdrohung gedeutet: „Was Gott damit wölle anzeigen/ ist leichtlich abzanemen/ daß er uns nemlich mit der Ruten drowe/ er wölle/ ... unsere Sünde mit der Ruten heimsuchen/ und unsere missethat mit plagen."[385] Es folgt ein Aufruf zur Umkehr und Buße. Während es sich bei der vermeintlichen Kröse vermutlich um eine Krankheitserscheinung handelt, wurde bei der Darstellung des Armes mit Rute möglicherweise nachgeholfen, um der Aussage mehr Nachdruck zu verleihen.

Die Einblattdrucke zum Thema 'Wundergeburten' tauchen in einer Zeit des Umbruchs und der Neuorientierung auf, in der Menschen bereits 'modern' denken, aber noch zutiefst gläubig und zugleich abergläubisch sind. Wissen und Glaube bieten Erklärungsmuster, die sich oft widersprechen. Es ist zudem eine Phase, in der die Völker Europas mit ungewöhnlich viel Neuem, Fremdem, Nie-Gesehenem in Berührung kommen: der Entdeckung unbekannter Kontinente, den veränderten Vorstellungen vom Universum, dem neuen Verhältnis zur Zeit, um nur einige Faktoren zu nennen. Furcht und Faszination, Grauen und Neugier sind Empfindungen, die gleichzeitig zum Weglaufen und Hinsehen auffordern, Seelennöte, die in der Frühen Neuzeit außerordentlich real sind.

Konfrontiert mit Nachrichten über ungewöhnliche Himmelserscheinungen, Naturkatastrophen oder „erschröckliche" Geburten, bestand das Bedürfnis zu erfahren, was genau geschehen und vor allem warum. Die illustrierten Flugblätter befriedigten nicht nur die Sensationsgier – dem Publikum wurden die 'Wunderzeichen' vor Augen geführt und drastisch beschrieben –, sie halfen durch ihre erbaulichen Komponenten auch bei der Verarbeitung dieser furchterregenden Ereignisse. Vermutlich waren bei den primär unter merkantilen Gesichtspunkten hergestellten und vertriebenen Drukken beide Faktoren gleichermaßen verkaufsfördernd. Den Berichten und Auslegungen in Wort und Bild waren hinsichtlich ihrer phantastischen Ausschmückungen offenbar wenig Grenzen gesetzt. Zwar gab es vielerorts die Pflicht, die Inhalte der Blätter vor Drucklegung genehmigen zu lassen, doch war dieses Genre selten von Verboten betroffen und wenn, dann ließen sich jene leicht umgehen.[386] Wunderzeichen seien ein „tägliches Bedürfnis" gewesen, so Bruno Weber, und durften, „solange sie nicht den christlichen Glauben verletzten oder unliebsame politische Nebenwirkungen zeigten, wie Andachtsbilder und Schlachtengemälde in großer Zahl herausgebracht werden."[387]

Als Ausdruck von Modekritik sind die mit 'Wundergeburten' befassten illustrierten Flugblätter in mehrfacher Hinsicht aufschlussreich. Sie waren als Produkte der frühen Bildpublizistik an den Bedürfnissen des Marktes orientiert und für breite Käuferkreise erschwinglich. Die modekritischen Inhalte mussten demzufolge dem Zeitgeschmack angepasst sein, damit sie breite Zustimmung fanden. Vorrangig verstärkten die Drucke durch ihre Interpretation des Monströsen als Zeichen menschlicher Hoffart die von Moralpredigern vorgebrachten Argumente, dass dieses eitle Verhalten Gott ein Greuel sei. Die eher abstrakten, in die Zukunft weisenden Strafandrohungen der Prediger waren hier konkreter, greifbarer und insofern effektiver.[388] Unübersehbar ist zudem ihre Polemik im Kampf gegen Papst und Kaiser. Denn es sind vor allem die Merkmale aus der Kleidersprache der Gegenreformation, die in den 'Wundergeburten' erkannt und von protestantischen Predigern als Zorneszeichen Gottes interpretiert wurden: die *Krösen* (Halskrausen), *Toques* (Spanische Hüte), Wämser mit *Gänsebauch, Heerpauken* (Spanische Hosen) und *Capas* (Spanische Kurzmäntel). Die modekritischen Einblattdrukke sind sowohl Resultat der Gier nach Sensationen, als auch der Sehnsucht nach Erklärungsmustern und bestärkten gläubige Menschen in ihrer Gewissheit, bei gottgefälligem Lebenswandel ins Himmelreich einzugehen.

Sünde, Narrheit, Affenspiel

Die Hofart brauch sich niemants vil
Wer Got und menschen gfallen wil.
Dem gibt sie aber frischen muth
Der Sathans gunst wer suchen thut.[389]

Mit Adam und Evas begehrendem Erkennen nach dem Sündenfall beginnt für das christliche Abendland die Geschichte der Kleidung: als Bedeckung der Blöße durch Feigenblatt und Fell. Die Kleiderkritik des Mittelalters und der Renaissance wurde großteils von Kirchengelehrten formuliert und basierte auf der Auslegung der Heiligen Schrift. Gemäß ihrer Exegese hatte Kleidung primär die Aufgabe, durch Verhüllung des sündigen Körpers Demut zu demonstrieren, denn nur die Demütigen würden von Gott gerettet und erlöst. Kleiderpracht und Kleiderschmuck seien hingegen Ausdruck von Hoffart, der Quelle allen Übels, und eine Verhöhnung Gottes. Kein Sittenprediger versäumte es, auf diesen Ausgangspunkt Bezug zu nehmen, und auch die modekritischen Äußerungen der Moraldidaktiker und -satiriker der Frühen Neuzeit waren hiervon sehr stark geprägt.

In einer Zeit, in der der Klerus die gesellschaftlichen Paradigmen definierte, leitete sich auch die Kleiderkritik exklusiv aus religiösen Kategorien ab. Im Zentrum stand die Sündhaftigkeit des Menschen und seine Missachtung der göttlichen Ordnung. Beklagt wurden menschlicher Hochmut und seine Folgen wie Stolz, Eitelkeit, Unkeuschheit, Vergnügungssucht und Gottlosigkeit. Die Formsprache war die der Warnung und Drohung, die gewählten Bildmetaphern durchgehend kirchlich begründet. Luzifer und seine Knechte verlockten im Glauben schwache Menschen zu sündhaftem Handeln, denen sich in der Folge die Himmelspforten für immer verschlossen. Im Jenseits erwarteten die Gefallenen höllische Qualen.

Zwar richteten sich die Mahnungen prinzipiell an alle Christen, doch blieb in der höfischen Zeit, in der die Unterscheidung nach Stand als von Gott gesetzt verstanden und allgemein akzeptiert wurde, der erste weltliche Stand von der Wertung bezüglich seines Kleideraufwandes weitgehend ausgenommen.[390] Denn die kirchliche Gewandkritik bezog sich im Schwerpunkt auf unstandesgemäßes Kleiderverhalten als Ausdruck der Todsünde *superbia*, betraf also jene, die sich über ihren Stand erhoben, und hatte somit für die oberste Schicht keine Relevanz. Deshalb waren Klagen über die pompös ausgestatteten, farbigen Gewänder des Adels und der Geistlichkeit eher selten. Für die Dichter der höfischen Zeit stellten sich Adel und Kleiderpracht als Einheit dar, als Widerspieglung innerer Erhabenheit im äußerlichen Glanz. Eine Kritik am Kleiderverhalten der von Gott Auserwählten verbot sich demzufolge von selbst.

Diese Gleichsetzung von prächtig/schön mit edel/gut verlor im Spätmittelalter an Überzeugungskraft. Zwar setzte auch der bürgerliche Moralkodex den Charakter des Menschen mit seiner Kleidung gleich, doch nun hieß es: „Wie man ein Vogel an Federn erkennet/ also erkenne man an hoffertiger/ nerrischer/ unbestendiger kleidung/ wo ein hoffertig/ nerrisch/ und unbestendig Hertz ist."[391] Oder auch: „Ein Aff ist und bleibt ein Aff/ unnd wenn er gleich aller Welt Schmuck antrüge."[392] Das Kleiderverhalten von Hofleuten wurde in der zweiten Hälfte des 14. und im 15. Jahrhundert ständeübergreifend als demonstrative Zurschaustellung sittenloser, prahlerischer Gesinnung kritisiert. Aus konservativer Sicht waren die neumodischen, körperexponierenden Kleider einfach geschmacklos-hässlich, folglich Ausdruck einer unedlen, nichtstandesgemäßen Haltung. Dieser Kritikerkreis sehnte sich nach dem festgefügten Wertekanon höfischer Zeit zurück und plädierte für eine Rückkehr zu traditionellen Bekleidungsweisen. So sieht Heinrich der Teichner (2. Hälfte 14. Jahrhundert) in neumodisch engen und kurzen Männerröcken vor allem ein Zeichen höfischer Zuchtlosigkeit. Dies sei die Tracht der Gaukler und Possenreißer, nicht die der Männer von Stand.[393] Für ihn gelten lange, kostbare Gewänder als Ausdruck edler, höfischer Gesinnung, kurze, knappe Kleider stehen in seiner Werteskala für das Gegenteil. Die Kleiderkritik Teichners ist primär als Klage über den Niedergang höfischer Kultur zu lesen, da sich der Adel durch solch ungebührliches Kleiderverhalten mit den unteren Ständen gemein mache. Bürgerliche Kritiker, die sich als Reformer verstanden, sahen sich hingegen aufgerufen, die als höfisch-dekadent

181 A. Dürer: *Eva isst den Apfel.* Holzschnitt aus der Moralschrift des Geoffroy de la Tour Landry. Ausgabe Basel 1493.

empfundenen Extremmoden als Irrwege vorzuführen und der Lächerlichkeit preiszugeben. Ihre Kleiderkritik zielte auf die Überwindung alter und Schaffung neuer Werte. Kirche und Staat riefen in dieser Umbruchsphase mit Nachdruck dazu auf, die ständische Ordnung zu respektieren und sich vor unstandesgemäßem, kostspieligem Kleidergebaren zu hüten. Gedroht wurde mit Gottes Zorn (Verlust des ewigen Lebens) respektive Verschuldung und Verarmung (Statusverlust). Beide Kräfte trachteten danach, die unter ihrer Obhut Stehenden zu schützen, sie vor folgenreichen Fehltritten zu bewahren und die öffentliche Ordnung im Lot zu halten. Der Druck, der sich durch die Dynamik zwischen den nach oben strebenden und den sich nach unten abgrenzenden Ständen aufbaute, wurde recht erfolgreich durch die ausführlich in Wort und Bild propagierte Aussicht gemindert, dass weder Tod noch Gott sich durch die gesellschaftliche Positionierung einer Person beeinflussen ließen. Ob Papst, Kardinal, Kaiser, Bürger oder Bauer – der Sensenmann schneide ausnahmslos alle, auch der Weltenrichter urteile ausschließlich auf Basis moralischer Kriterien.

Nach 1500 wurde das Postulat einer Einheit von höfischer Kleiderpracht und höfischem Edelmut gänzlich obsolet. Auch begann sich das Kräfteverhältnis zwischen Kirche und Staat im Zuge der Säkularisierung nachhaltig zugunsten des Staates zu verschieben, bis schließlich die Kirche in weltlichen Belangen ihre Vormachtstellung vollständig verlor. Auf kirchliche Unterstützung brauchte die Staatsgewalt in ihren Bemühungen um Stabilität und Luxusbegrenzung jedoch nicht zu verzichten. Nicht wenige Prediger des 16. Jahrhunderts vertraten de facto nicht nur die göttliche, sondern auch die ständische Ordnung. Mit den Worten: „Lasset uns (ein jeder in seinem stand/ er sey Weib oder Man) Christliche bescheidenheit/ und maß in der kleidung/ unnd zierde des Leibs halten: wie uns/ als Christen/ wol ansteht,“ [394] beschließt Lucas Osiander seine Rede *Von hoffertiger Kleidung* (1586) und dürfte damit auch den Obrigkeiten aus dem Herzen gesprochen haben. Bei den Kleiderordnungen selbst ist im Verlauf der Jahrhunderte eine kontinuierliche Verschiebung vom Allgemeinen (Luxus, Verschwendungssucht) zum Besonderen (detaillierte Auflistung nach Ständen) zu konstatieren. Hierbei intonierten die Anti-Luxusverordnungen die kirchliche Modekritik nur weltlich, während die konkreten Bezüge der Kleidererlasse nach 1350 die bürgerliche Interessenslage ausdrückten.

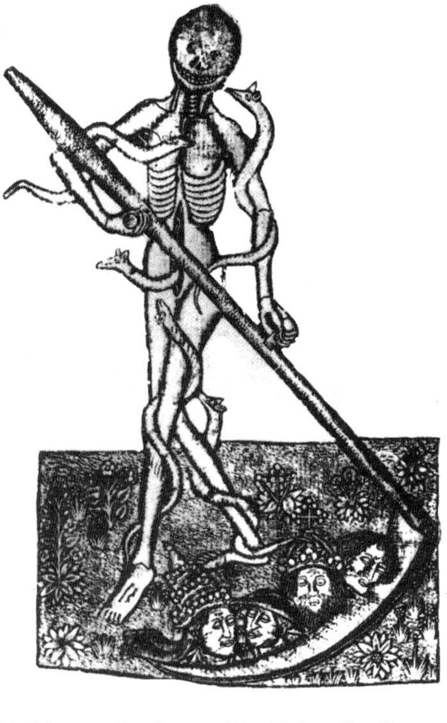

182 *Mors omnia adaequat* (Der Tod macht alle gleich). Kolorierter Metallschnitt, Deutschland, um 1470. Der Tod als Schnitter mäht ohne Ansehen der Person, während auf der Wiese des Lebens noch viele große und kleine Blumen blühen.

In den modekritischen Schriften bildeten sich die gesellschaftlichen Veränderungen zunächst dadurch ab, dass die bis dato primär in der Auslegung der Heiligen Schrift begründeten Episteln modifiziert und um weltliche Argumente erweitert wurden. Moralsatiriker, die sich nun bevorzugt des Kleiderthemas annahmen, knüpften zwar in ihren Kernaussagen an von kirchlichen Kritikern Vorgebrachtem an, fokussierten dann aber auf Normverletzungen durch unsittliches oder ungebührliches Kleiderverhalten: fremde Moden, modische Extravaganzen, aufreizende Entblößungen oder Outrierungen sowie Störungen der öffentlichen Ordnung. Auch waren die Strategien, die hoffärtige Menschen zum Maßhalten oder Umkehren bewegen sollten, hier gänzlich andere. Während Prediger dazu aufriefen, sich gegen das Böse zu wehren und nicht von Gottes Weg abzuweichen, hielten Moralisten Sündern den Spiegel vor, auf dass sie ihre eigene Torheit erkennen mögen. Die kirchliche Strategie zielte vor allem auf Ängstigung und Einschüchterung ab, die weltliche setzte primär auf Einsicht und Selbsterkenntnis, wobei sich in der Übergangszeit häufig beides mischte.[395] Zudem änderte sich die Tonlage der vorgebrachten Argumente in bemerkenswerter Weise, die Reden wurden spöttischer, witziger, derber. Ursächlich hierfür ist zum einen der Vermarktungsaspekt – die Traktate sollten gut verkäuflich sein –, zum anderen die Neuausrichtung von Autoren und Adressatenkreis, nun fast alle bürgerlicher Herkunft. Das stete Fortschreiten der Säkularisierung spiegelt sich in den mit Kleidung befassten Textquellen der Frühen Neuzeit paradigmatisch wider, indem das Begehen einer Todsünde (Hoffart) sukzessiv in ein menschliches Laster (Stolz, Eitelkeit, Gefallsucht) und närrisches Treiben (Torheit) umgeformt wird, in Verhaltensmodi, die eher entschuldbar waren.

Auch bei den modekritischen Bildquellen erweiterte sich der Themenkanon nach 1500 erheblich. Dieser Prozess wurde zusätzlich dadurch forciert, dass Künstlern durch die Herausbildung neuer Märkte eine Emanzipation von kirchlichen Auftraggebern möglich wurde und somit größere Freiräume künstlerischen Gestaltens entstanden. Die augenfälligste Bereicherung stellten die kurz vor 1500 eingeführten Narrengestalten dar, die während des gesamten 16. Jahrhunderts die Bilderwelt be- und nicht selten übervölkerten. In seiner 1494 erschienenen Moralsatire *Das Narrenschiff* ließ Sebastian Brant gleich über hundert verschiedene Prototypen auftreten, ein Aufgebot, das in der Folge noch beachtlich erweitert wurde. Narrenfiguren eigneten sich sowohl als Mahner, als auch zur Verkörperungen menschlicher Laster und Unzulänglichkeiten. Zudem ließen sie sich vorzüglich bildnerisch in Szene setzen, ob einzeln oder in Horden, als aktiv Handelnde oder Betrogene. Eine Tuschzeichnung aus den 1520er Jahren zeigt eine freizügig gekleidete Dame mit großkrempigem, mit Straußenfedern reich dekoriertem Hut, wie sie einen *Narrenbaum* schüttelt (Abb. 183). Herunter fallen reihenweise 'reife' und 'unreife' Narren beziehungsweise Narrenköpfe, als Metapher für in törichter Liebe Entbrannte. „Eine schöne Frau schafft Narren so viele sie will",[396] lautet die Bildaussage. Hier hatte der Künstler offenbar jene Tölpel im Visier, die sich durch gelungene Kleiderinszenierungen einer Dame blenden ließen. Auf anderen Bildern gehen durch Liebe Blinde ins Netz, lassen sich fangen oder stolpern in ihr Verderben. Mahnende Narren halten närrischen Menschen den Spiegel vor oder machen hinter ihrem Rücken Faxen, um sie als närrisch bloßzustellen.

In der zweiten Hälfte des 16. Jahrhunderts wird die bildlich ausgedrückte Modekritik nochmals um ein Vielfaches facettenreicher. Jetzt sind es vor allem neu eingeführte 'Spezialteufel' und Personifikationen von Stolz und Eitelkeit, die fremde, ungewöhnliche Moden vorführen und entlarven. Pfauen, Affen und Narren stehen ihnen zur Aussageverstärkung zur Seite, ergänzt durch symbolhafte Accessoires wie Spiegel mit Pfauenfederkranz. Die für die Textquellen konstatierte inhaltliche Verschiebung von schwerwiegendem Vergehen zu tadelnswertem Fehlverhalten bildet sich zeitgleich in den Bildquellen durch Abschwächung der Bedrohungssituation und stärkerer Gewichtung der unterhaltenden Komponenten ab. Eine Sonderstellung nehmen die nach 1560 auf den Markt drängenden illustrierten Flugblätter ein, die 'Wundergeburten' in Wort und Bild vorstellen und deuten. In diesen Doku-

183 Jörg Breu d. Ä. (?): *Der Narrenbaum.* Tuschfederzeichnung, um 1526. Coburg, Kunstsammlungen der Veste Coburg.

menten ist der aus der Exegese abgeleitete Bedrohungsfaktor noch ein letztes Mal überaus präsent, zugleich wird aber auch der Schaulust kaufkräftiger Schichten in hohem Maß entsprochen. Hier werden zwei Extreme zusammengeführt, die mittelalterlich-strenge Verurteilung hoffärtigen Verhaltens und eine neuzeitliche Vermarktungsstrategie, die es versteht, Unglück und Ängste in klingende Münze umzusetzen.

Während sich die Anzahl der Bilder mit Bezug auf religiöse Motive kontinuierlich reduziert, entstehen nun viele Blätter mit profaner Ikonografie. Freier, die sich hinter Reifröcken verstecken, Leimstängler auf Vogelfang oder Affen beim Krösenwaschen gehören zu einer neuen Generation von Spottbildern, die modisches Verhalten mehr oder weniger direkt kritisieren, ohne schroff anzuklagen. Zwei nach der Mode gekleidete Damen, die auf dem Blatt *Einer Jungfrauen Hertz ist gleich einem Dauben Hauß/ Da einer ein Fleucht/ Der ander Auß* (1590) mit „Der Buhler Narrheit“[397] spielen, sind zugleich selbst die Düpierten (Abb. 184). Ihre Verehrer, prächtig gekleidet und mit prallem Geldsack ausgestattet, streben mit kraftvollem Flügelschlag dem Taubenhaus zu, gefleddert und mit leerem Beutel stürzen sie hernach ins Unglück. Ein erster Blick ordnet den umschwärmten Damen die freie Wahl zu: die eine ‘siebt’ sich einen Mann aus, die andere hat bereits einen an der Angel. Doch haben sie, wie der Bildtext mitteilt, ihr eitles, buhlerisches Spiel bereits überreizt und sind selbst Opfer ihrer anmaßenden Selbstüberschätzung geworden.

Hiermit ist die Schwelle einer neuen Epoche erreicht, in der sich Modekritik erstmals als eigenständige Gattung in Form der *Alamode*-Flugblätter etabliert, deren Bildinhalte in der Mehrzahl satirisch-karikierend nach französischer Mode gekleidete Deutsche vorführen. Im Hintergrund spielt die theologische Exegese in der Sprache der bildlich ausgedrückten Klei-

184 Monogrammist BHKNGF: *Einer Jungfrauen Hertz ist gleich einem Dauben Hauß.* Kupferstich, Deutschland, 1590. Wolfenbüttel, Herzog August Bibliothek.

derkritik allerdings bis zum Ende der Frühen Neuzeit eine wichtige Rolle, sei es durch konkrete Bildinhalte – Erinnerung an die eigene Vergänglichkeit, dienende Teufelsgestalten, teuflische Einflüsterungen – oder durch Bildverweise mit alt- oder neutestamentarischem Bezug.

An meim geschlecht ich nit verzag,
Dass ich die grossen lobben trag,
Dan nachzuthuen ist affenspil,
Deer brüder mein sindt noch gar vil,
Deen halt Ich diesen Spiegel fuer,
Damit ein Aff den andern ruer.[398]

185 *Laß mich mein Lobben tragen*. Satirischer Kupferstich auf die Mode spanischer Halskrausen. Deutschland, Anfang 17. Jahrhundert.

Anhang

Wider den
Kleider/Plu-
der/Pauſs vnd
Krauß Teuffel.
Durch
Johan. Strauß Elßerberg.

Anmerkungen

1 Für die Mehrzahl der Modehistoriker beginnt nach 1350 das, was man im allgemeinen unter „Kleidermode" versteht: gewerbsmäßige, hochentwickelte Entwurfs- und Schnitttechnik und schneller Wechsel der Formen, Farben und Muster.

2 Die primäre Funktion mittelalterlicher Bildwelten war die der Lobpreisung, Verherrlichung und Erbauung. Dies konstatierte bereits Schultz 1892, S. 285: „Aber gerade die von den Luxusgesetzen verpönten, von den Predigern getadelten Kleider werden wir auch in Miniaturen und Zeichnungen selten dargestellt finden. Die Heiligen, ... die Helden und Heldinnen in den Ritterromanen sind ... immer nur so angezogen, wie es ... züchtig, ehrbar und schicklich erschien."

3 Beispielsweise der „Modeteufel" aus dem *Winchester Psalter* um 1150, siehe Abb. 78 oder der vielzitierte Vergleich Wolfram von Eschenbachs über Taillen, schlank wie die der Ameisen, siehe Kapitel „Anreizung böser Lüste", S. 119.

4 Die Angaben in der Sekundärliteratur lauten: Psalterbuch des 13. Jahrhunderts, Bibliothek von Douai (Wendel, Abb. 13), Englisches Manuskript, 14. Jahrhundert, o. O. (Fuchs 1904, Bd. 1, Abb. 34) und illuminiertes Manuskript aus der 2. Hälfte des 15. Jahrhunderts, British Museum (Wright, S. 103). Von Pierre-Jacques Lambin, dem Leiter der Bibliothèque municipale von Douai, erhielt ich den Hinweis, dass ihnen die Drôlerie unbekannt sei. Eventuell gehöre sie zu dem englischen Psalter MS 171 des Katalogs von Dehaine: *Psalterium cum precibus, calendario et cyclo Paschali*, der während des Ersten Weltkriegs durch unsachgemäße Lagerung fast vollständig zerstört wurde. Die Angabe von Wright konnte noch nicht abschließend verifiziert oder falsifiziert werden, es scheint aber wahrscheinlich, dass es sich um eine freie Nachzeichnung einer Illumination aus der Handschrift Harley 4379, folio 19v handelt, die jetzt zu den Beständen der British Library gehört. Dank an Elaine Pordes, British Library, die diese Angabe von Wright überprüfte.

5 Verändert wurden bei der Transkription zumeist: Angleichung der Groß- und Kleinschreibung; Veränderung von j zu i und v zu u (nach modernem Sprachgebrauch). Überschriebene Zeichen wurden weggelassen (o über u) oder eingefügt (e zu u etc.); durch Striche gekennzeichnete Abkürzungen wurden ausgeschrieben (uñ zu und etc.).

6 Cyprianus: *Liber de habitu virguinum*, c. 14, Sp. 465. Cit. nach Lehmann-Langholz, S. 92. Originaltext ebd. Hierzu auch Tertullianus in *De Cultu feminarum*: „Gott hat an nichts Wohlgefallen, was er nicht selber hervorgebracht hat. Konnte er nicht auch purpurrote oder stahlblaue Schafe erschaffen? Wenn er es vermochte (und nicht tat), so hat er es eben nicht gewollt; was Gott aber nicht machen wollte, das darf man auch nicht machen." Ebd., S. 133.

7 Fällt die Entscheidung nicht eindeutig aus, kennt die katholische Heilslehre den zeitlich begrenzten Zustand des Fegefeuers zur Abbüßung minder gewichtiger Sünden.

8 Cit. nach der Luther-Bibel in der Fassung von 1545.

9 Cyprianus: c. 21, Sp. 473. Cit. nach Lehmann-Langholz, S. 141. Lat. Originalfassung ebd.

10 Cit. nach ebd., S. 134.

11 Gregor von Nazians (um 329 – um 390): *Gegen die Putzsucht der Frauen*. Verbesserter griechischer Text mit Übersetzung, hrsg. von A. Knecht, Heidelberg 1972. Zur Buhlerei: „Diese Künstlein entspringen nicht der Sittlichkeit, sondern der Buhlerei; denn alles, was du an Kunstgriffen in Hinblick auf die Männer anwendest, ist Buhlerei." Cit. nach Lehmann-Langholz, S.147.

12 Die Systematisierung der Hauptsünden beschäftigte zahlreiche Theologen. Der erste Katalog, aufgestellt von Evagrius von Pontus (2. Hälfte 4. Jahrhundert), nennt acht Hauptsünden, die Zusammenschau der sieben Todsünden geht auf Papst Gregor I. (um 600) zurück. Seine für die folgenden Jahrhunderte vorbildhafte Reihung lautete: Stolz – *Superbia*, Neid – *Invidia*, Zorn – *Ira*, Traurigkeit (Trägheit) – *Acedia*, Habgier – *Avaritia*, Völlerei – *Gula* und Wollust – *Luxuria*. Es gibt zwei männliche Lasterpersonifikationen (Avaritia, Ira), die anderen sind weiblich. Ausführlich hierzu siehe Hempel: Übermuot diu Alte... Der Superbia-Gedanke und seine Rolle in der deutschen Literatur des Mittelalters, Bonn 1970.

13 Cyprianus: *Liber de habitu virguinum*, c. 5, Sp. 457. Cit. nach Lehmann-Langholz, S. 139. Lat. Originalfassung ebd.

14 Cit nach ebd., S. 138. Lat. Originalfassung des Tertullianus: *De Cultu feminarum*. II, 13, 7, S. 370. Tatsächlich gab es seit dem 2. Jahrhundert 'gottgeweihte Jungfrauen', die sich durch ein öffentliches Gelübde zu Bräuten Gottes erklärten und hierin vom Bischof bestätigt wurden. Als Zeichen ihrer mystischen Vermählung empfingen sie den Schleier der verheirateten Frau.

15 Aurelius Clemens Prudentius, geboren 348 n. Chr. in Spanien, gestorben nach 405, gilt als der bedeutendste christliche Dichter des Altertums. Nach ei-

ner Karriere als hoher Verwaltungsbeamter und Berater des Kaisers Theodosius, zog er sich aus dem öffentlichen Leben zurück und lebte fortan als christlicher Dichter. Er zählt zu den meistgelesenen Autoren des Mittelalter.

16 Homburger, S. 146.

17 Siehe Kapitel „Spiegel der Selbstverliebtheit", Abb. 57.

18 NT, Offenbarung 17 (Auszug): „Und da sah ich ein Weib sitzen auf einem scharlachroten Tier. (...) Und das Weib war in Purpur und Scharlach gekleidet und trug reichen Schmuck von Gold, Edelsteinen und Perlen." Hurerei ist ein biblisches Bild für den Götzendienst, die Hure steht für die Stadt Babylon. Siehe Abb. 58.

19 Siehe Exkurs: „Von den Klugen und den Törichten Jungfrauen".

20 Mittelalterliche Exempelgeschichte, vorgestellt von Osiander (1586), S. 10.

21 Trübners Dt. Wörterbuch, Berlin 1955, Stichwort 'Sünde'. Zur Entwicklungsgeschichte des *superbia*-Begriffs siehe Hempel, Kap. „Der ahd. Wortschatz für das Feld der superbia".

22 'Fahren' in seiner allgemeinen Bedeutung stand im MA für 'leben' oder 'sich befinden'. Nach Kluge, Berlin 1999, Stichwort 'Hoffart'. Die Ableitung von Hof, höfisch scheint naheliegend, ist aber historisch nicht korrekt.

23 Für den Begriff 'Hochmut' ist eine ähnliche Bedeutungsverschiebung zu konstatieren. Mdh. *hôchmut* stand zunächst für 'hohen Mut' (Stolz, Selbstvertrauen), auch im Sinn von 'gehobenem Mut' (Freude), wandelte sich dann zu 'Hochmut' (dünkelhafter Stolz, Überhebung, Pracht).

24 Joachim Westphal: *Wider den Hoffartsteufel*, Eisleben 1565, S. 24.

25 Die Predigten des Berthold von Regensburg in jetziger Schriftsprache hrsg. von Franz Göbel, Regensburg 1906, S. 485. Die Predigten wurden vermutlich nicht von ihm selbst, sondern seinen Zuhörern aufgeschrieben und sind ausschließlich in späteren Niederschriften überliefert.

26 Ebd., S. 486.

27 Cit. nach Hughes in: Duby, Bd. 2, S. 157.

28 H. Rupp, S. 214. Cit. nach Lehmann-Langholz, S. 51.

29 Siehe Lehmann-Langholz, S. 55ff.

30 Übersetzt: *Erinnerung an den Tod*, ein Moralgedicht, in dem der Dichter (vermutlich ein Laienbruder ritterlicher Herkunft aus dem Kloster Melk) an die Vergänglichkeit alles Irdischen erinnert und die Verderbtheit der Menschheit geißelt.

31 Ebd., S. 106f. Ausführlich über die Kleiderkritik des Heinrich von Melk siehe Lehmann-Langholz, S. 102-123.

32 Geiler von Kaysersberg, cit. nach Bauer, S. 121.

33 Üblicher Weise wurde in der höfischen Zeit äußere Pracht mit innerer Vollkommenheit gleichgesetzt und war demzufolge sakrosankt. Vgl. Kap. „Sünde, Narrheit, Affenspiel", S. 156.

34 Quellentext: „Wie vil ich wil,/ Es si grefin, fürstin als frigin,/ So sind si schier all ains sinn./ Si tuond sich von hoffart blaegen,/ Sie möchtend alle zerschraegen." Vers 12068-12072, cit. nach Lehmann-Langholz, S. 261.

35 Quellentext: „Und brisend sich in so rain,/ Das si enmitten werdin klaîn;/ Und machend grosz hüllan und büsch/ Und tribend damit grosz getüsch;/ Und machend hadran und lappen/ An rök und och an kappen;/ Eng/ rök mit langen flügel,/ Darinn jegentz als ain brügel./ Der ist mit fehem underzogen." Vers 12073-12081, cit. nach ebd., S. 261.

36 Vgl. ebd., S. 262ff.

37 Quellentext: „Denn der lützel ist ietz ze diser frist,/ Das ain ersrokenlich ding ist./ Wann er hat gedinget siben knecht,/ Die ziehend im die sege recht:/ Das sind die siben houptsünd,/ Die ich üch hernach verkünd." Cit. nach Schweitzer, S. 252.

38 Fuchs 1906, S. 48. In der 2. Hälfte des 15. Jahrhunderts entstanden in unzähligen, auch kleineren Städten Druckereien. Gedruckt wurden zunächst großformatige Bücher kirchlichen und weltlichen Inhalts und Einblattdrucke mit Auflagenhöhen von 10.000 Exemplaren und höher. Die ersten Jahrzehnte des 16. Jahrhunderts brachten dann nochmals eine erhebliche Steigerung. Siehe Ausst. Kat. Heidelberg 1980, Einführungstext, und Wäscher, Bd. 1, Einführung in die frühe Flugblattproduktion.

39 Vorgelegen hat hier die Ausgabe Augsburg 1488 (Zürich, Zentralbibliothek, Abt. Alte Drucke).

40 *Selen Wurczgarten*, Teil 1, Kap. 7, S. 61 v.

41 Der Titel der Handschrift Geoffroy de la Tour Landrys um 1370/71 lautet: *Livre pour l'enseignement de ses filles*. Das Werk wurde Ende des 15. Jahrhunderts von Marquard vom Stein ins Deutsche übersetzt und zu einem vielgelesenen Volksbuch dieser Zeit.

42 Bildüberschrift: „Wie eym Ritter syn wib gestorben wz/ dero sel von sant Michel gewegen wart/ vnnd aber der tüfel jre röck so sy jrem leben hat gehept/ vff die wage legt vnd dar von sy thett überwegen." Faksimile-Neudruck, Unterschneidheim 1970, nicht paginiert. Der Erzengel Michael tritt häufig als Seelenwäger auf, sehr eindrucksvoll z.B. bei Urs Graf, in einem Stich von 1516.

43 Ebd., nicht paginiert.

44 In dem 112 Holzschnitte umfassenden, mit moralkritischen Versen versehen Werk versuchte Brant,

alle menschlichen Laster, Unzulänglichkeiten und Schwächen unter dem Begriff der Narrheit zu subsumieren. Indem er die Narrheit zur Regel erklärt, vermittelte er den Eindruck einer 'verkehrten Welt' und forderte seine Leser auf, ihren Blick auf sich selbst (die Narren) und die Welt (das Tollhaus) zu schärfen. Die Erkenntnis des Falschen soll zu Einsicht und Umkehr führen.

45 Siehe Vorrede Sebastian Brants zum Buch *Das Narrenschiff* (1494). Originaltext: „Zu nutz vnd heylsamer ler/ vermanung vnd ervolgung der wyßheit/ vernunfft vnd straff der narheyt/ blintheyt yrrsal vnd dorheit/ aller staet/ vnd geschlecht der menschen: mit besunderem flyß ernst vnd arbeyt/ gesamelet zu Basel: durch Sebastianum Brant." Cit. nach Reclam-Ausgabe, Stuttgart 1964, S. 5. Brants *Narrenschiff* erlebte nicht nur diverse Neuauflagen, sondern wurde auch zum Vorbild zahlreicher anderer Werke (z.B. *Verdorbenes Schiff der Handwerker*, um 1540).

46 Brant, S. 7ff. *gebrist* = fehlt.

47 Cit. nach ebd., S. 10f. *Wil* = besonders der Schleier der Nonne; Mädchen / *Metzen* = leichtfertige Mädchen (ohne verächtliche Nebenbedeutung).

48 Vorrede von W. C. Spangenberg. In: Joachim Westphal: *Wider den Hoffartsteufel*, Eisleben 1565.

49 Ebd., Inhaltsverzeichnis Westphal.

50 Vgl. ebd., nicht paginiert.

51 Ebd., nicht paginiert.

52 Ebd., nicht paginiert.

53 Johann Strauß: *Wider den Kleider/ Pluder/ Pauss vnd Krauß Teuffel*, Leipzig 1581.

54 Siehe Kap. „Anreizung böser Lüste", S. 135.

55 Über die Hintergründe und den Erfolg des verlegerischen Großprojektes siehe Grimm, S. 529ff.

56 So stellt beispielsweise das Titelbild der Schrift von Johann Strauß keinen Teufel, sondern allein einen übertrieben modisch gekleideten Herrn dar.

57 Siehe Kapitel „Kleider der Demut", S. 14.

58 Vgl. hierzu Eggenberger, S. 80: „Die Handstellung vor dem Bauch lässt sich mühelos mit den Zügeln ergänzen, die Figur versucht, das Pferd zurückzuhalten. Die im Zuge flatternden Haare geben ihrerseits die Illusion der rasanten Bewegung wieder; ein kleines Meisterwerk in dieser auf den ersten Blick unscheinbaren Zeichnung."

59 Cit. nach *Hortus deliciarum*, hrsg. von H. G. Rott, S. 5. Das Original befand sich in der Bibliothek Strassburg, die 1870 bei der Belagerung der Stadt einem Brand zum Opfer fiel. Große Teile des Werkes wurden jedoch im 19. Jahrhundert kopiert, sodass die Handschrift auf diese Weise noch immer zugänglich ist.

60 Auf Porträtdarstellungen ist das durch die Schlitze des Ärmels gezogene Unterfutter üblicher Weise akkurat in Reihen angeordnet.

61 Titel des Blattes *Die Eitelkeit* von Hans Burgkmair, abgedruckt in Hirth, Bd. 1, Abb. 359.

62 Vgl. Gregor von Nazianz (griech. Kirchenlehrer, um 329 – um 390) über radschlagende Pfauen: „Wenn der Pfau (sagt man) das Rad schlägt, den Hals emporgebogen, golden und sternenübersät, so schreit er voller Verliebtheit nach dem Weibchen." Cit. nach Lehmann- Langholz, S. 147.

63 Das Dekolleté einrahmende, im Nacken hochstehende, über Draht versteifte Spitzenkragen, die in Italien und Frankreich anstelle der Krösen getragen wurden. Nach Loschek, S. 354.

64 Schoßhündchen sind häufiges Attribut von Prostituierten, der Affe hat stets einen negativen Symbolgehalt, verweist auf Schändliches, zu Verachtendes.

65 Eine Untersuchung von Darstellungen der genannten Personifikationen unter dem Aspekt der Kleiderinszenierung ist ein Desiderat der Forschung.

66 Friedhofsinschrift. Cit. nach Strauß, Teil 1, Kap. 2, nicht paginiert. Der Vers ist bereits in dem Psalter der Bonne von Luxemburg, Paris 1348/49, Vergänglichkeitsbild (Folio 321) nachzuweisen.

67 Sehr eindrücklich bei Heinrich von Melk: *Von des todes gehugde* (um 1160), siehe S. 78.

68 Nach Walther, S. 219.

69 Cit. nach ebd.

70 Rolf-Dieter Krischer weist in seinem Aufsatz: „Ein mittelalterliches Doppelporträt von einem Phaleristiker betrachtet" darauf hin, dass in dieser Kombination nur drei Exemplare bekannt sind. In: Lauenburgische Heimat, Heft 158, 2001, S. 65. Ob es von Anfang an als Vergänglichkeitsbild angelegt war, scheint fraglich.

71 Krischer erkannte die Kette als Abzeichen des 'Schwanenordens' und rekonstruierte auf dieser Basis die Identität der Abgebildeten: Herzog Johann IV. zu Sachsen-Lauenburg und Margaretha, Tochter des Kurfürsten Friedrich II. Hieraus schließt er, dass das Bild vor der Hochzeit Johanns mit Dorothee, der jüngeren Schwester Margarethas, im Jahr 1464 zu datieren ist. Die ältere Schwester Margaretha wurde von ihrem Vater mit Herzog Buguslaw X. von Pommern verbunden. Siehe ebd., S. 73f. Im Ausst. Kat. Nürnberg 1983, S. 47, und Ausst. Kat. Kiel 2000, S. 263, waren diese Fakten noch nicht bekannt. Den Literaturhinweis und weitere Informationen zu dem Gemälde verdanke ich Dr. Claudia Tanck, Lauenburg.

72 Der *Hennin*, in Dt. auch *Burgundische Haube* genannt, bezeichnet eine weibliche Kopfbedeckung in Form eines hohen spitzen oder auch abgestumpften Kegels, die im späten 14. und 15. Jahr-

hundert zur Burgundischen Hofmode gehörte. Der Schleierdekor wird als *Flinder* bezeichnet und war oft schleppend.

73 Übertragung in modernes Deutsch nach Krischer, S. 65. Originaltext: „Min berger in ewicheit/ ist lust der werlde vrolicheit." „To lust der werlt wil wy vns geven/ wy mogen up erden lange leuen."

74 Cit. nach ebd., S. 68. Originaltext: „Der werlde lust hadde wy utgekoren/ und hebben dat ewige levent verlozen." „O we iamer unde nod/ wy hebben uns ghegeven in den ewigen dott."

75 Es ist fraglich, ob es bereits zum Zeitpunkt seiner Entstehung in der Maria-Magdalenen-Kirche, wo es „seit undenklichen Jahren" (Bericht von 1836) hängt, gezeigt wurde. Wenn ja, wäre das Doppelbild eine überaus eindrucksvolle Moralkritik an adliger Überheblichkeit und Prunksucht im Diesseits, mit Verweis auf Gleichbehandlung im Jenseits.

76 Ihr Blick in den Spiegel und der Griff zum Hals des hinter ihr radschlagenden Pfaus zeigen, dass sie vor allem in sich selbst verliebt ist.

77 Z.B. anhand des Blattes *Mirror of Vice* von Conrad Goltzius aus der Sammlung des Rijksprentenkabinets Amsterdam.

78 Schlusszeile des Textanhangs von Abb. 33.

79 Textanhang von Abb. 34.

80 Text zu einem Kupferstich von Conrad Goltzius nach Hendrick Goltz aus der Serie *Mirror of vice*, London, British Museum. Cit. nach Luijten, S. 54.

81 Unter Kleiderordnungen versteht man von der Obrigkeit erlassene und bis ins 18. Jahrhundert öffentlich durch Ausrufen und Anschläge verkündete Verordnungen, die festschrieben, wer welche Kleidungsstücke tragen durfte bzw. welche Schnitte, Stoffe oder Accessoires aus wirtschaftlichen oder moralischen Gründen generell verboten waren. Sie sind für die Rekonstruktion von Kleidermoden und ihre zeitliche, räumliche bzw. ständisch definierte Verbreitung neben Kleiderinventaren und Rechnungen die faktenreichsten Quellen der Kostümgeschichte.

82 Auch die Pest, das 'große Sterben', wurde in diesem Kontext gesehen.

83 Vgl. Ribeiro, S. 46.

84 Cit. nach Eisenbart, S. 55.

85 Ebd., S. 58.

86 Spangenberg in: Westphal, nicht paginiert. Textauszug: „So halte ich auch er/ heisse ein frembd Kleid/ das wenn sich einer anders denn nach seinem stande kleidet/ vnd also/ das es jhm nich gebüret/ als wenn sich ein Bürger Adelisch/ ein Edelmann Greffisch/ ein Graff Fürstisch kleidet/ vnd so fort an. Solche vnordenung strafft er/ weil sie gewiss aus dem lauter Vbermut vnd verachtung der öbern stende herkömet."

87 Hans Sachs, S. 21.

88 Polizey und Kleider Ordnung, Leipzig 1612. Kapitel V., S. 11.

89 Textauszüge ebd.: „Do man sich aber daran nicht kehren/ sondern zum andern mahle verbotene Tracht gebrauchen würde/ sol der verbrechenden person das Kleid oder schmuck/ so zur ungebühr vnd der Ordnung zu wider getragen worden/ öffentlich abgenommen/ zu gelde gemacht/ in das Hospital des orts gewendet/ vnd hierüber nichts desto weniger ob specificirte straffe von jhr einbracht werden." (S. 40) „Und weil durch die Schneider alle mißbräuche am besten verhütet werden können/ So sol nu hinfüro kein Schneider keinem einig Kleid zuschneiden oder anmachen/ so jhme/ vermöge dieser Ordnung/ zutragen nicht gebüret/" (S. 43). Weitere Quellen über Strafmaße, ihren Wandel und ihre (Nicht-)Effizienz bei Eisenbart und Schultz 1892.

90 Siehe Beispiele S. 22ff.

91 Der Begriff 'Stelzen' leitet sich aus dem mhd. *stelze* ab und bedeutete im Hochmittelalter 'Holzbein' oder 'Krücke'. Im Niederländischen steht *stelt* für *stolz*.

92 Text zu Abb. 40.

93 Hier Nebukadnezar (König von Babylon), Herodes und Luzifer.

94 Eine ausführliche Kommentierung des Blattes siehe Harms, Bd. 1, S. 92.

95 Vincentz, Portius, in: Schmincke für die Jungfrawen vnd Weiber / die sich vnterm Angesichte gerne schön machen vnd schmincken. Dabey eine gewisse Kunst wie mans machen solle/ das eins das andere müsse lieb haben. Allen Jungfrawen/ Jungen weibern vnd Jungen gesellen zum Newenjarmarckte geschanckt. Beschrieben von einem in dieser Kunst wol erfarnen Meister Portius Vincentz welcher diese schöne Kunst an viel Menschen Probiret vnd recht erfunden hat. O.O. [1593].

96 Westphal, nicht paginiert. Zitiert wird die Bibelstelle Lukas 18, Vers 14.

97 Hierzu Harms, Bd. 3, S. 198: „In der Bildmitte steht ein Jüngling in der Situation des Menschen, der über die Ausrichtung seines Lebens zu entscheiden hat. Er verkörpert den freien Willen (Beischrift *liberum arbitrium*)." Er muß zeigen, ob er seine Fähigkeiten im rechten Sinn zu nutzen weiß, nämlich pro Gott. Zu seiner Rechten bietet ihm ein Engel mit der Beischrift GRATIA (Gnade) mit einer Leiter den Aufstieg in den Himmel an (Beischrift CHARITAS (Liebe). Der Weg zur Leiter, die auf einem Kreuz mit der Aufschrift FIDES (Glaube)

steht, führt über den mit Dornen bestreuten Weg der Tugenden. Zu seiner Linken befindet sich eine Blumenwiese mit *Superbia*, auf einem prächtigen Pfau reitend – die Personifikation des menschlichen Hochmuts und Zeichen trügerischer Schönheit und Eitelkeit. Ikonografisch wird die Figur der Hure von Babylon zugeordnet."

98 14. und zugleich letzter Vers des Textanhangs von Abb. 41.

99 Siehe Kapitel „Kleider der Demut", S. 14ff.

100 Der Codex enthält keine exakten Anhaltspunkte für eine Datierung, fest steht jedoch, dass er nicht vor dem späten 4. Jahrhundert und nicht später als Anfang des 7. Jahrhunderts entstand. Vgl. Vorwort *Codices selecti* (Faks.), Graz 1987. Die anderen Evangelien sind verloren.

101 Prunkhandschrift mit alt- und neutestamentarischen Verweisen, überliefert in 188 Blättern, die wegen ihrer monumentalen Buchstaben und Illuminationen nicht für ein liturgisches Buch (Missale), sondern für ein 'Heiliges Buch' gehalten wird. Siehe ebd., S. 32f.

102 In der Fachterminologie wird das mittelalterliche Hemdkleid als Cotte (von altfränk. *kotta*), das Überkleid als Surkot oder Surcot (mhd. *sorkôt*, 'über der Cotte') bezeichnet. Vgl. Loschek, S. 156 und 445f.

103 Vgl. Koerkel-Hinkfoth, S. 109.

104 Ebd., S. 299. Koerkel-Hinkfoth stellt auf S. 107-115 anhand vieler Beispiele Kleidung und Kopfschmuck der Klugen und Törichten Jungfrauen in Gemälden, Illustrationen, Kirchenportalen etc. dar, ohne sich jedoch näher auf ihren kleidersprachlichen Aussagewert zu beziehen.

105 Das Altarbild des Malers Lucas Moser (um 1390 – nach 1434) ist eine gemalte Predigt über Schuld und Vergebung und gilt als ein Hauptwerk der deutschen Tafelmalerei des 15. Jahrhunderts.

106 Die Zaddelmode ist seit dem 12. Jahrhundert bekannt und erlebte in der burgundischen Mode des 15. Jahrhunderts ihren Höhepunkt. Hier waren sogar die Zaddeln in sich nochmals gezaddelt. Vgl. Kühnel, S. 285.

107 Die Wichtigkeit ordentlich aufgelegter Schleier zeigt sich besonders deutlich in Bildern der Hl. Maria, die Künstler stets mit streng symmetrisch angeordnetem Schleier darstellen.

108 Über die Bildsymbolik von auf Nachlässigkeit zurückzuführende Unkorrektheiten und Entblößungen in der Kleidung (gelöste Nesteln, runtergerollte Strümpfe, abgerissene Hosenbeine etc.), die als Zeichen von Vagantentum und Liederlichkeit zu interpretieren sind, siehe Reichel, S. 89ff.

109 Brant, S. 213, Kapitel 60: „Von Selbstgefälligkeit".

110 Synonym für übersteigerte Selbstverliebtheit ist Narzissmus, benannt nach Narcissus, einem schönen Hirten, der sich in sein Spiegelbild verliebte, das ihm vom klaren Wasser zurückgeworfen wurde, und an unerfüllter Sehnsucht zugrunde ging.

111 Über den mittelalterlichen Gebrauch von Spiegeln siehe Schultz 1879, S. 176f. mit Dokumentation von Quellenzitaten.

112 Bürgerinnen und Bürger dieser Epoche scheinen Spiegel exzessiv zur Selbstinszenierung benutzt zu haben. Folgendes Zitat aus den christlichen Belehrungen W. C. Spangenbergs von 1565 gibt einen Eindruck, wie sich diese Gewohnheit für Moralkritiker darstellte: „*Übung für dem Spiegel.* Und ist nun unter andern stücken der Hoffart und desselbigen Fleissiges nicht das Wenigste die Übung für dem Spiegel, das man Leute findet unter Mannes und Weibespersonen, die ihre eigene Übung für dem Spiegel haben, hin und her treten, hinten und vorn sich schauen, sich rencken, lencken, biegen, den schwebischen Tritt, so zum Gepreng gehört, versuchen wie sie fein verzumpffen, sanft und leise, mit verbrochenen Tritten auf 1000. Gulden einher schwantzelieren, den Quergang und Dreischlig wie eines grossen Herrn Pferd, das drehen, kehren, wenden und schwencken am Tanz recht hurtig treffen, sich recht biegen und schmiegen, und als die flog Vöglein daher schwingen können, wie man denn solche Üppigkeit, Fürwitz und unzüchtige Gebärde für Augen siehet, heftig und ungewehret im Schwang gehen, dadurch mannich fromm und unschuldig Herz geärgert, zu böser Lust und unzüchtigen, achamparen Worten und Gebärden gereizt wird." In: Westphal, nicht paginiert.

113 Lied aus dem 16. Jahrhundert, cit. nach der Übersetzung von Burke, S. 198. Originaltext ebd.: Scorgono i suoi difetti in lo specchiarsi,/ Non facili a veder come gli altrui;/ Onde può l'uom da sè ben misurarsi,/ E dir, 'Miglior sarò da quel ch'io fui'.

114 Diese Bildmotive sind als Verweise auf Lehren der Antike zu lesen, in der das kleine Spiegelbild der Pupille als Seele des Menschen galt. So leitete Sokrates den Prozeß der Selbsterkenntnis aus einer Selbstbeschauung in der Pupille eines Gegenauges oder im Spiegelbild des eigenen Auges ab. Vgl. Fraenger, S. 42.

115 Griech. Philiosoph, Historiker und Prediger (um 50 n. Chr. – um 125), Verfasser diverser ethisch-erzieherischer und religiöser Abhandlungen ('Moralia').

116 Nach Woronowa, S. 188.

117 Eine Nachzeichnung dieser Miniatur aus den Beständen der Bibliothèque Nationale de France, ohne nähere Angaben bei Kybalova, Abb. 154.

118 Matfres Ermengaus de Béziers: *Lo Breviari d'Amor.* Katalonien, 1. Hälfte 14. Jahrhundert. Béziers war ein provenzalischer Troubadour, dessen Liebesbrevier in verschiedenen Abschriften aus dem 14. und 15. Jahrhundert überliefert ist. Näheres hierzu siehe Woronowa, S. 214ff.

119 MS Bodley 283. Oxford, Bodleian Library. Faks. mit einer Einleitung von Kathleen L. Scott, Oxford 1980.

120 Ziegenbock und Spiegel sind ikonografisch üblicher Weise als Verweis auf die Todsünde Wollust zu deuten.

121 Bei Kämmen mit doppelter Zahnreihe handelt es sich um Läusekämme. Den Hinweis verdanke ich M. Stähli, Zentralbibliothek Zürich. Vgl. auch Schultz 1879, S. 175: „Staubkämme (nîzkamp)".

122 „Von einer edlen Frau, die vor einem Spiegel stand und sich putzte, und in dem Spiegel den Teufel sah, der ihr den Hintern zeigte." Paraphrasiert von G. W.

123 „Darum nehmt dies als ein Zeichen, euch vor solch langsamen spiegeln und einkleiden zu hüten, durch das ihr die Messe versäumt und andere Leute warten lasst." Paraphrasiert von G.W.

124 Zum Zeitpunkt des Erscheinens des *Narrenschiffs* hatte man wegen der sehr kurzen Röcke die beiden zuvor separaten Beinlinge zusammengefügt und mit einem Latz versehen, der sich allmählich zum Blickfang der Männerhose entwickelte.

125 Zu Details der Figur des Modenarren in Sebastian Brants *Narrenschiff* siehe Lehmann-Langholz, Kap. „Gewandkritik in der Literatur des Übergangs vom späten Mittelalter zum Humanismus", S. 266-281.

126 Brant, S. 22.

127 Ebd., S. 22f. Hier sind auch die im Original verwendeten Begriffe und ihr Bedeutungsspektrum nachzulesen, auf das in diesem Kontext nicht näher eingegangen werden kann.

128 Vgl. ebd., S. 340.

129 Ebd., S. 339.

130 Der Haselnussstrauch galt im Mittelalter als Zauberstrauch mit magischen Kräften, aus dem man z.B. Wünschelruten schnitt.

131 Ebd., S. 340.

132 Ebd., S. 343f. Im wesentlich klangvolleren, aber für ungeschulte Leser schwer zu lesenden Originaltext heißt es: „Wer hochfart tribt/ den nydert got/ Demuot er allzyt gehöheret hat."

133 Die *Vier letzten Dinge* sind „Die Todesstunde", „Auferstehung der Toten und Weltgericht", „Das Himmelreich" und „Die Hölle". Auch bei der Höllendarstellung kommt der Hoffart die zentrale Rolle zu, ein Zeichen, dass diese Sünde in jener Zeit tatsächlich als aller Laster Anfang gewertet wurde.

134 Hierbei handelt es sich vermutlich um eine Hohlsaumstickerei, die in dieser Zeit als Schmuckelement diente.

135 Westphal, nicht paginiert.

136 Zur ausführlichen Deutung der „Sieben Todsünden" von H. Bosch siehe Fraenger, S. 272ff. Tod und Teufel treten im 16. Jahrhundert oft als Paar auf, die gemeinsam sich versündigende Menschen bedrohen.

137 Diese als Bund- oder Kugelhaube bezeichnete Haube entwickelte sich vermutlich aus der Unterhaube des Sturzes. Sie ist seit Ende des 15. Jahrhunderts bekannt und wurde mit oder ohne Kinnbinde, zunächst als Festtags-, dann als Alltagshaube getragen, bis sie um 1550 verschwand.

138 Vermutlich handelt es sich bei der Kette um eine vergoldete Kupferkette. Diese Ketten waren im 16. Jahrhundert der beliebteste Halsschmuck höherer Stände und tatsächlich ungewöhnlich groß. Überliefert sind Originale mit Gliedgrößen von 2,5–3 cm Breite, sodass für eine Kette 36 Glieder ausreichten, um sie über den Kopf zu ziehen. Abb. z.B. bei Hefner-Alteneck, Bd. 7, Tf. 504.

139 Belege hierzu finden sich in zahlreichen Kleiderordnungen und Moralpredigten der Zeit 1350 – 1700, vgl. Eisenbart u. Schultz 1892.

140 Johann Strauß (1581), nicht paginiert.

141 Siehe Ausführungen in Teil II, Kapitel: „Üppigkeit und Übermut", S. 99 ff.

142 Dasselbe Blatt mit einem etwas anderen, erweiterten Textanhang erschien in Köln 1584.

143 Ein ähnliches Beispiel findet sich bei Johann Strauß: Ein hochmütiges Mädchen aus reichem Haus hatte sich mit einer *ubermutischen Krausen* geschmückt. Ein ihr unbekannter Tänzer fragte sie, wo die Kröse denn geschlossen sei. Auf ihre Antwort „hinten", dreht ihr der Teufel das Antlitz um und spricht: „Es ist billich/ daß das Angesicht auch da stehe/ da man die Kröse zumachet." (Siehe Kap. „Üppigkeit und Übermut", S. 110).

144 Der Textanhang im Wortlaut lautet: „Den spiegel is wel oprecht des Duyvels eersgat;/ Die syn lobben daer in set wert sduyvels weerdinne/ Oft die bosken maeckt, en t'haer leyt gecrolt, en plat/ Sulck meynt haer selven te sien, maer siet een sottinne."

145 Die Bild-Text-Diskrepanz konnte hier nur konstatiert und nicht bewertet werden. Hierzu müsste das Quellenmaterial wesentlich genauer und breiter in Hinblick auf Künstler, Autoren und Rezipienten untersucht werden.

146 Ausführliche Kommentierung mit Textauszügen bei Harms, Bd. 1, S. 86.

147 Aus Gründen der Lesbarkeit in freier Übersetzung cit. nach Boehn 1925, S. 214. In der Limburger Chronik des Tilemann Elhen von Wolfhagen (hrsg. von A. Weiss), S. 75, heißt es: „ Item in diser zit (1380) wart der snet von den kleidern vurwandelt also, wer huwer ein." In: Monumenta Germaniae Historica, Bd. 4, 4.1. Gottfried Zendler (Limburg 1930, S. 144) übersetzt die Stelle wie folgt: „In dieser Zeit (1380) wurde der Schnitt der Kleider verändert, so daß, wer heuer ein Meister des Schnittes war, über's Jahr dann ein Stümper wurd, wie man dies hernach genauer beschrieben findet."

148 Höfische Tugend der Selbstbeherrschung und des Maßhaltens.

149 Limburger Chronik von 1350. Cit. nach Monumenta Germaniae Historica 4, 4.1, S. 38.

150 Angabe nach Boehn 1925, S. 192. Die Daten konnten nicht überprüft werden.

151 Vgl. Vorwort, S. 7.

152 Peter Suchenwirt: *Von der Mynn slaff*, 2. Hälfte 14. Jahrhundert. Cit. nach Lehmann-Langholz, S. 249.

153 Sebastian Brant schreibt Ende des 15. Jahrhunderts über bäuerliche Prunksucht: „Die buren tragen syden kleit/ Und golden ketten an dem lib." Cit. nach Schultz 1892, S. 172.

154 Siehe Ausst. Kat. Augsburg 1994, S. 70.

155 Bereits Neidhart von Reuenthal (1. Hälfte 13. Jahrhundert) thematisierte in seinen Gedichten die Nachahmungssucht der Bauern und Werner der Gartenaere schuf mit seiner Erzählung vom Bauernburschen *Helmbrecht* (nach 1237), der sich über seinen Stand erhob und böse endete, ein vielbeachtetes Werk zur Belehrung. Nach 1350 nahm der Druck von unten zu, ebenso wie die Abgrenzungsversuche der Höherstehenden.

156 Jost Amman: *Das Ständebuch*. Frankfurt am Main, 1568. Cit. nach Reprint Leipzig 1989.

157 Die beiden Pergamenthandschriften wurden 1658 vom Herzog August d. J. von Braunschweig für die Wolfenbütteler Bibliothek erworben und befinden sich heute im Herzog-Anton-Ulrich Museum, Braunschweig. Matthäus Schwarz hat sich seit dem 14. Lebensjahr Kleidernotizen gemacht, selbst Skizzen angefertigt und die Aufzeichnungen dann von Künstlern übertragen lassen. Ein Bild von 1514 versah er mit dem Kommentar: „da fieng ich an meine Klaider aufzözeichnen." Ausführlich über die Schwarz'schen Trachtenbücher siehe August Fink, Berlin 1963.

158 'Kleider-Ich' meint den Zustand, dass sich das Ich mit den eigenen Kleidern gleichsetzt, der Mensch nicht mehr den eigenen Körper, sondern seine Kleidung als Grenze, als äußeren Ring des Ichs, empfindet.

159 Dies ist auch durch Tagebucheintragungen zu belegen, z.B. den Notizen Job Rorbachs Ende des 15. Jahrhunderts: „Anno 1494 nona novembris tett ich an ein schwarz gefirnest barchen wameß zu minen rotten hassen (Hosen)"; „Anno 1495 decima nona februarii tett ich ein newen leberfarben mantel umb und ein newen girtel, und ein newen Welsch secklin hing ich bi mich."; „Anno 1495 ... hat mir waß Clar ein brosttuoch gestikt mit golt und ein guldin wolkich schnor daruf geschenkt." Cit. nach Schultz 1892, S. 337.

160 Basis ihrer Argumentation war die Bibel, die sie in höchst anschaulicher Weise auszulegen wußten: „Adam wäre zutiefst erschrocken, sähe er die heutige Kleidung: 'Was ist das? Mein Kleid war ein Rock von Fellen/ Jetzt sind die besten Kleider von Wolfs und Fuchsbelegen ....'" Strauß 1581, Auszug aus einer Predigt, nicht paginiert.

161 Cit. nach Westphal, Kap. „Von dem schmincken...", nicht paginiert.

162 Strauß, Vorwort.

163 Sehr anschaulich bei Thomas Murners Gedicht *Fantasten beizen* in: Die Narrenbeschwörung, 1512, hrsg. von Karl Goedeke, Leipzig 1879, S. 46ff.

164 'Weltstolz' bezeichnet den menschlichen Hochmut, der sich in weltlichen Dingen ausdrückt. Vgl. Kap. „Hoffart ist ein Todsünd", S. 19.

165 Dieser Begriff wird in allen deutschsprachigen Veröffentlichungen verwendet, ist aber m.E. keine korrekte, den Kern der Aussage treffende Bezeichnung. Nachzeichnungen dieser Teufelsdarstellung mit z.T. inkorrekten Angaben finden sich u.a. im Ausst. Kat. München 1984, Abb. 166 (Modeteufel, 14. Jahrhundert), Fuchs 1906, Abb. 245 (Modeteufel, mittelalterl. Karikatur), Mützel, S. 171 (Modeteufel, 12. Jahrhundert), Brüggen, Abb. 22, nach Schultz 1879, S. 200, Fig. 53 (Karikatur aus einer Oxforder Handschrift).

166 Matthäus 4, Vers 8-11: „Und wieder nahm ihn der Teufel mit sich auf einen sehr hohen Berg, zeigte ihm alle Königreiche der Welt und ihre Herrlichkeit und sagte zu ihm: 'Das will ich dir alles geben, wenn du dich niederwirfst und mir huldigst!' Da sagte Jesus zu ihm: 'Fort mit dir, Satan! Es steht ja doch geschrieben: Dem Herrn, deinem Gott, sollst du huldigen und ihm alleine dienen!' Da ließ der Teufel von ihm ab, und siehe, Engel traten zu ihm und bedienten ihn."

167 Die Darstellung des Teufels mit Raubvogelgesicht ist vermutlich englischen Ursprungs (vgl. Otto Pächt: The St. Albans Psalter, S. 86). Siehe auch

Erhard Schoen: Teufel mit Dudelsack, um 1535 (Abb. 167).

168 Auf die Diskrepanz zwischen der Idealisierung der höfischen Kultur in der höfischen Dichtung und der Ablehnung eitlen Treibens durch die Vertreter der Kirche als Charakteristikum der höfischen Epoche kann hier nicht näher eingegangen werden. Dieser Komplex wurde ausführlich von Lehmann-Langholz in ihrer Dissertation „Kleiderkritik in mittelalterlicher Dichtung", Frankfurt/ Main 1985, diskutiert.

169 Diese Interpretation wird auch durch zeitgleiche Textquellen gestützt, z.B. bei Gaufredus Vosiensis (1180), der Frauen mit Schleppen mit Schlangen vergleicht. Siehe Kap. „Üppigkeit und Übermut", S. 78.

170 Bouquet, Rec. XII., 450. Cit. nach Schultz 1879, S. 199.

171 Heinrich von Melk: „Erinnerung an den Tod" (um 1160). Vgl. Kap. „Hoffart ist ein Todsünd", S. 20.

172 Ebd. (TG V. 319-327). Cit. nach Lehmann-Langholz, S. 106 .

173 Salimbene de Adam: *Cronica*, S. 246. Cit. nach Brüggen, S. 89.

174 Landry, cit. nach Wendel, S. 17.

175 Vgl. K. F. Hüllmann: Städtewesen des Mittelalters, 4 Bde., Bonn 1826–29; Bd. 4., S. 142 (Aalen 1974).

176 *Anecdotes historiques*, Nr. 283, S. 236. Cit. nach Brüggen, S. 164f.; ergänzt durch Fuchs 1906, S. 308f.

177 Siehe Brüggen, S. 164f.

178 Ebd. Dieses Beispiel ist offenbar sehr beliebt, da es von vielen Quellen noch bis ins 16. Jahrhundert nacherzählt wird, u.a. von Johannes Pauli in: *Des hochwirdigen doctor Kaisersperg narrenschiff*, Straßburg 1520.

179 Ein genauer Nachweis zu dieser bei Kybalova (Abb. 154) abgedruckten Nachzeichnung konnte bisher nicht ermittelt werden. Vgl. Kap. „Spiegel der Selbstverliebtheit", S. 56.

180 Originalfassung: „... so waiz ich noch ein ander maer/ dez man wol geriet in landen: zwen säum an vrawn gewanden/ daz ist gar ein gaemleich hab. man sol daz uebrig sneyden ab/ und hefts an ir man gespeng/ der ir chlaider sind so eng. ist daz nicht ein gaemleich tat? dw man habent zu chlainew wat/ und die vrawn ueber maz." Die Gedichte Heinrichs des Teichners, Bd. 1, S. 192, Vers 34-43, cit. nach Lehmann-Langholz, S. 254.

181 Cit. nach ebd., S. 157. Hierzu ergänzend Lehmann-Langholz, S. 256: „Der Dichter behauptet, er selbst würde, wenn er den größten Reichtum der Welt besäße, seiner Frau keine aufwendige Aufmachung finanzieren. Das Geld gäbe er statt dessen den Armen, denn nur so verdient man sich die himmlische Seligkeit."

182 Vgl. Vintler: V. 9401-9416ff: „das ain soleich hudel vor/ solte vor mein also gan.", cit. nach Schweitzer, S. 138.

183 Cit. nach Schultz 1892, S. 346f.

184 Cit. nach ebd., S. 347.

185 Originaltext der Handschrift: „une boigoise de bethleem".

186 In der Beschreibung des Blattes im Ausst. Kat. „Altdeutsche Zeichnungen aus der Universitätsbibliothek Erlangen", München 1974, S. 25, wird davon ausgegangen, dass es sich hier um eine Kostümstudie handelt, bei der der Zeichner „sein Sujet nicht ganz ernst genommen", sondern durch „leicht spöttelnde Übertreibung eine Art Modekarikatur geschaffen" habe. Dieser Beschreibung ist m.E. nur bedingt zuzustimmen, es handelt sich wohl eher um die Bloßstellung einer hoffärtigen, nach anderen Männern Ausschau haltenden Ehefrau. Hierbei wird vermutlich dieselbe Person in zwei verschiedenen Studien dargestellt, denn die Kleider und Hauben gleichen sich bis ins Detail, was sonst sehr ungewöhnlich wäre.

187 *Der Selen Wurczgarten,* Teil 2, Kap. 21, nicht paginiert, paraphrasiert von G. W. Von der gleichen Begebenheit berichtet Caesarius von Heisterbach und zieht den Schluss: „Wahrhaftig: die Putzsucht der Frauen ist ein Netz des Teufels." Vgl. Textquellen Kap. „Üppigkeit und Übermut", S. 80 und Brüggen, S. 165, die zum Teil den gleichen Wortlaut aufweisen.

188 Westphal, nicht paginiert. Interessant ist die Mehrdeutigkeit des Wortes Filz: Filz (deutsch für gewalkte Wolle), Filz (seit dem 15. Jahrhundert Begriff für 'grobschlächtiger Bauer') und filth (englisch für Schmutz, Dreck).

189 Ebd.

190 Schultz 1892, S. 312.

191 *Statuta Bononiae* I, 363-368. Cit. nach Hüllman, Bd. 4, S. 142.

192 „Item sullin juncfrawen und frawn ire mentel und rocke an der lengde gewonlichen sneiden und machen lossin, so das sy nicht lennger wen ener queren handbreyt dy erde rure." Cit. nach Schultz 1892, S. 323.

193 Cit. nach ebd.

194 Cit. nach ebd., S. 333.

195 Landesordnung des Kurfürsten zu Sachsen, Wittemberg 1546, nicht paginiert.

196 Der Turtur bezeichnet die hohe, schmale, kegelbis stabförmige Kopfbedeckung der Frau, geht vermutlich auf persische und chaldäische Kleidertraditionen zurück und kam im 14. Jahrhundert

als orientalisches Trachtenelement nach Europa. Nach Loschek, S. 461.

197 Geoffroy de la Tour Landry: *Von den Exempeln der gotsforcht und erberkeit.* Nicht paginiert (Kapitel „Von Eva wie die jm paradyse jn den apfel beyß durch rat der schlangen"). In der Sekundärliteratur (Arnet 1958, S. 263; Ausst. Kat. Bild als Waffe, S. 281 u.a.) wird nur der Satz „Hörnerhauben tragende Frauen ähnelten gehörnten Hirschen, welche den Kopf senken, wenn sie in den Wald gehen" zitiert, wodurch sich der warnende Charakter des Vergleichs nicht erschließt.

198 Vgl. Ausführungen von Ribeiro, S. 52f. Das Gedicht wurde ursprünglich dem Hofpoeten Alain Chartier zugeschrieben, heute vermutet man dahinter eher einen Mönch, der die Damen vor ihrer Verdammnis retten wollte.

199 Cit. nach Wendel, S. 27f. Die Hussiten verdammten jedwede Äußerung des 'Weltstolzes', insbesondere auch farbenfrohe, reich ausgestattete, modische Kleider.

200 Auszug aus der *Schellenpredigt* (1498), cit. nach Schultz 1892, S. 343.

201 Vgl. Gerhard Jaritz: Schnabelschuh und Hörnerhaube, in: 8. Österreichischer Kunsthistorikertag, S. 8f.. Genau genommen handelt es sich nicht, wie bei ihm angegeben, um eine Hörnerhaube, sondern um den Wulst, mit dem sie gebildet wird. Die ausgestopfte Rolle wurde u-förmig am Hinterkopf fixiert. Ihre hochstehenden, spitz auslaufenden Enden bildeten dann die Basis der Hörnerhaube. Detailliert über die 'Verbrennung der Eitelkeiten' siehe Daniela Müller in: Ausst. Kat. Bamberg 1989, S. 59-68.

202 Westphal, Kap. 3. 3, nicht paginiert. Paraphrasiert von G. W.

203 Strauß, nicht paginiert.

204 Erzählung von Ludwig Bechstein in: Deutsches Sagenbuch, Leipzig 1853. Das Märchen spielt im Mittelalter und handelt von einem Hauptmannsohns aus Marienburg, der vom Teufel besessen war und an dem eine Teufelsaustreibung vorgenommen wurde. Der Teufel habe schließlich eingewilligt, aus dem Jüngling auszufahren, er müsse nur wissen, wo er wieder hineinfahren könne. „Wollt ihr mir nicht vergönnen, in die Schnabelschuhe zu fahren? Ich vermeine, es sei für zehntausend Teufel Platz in selbigen, und da man dem Teufel so viel in die Schuhe schiebt, kann er sich auch einmal selbst in die Schuhe schieben." Man gestattete es ihm, und als sich die Geschichte herumsprach, habe niemand mehr die modischen Schuhe tragen wollen, so dass sich der Teufel erneut eine neue Heimstatt suchen musste.

205 Siehe Schultz 1879, S. 222f.: Ordericus Vitalis (um 1140), Herrad von Landsberg (um 1170), Chronik von Limoges (1180).

206 Der Hinweis, die Schnabelschuhe seien eine Erfindung des Grafen Fulco zur Kaschierung seiner Frostbeulen oder Wucherung, findet sich in den Aufzeichnungen des Ordericus Vitalis (Mitte 12. Jahrhundert). Siehe *Spitze geschnäbelte Schuh*, S. 151. Diese Geschichte wird immer wieder nacherzählt, ohne dass sie tatsächlich verifiziert werden kann. Auch die formale Herleitung des europäischen Schnabelschuhs aus der orientalischen Kleidertradition ist zumindest strittig. Anzunehmen ist eher eine Entwicklung aus dem vorne spitz auslaufenden Schuh der Vornehmen des Byzantinischen Reiches, die durch Berührung mit orientalischer Kleidertradition zur Zeit der Kreuzzüge möglicher Weise forciert wurde. Vgl. Forrer, S. 141ff.

207 Limburger Chronik, S. 39, hrsg. von Weiss: „Item da gingen auch di langen snebel an den schuwen an".

208 Nach Schultz 1892, S. 312.

209 Vgl. Forrer, S. 313.

210 Straßburger Verordnung von 1452. Cit. nach Schultz 1892, S. 320. Der Wiener Chronist Thomas Ebendorffer weiß 1460 ebenfalls von vornehmen Männern, die sich schminkten, das Haar wachsen ließen und Schnabelschuhe trügen zu berichten. Vgl. ebd.

211 Schultze: Die Modenarrheiten, Berlin 1868, S. 83, ohne Quellenangabe. Eine italienische Quelle von 1340 bezeichnet vergoldete Schuhe mit langen krummen Schnäbeln als eine neue spanische Mode. Siehe *Spitze geschnäbelte Schuh*, S. 152f.

212 *Historia ecclesiastica* des normannischen Klerikers Ordericius Vitalis (um 1140). Cit. in der paraphrasierten Fassung nach Brüggen, S. 108. Lat. Originalfassung ebd.

213 Suchenwirt: *Von der mynnen slaff*, Vers 46. Cit. nach Schultz 1892, S. 298.

214 Benesch von Waitmuel: Bericht von 1367. Cit. nach ebd., S. 300. Lat. Originaltext ebd.

215 Cit. nach ebd., S. 301. Lat. Originaltext ebd.

216 Cit. nach Ausst. Kat. Frankfurt/Main 1998 (4. Aufl.), S. 49.

217 Siehe ebd.

218 Cit. nach Schultz 1892 S. 300f.

219 Cit. nach Lehmann-Langholz, S. 297.

220 Cit. nach ebd., S. 296. Siehe auch Schultz 1892, S. 294f.

221 Cit. nach Schultz 1892, S. 303.

222 „Es sol ouch nieman, weder frow noch man, knab noch tochter, enheinen schu mer tragen, do kein

spitz an sy, da man utzid in geschieben mag." Cit. nach ebd., S. 302. Paraphrasiert von G.W.

223 Cit. nach Lehmann-Langholz, S. 298.

224 Frankfurter Chronik, Bd. 2, S. 249. Cit. nach *Spitze geschnäbelte Schuh*, S. 153.

225 Siehe Schultz 1892, S. 320.

226 Ebd., S. 325.

227 Siehe *Spitze geschnäbelte Schuh*, S. 153.

228 Cit. nach Schultz 1892, S. 329.

229 Vgl. Historisches Lexikon der Schweiz, Bern 2002.

230 Nürnberger Kleiderordnung, Ende 15. Jahrhundert. Siehe Schultz 1892, S. 340.

231 Strauß, Schluss, nicht paginiert. Vgl. ebd., Teil 1, Kap. 1, nicht paginiert: „Also sein auch Adam vnd Eva in ihrer vnschuld daher gangen/ faden nacket/ ohne schew/ vnd ist jnen solche blösse der herrlichste Schmuck gewesen."

232 *Aesopi appologi*, Teil 2, S. 273. Nach der Ausgabe von Teil 2 des Brant'schen *Aesopus*, übersetzt und mit einem Nachwort versehen von Bernd Schneider, Stuttgart 1999.

233 Ebd.

234 Thomas Murner: *Die Narrenbeschwörung*, hrsg. von Karl Goedeke. Leipzig 1879, S. 115.

235 *Statuta Bononiae* I, 363-368. Cit. nach Hüllmann, Bd. 4, S. 141. Hundert Jahre später wird das Tragen von Ringen noch immer nach Stand geregelt. Siehe *Lands Ordenung*, Wittemberg 1546: „Der erste Stand/ mag einen Ring tragen/ Doch sol er uber acht gulden nicht kosten/ auch kein Edelgestein haben. Der ander Stand/ mag einen silbernm unnerguldeten Ring/ doch uber zwen gulden nicht wirdig/ Tragen. Der dritte Stand/ sol gar kein Ring tragen." (1. Stand hier bürgerliche Amtspersonen).

236 Cit. nach Schultz 1892, S. 340.

237 *Lands Ordenung*, Wittemberg 1546. Die Zählung der Stände setzt bei dieser Verordnung mit dem Stand der Bürgermeister, Stadtschreiber, Schulmeister etc. (1. Stand) ein, der Adel, die „Grauen/ Herren/ des Adels/ Doctorn/ und unserer Rethe" seien nicht gemeint. Über die Kosten von goldenen Ketten siehe Boehn 1964, S. 163ff.

238 Ordnung und Setzung des Raths zu Weissenfels, 1598.

239 Ebd.

240 Spangenberg in Westphal, nicht paginiert.

241 Geiler von Kaysersberg in seiner Predigt *Vom Kaufmannsschatz* über den Gebrauch von Steißrollen: „Die seck, die sie umb sich gürten; wenn die frauen clein (mager) umb sich seind, so nemen sie ein sack oder sunst ein grob dick thouch und ist etwann mit baumwollen gfült, das binden sie umb sich, daz sie dick scheinen, und kummen eben als die brotbeckerknecht mit den schürtzen." Cit. nach Schultz 1892, S. 357.

242 Vgl. Loschek 1988, S. 391.

243 Übersetzung des französischen Textes nach Harms, Bd. 1, S. 292.

244 Ebd. An junge Damen mit dickem Hintern richtet sich das im Zentrum des gleichen Blattes platzierte Gedicht, das auf die Galanterie der Mode und ihre Konsequenzen anspielt: Nachdem sie so jung bereits einen Hintern wie eine Trommel hat,/ hat sie sich verführen (die Katze an ihren Käse gehen) lassen,/ und schon zeigte sich vorne der Schaden,/ den sie mit ihren VERTUGADIN verbergen will.

245 Ebd.

246 So spielt der Titel einer französischen Satire aus dem 16. Jahrhundert *La source du gros fessier des nourrices et la raison pourquoi elles sont si fendues entre les jambes avec la complainte de Mr. le Cul contre les inventeurs des vertugades et une chanson pour la response et consolation des Dames* auf sinnenfreudige Ammen an und wie der Reifrock die sichtbaren Folgen ihres Treibens zu verbergen helfe. Cit. nach Fuchs 1906, S. 312.

247 Moscherosch legt in seinem *Alamode Kehrauß* Hanß Thurnmeyer, der mit anderen über die Unmoral der Mode diskutiert, die folgenden Worte in den Mund: „Also/ ein lose Schandhur/ die mit einem Un-Ehelichen Kind Schwanger gangen/ und solchen Ihren Uhnehrlichen Bauch vor der Welt verdecken wollen/ hat die Grosse gepulster unnd Reyffschürtze anfangs erdacht und auffgebracht; und Ein Ehrliche Jungfraw/ die von keinem Mann wuste; Ein Ehrliches Eheweib/ das ihren Schwangern Leib von Gottes Gnaden/ und mit Ehren truge/ hat solche Ehrlose Tracht nachgemacht/ und nicht betrachtet die Ursach warumb es die Erste erfunden hatte. Ist das nicht zu erbarmen! dannenhero die Frantzosen selbst solche gepulsterte Weiber-Kleydungen/ *des Cachebastards*-Huren=Kleyder/ oder Blinde Bastardt haben zu nennen pflegen." Cit. nach der Ausgabe von 1665, S. 143 f., Dank freundlicher Unterstützung von Dr. Wolfgang Dost, Museumsleiter des Museums des Dreißigjährigen Krieges Wittstock/Dosse.

248 Siehe Textanhang von Abb. 120, unten links: „D'ont plusieurs qui parent la chair puante,/ S'en vont auecq les diables en la gehenne ardante." (Einige schmücken ihr stinkendes Fleisch,/ und ziehen mit den Teufeln in das brennende Gehenna.)

249 Siehe Text im Bild von Abb. 120, rechte Seite „Un cachenfant come les autres me fault porter: Couste qu'il couste: le fol la folle veult aymer." (Wie die anderen muss ich einen Kindverstecker tragen: der Narr will die Närrin lieben) oder: „Ick moet

een chachenfan als ander dragen."; im oberen Textteil wird auf die Verschönerungskomponente Bezug genommen: „Venez belles filles aveq fesses maigres: Bien tost les ferayie rondes et alaigres. (!)" (Kommt schöne Mädchen mit den mageren Hintern: rasch mache ich sie euch rund und fröhlich).

250 Originaltext (Abb. 120): „Orne moy avecq la masque laide orde et sale:/ Car laideur est en moy la beaute principale." Über die Funktion des Maskentragens siehe auch Moscherosch, S. 143: „Ein wüstes/ ungestaltes/ verhöntes/ Beflecktes Jungfrawen-Gesicht/ hat zu beschönung und bemäntelung solcher Unstalt/ die Masquen und den Flur erdacht/ damit sie ihr Gesicht dahinder verbergen möchte."

251 Osiander, S. 7f.

252 Noch Ende des 16./ Anfang des 17. Jahrhunderts versuchte die Obrigkeit, das Tragen von Reifröcken auf Damen des Adels zu begrenzen und vermögende Bürgerinnen in Gänze davon auszuschließen. Siehe Ordnung des Rats zu Weissenfels 1598, in der „grosse weite Springer" Nichtadligen in toto untersagt werden. Laut einer Polizei- und Kleiderordnung des Herzogs Johann Georg zu Sachsen von 1612, sollten sich seine Untertanen „aller Außländischen frembden Trachten/ manier und muster in Kleidung/ es sey Spanisch/ Frantzösisch/ Engelisch/ Welsch/ oder wie sie seyn mögen/ insonderheit der grossen eisen und wülste unter den Röcken/ Item der Rabaten und lang entblössten halse/ gäntzlich enthalten." Eisenbart, S. 101, zitiert diesen Erlass als Verbot gegen „die großen Eisen-Wülste unter den Röcken", wodurch fälschlich der Eindruck entsteht, die Wülste seien aus Metall.

253 In den Niederlanden waren Halskrausen noch bis circa 1660 gebräuchlich.

254 Ordnung des Rats zu Weissenfels 1598: „Letzlich sollen allen stenden in gemein/ wer die auch sein mügen/ verboten sein/ alle lange/ dichte und unfletige Krausen/ und Krausdratte/"

255 Das Übersehen oder Ignorieren des Teufels ist traditioneller Teil dieses Bildgenres. Vgl. z.B. Abb. 64 und 125.

256 Transkription des Bildtextes von Abb. 124: „Den Blasebalck mit Fleis ich führ – Mit Luft vor und hinten rühr. – Weil ich die Hoffardt thu anstellen – Beyde bey Jungfrauen und Gesellen, – Die do einnehmen meinen Raht. – Wer mir folget billich sein Lohn entpfaht. – Schauet doch ihr beyde feine Leut – In Spigel wie ihr so schone seit. – Als ich von Teufel selbst geziert – Mit mein Gekrös euch hab verfürt – Welchs ich gemacht in meinem Haus, – Halt still, Jungfrau, ich brechs euch aus. – Die weil miers tuth so wol gefallen – Lieb ich sie billich vor andern allen. – Giebt miers auch gar ein schone Gestalt – Wie ich den hierbey sthe (!) abgemahlt. – Ich bin ein rechter Deutschfranzos – Das secht ihr an meinem Krose groß. – Voraus an meine langn Hahr und Bauch – darzu an meiner Kleidung auch. – Und thue also hereiner brangen – Als wen ich lief mit der Leimstangen." Zum Zeichencharakter von Leimstange und Gänsebauch siehe Kap. „Üppigkeit und Übermut", S. 114 über die Figur des Leimstänglers.

257 Originalfassung: „Met dees yseren die ghy siet wermen/ Sal ick u in helle noch doen kermen." Abb. 125, sinngemäße Übersetzung G. W.

258 Abb. 125: „Om te behagen ionckvrouwen en wyven/ Brengk ick hir ooch myn lobben te styven." Sinngemäß übersetzt von G. W.

259 Strauß, nicht paginiert. Auch die Krausen an den Ärmelabschlüssen sind ihm ein Greuel, sie seien „wie das Hellische Fewer (dass) zu allen Fenstern außschleget." Ebd.

260 Osiander, S. 7. Siehe auch Hinweis von Moscherosch, S. 143, über den Ursprung des Maskentragens zur Kaschierung von durch die Lustseuche verursachter Flecken und Narben.

261 Sinngemäss übersetzt von G. W. Originaltext: „Desfiants nous mesmes de noz propre vertuz,/ Plaisir prenons aux frases trop grands et confuz ...". Abschrift des holländische Originaltextes und seine englische Übersetzung siehe Luijten, S. 147.

262 Eine fast identische Figur findet sich auf einem Kupferstich der Serie „Die sieben Todsünden" von Hendrick Goltzius und verkörpert den Neid. Hierzu der Bildtext: „Der Neid, eine finstere Seuche, glücklichem Fortgang abgeneigt; Er selbst wird zu seiner eigenen unglücklichen Marter." Ausst. Kat. Stuttgart 1998, S. 35.

263 Bildtext Abb. 185.

264 Die Figur des Leimstänglers ist bei Harms, Bd. 1, S. 116, wie folgt zusammenfassend kommentiert „Faßt man alle diese Beschreibungen zusammen, so ergibt sich als Bedeutungsinhalt des Leimstänglers ein ähnlich komplexer Lasterkatalog, wie er in Sebastian Brants *Narrenschiff* durch die Narren aller Stände verkörpert wird: unter dem Bild der Narrheit werden die Fehler und Schwächen der Menschen insgesamt zusammengefasst, der Leimstängler wird als Inbegriff und Höhepunkt des Narrentums verstanden."

265 Siehe Textanhang Abb. 129.

266 Die Rute des Fuchses wird in dieser Zeit als Penissymbol gelesen. Vgl. Grafiken aus der Zeit, z.B. „Laden mit Fuchsschwänzen" (Geisberg, Bd. 4, S. 1534) oder „Wer dise Füchslin fangen will..."

(Harms, Bd. 1, S. 225). Die Federn stehen nach Harms, Bd. 1, S. 116, für Haltlosigkeit, abgeleitet vom „Feder Hans". Siehe Kommentierung des Blattes *Gefiederter Reisläufer* von Urs Graf, Kap. „Anreitzung böser Lüste", S. 138. Ein ähnliches Blatt mit dem Titel *Ich lauff geschwind mit der Leimstangen* (Heinrich Wirrich, 1588) befindet sich in der Herzog August Bibliothek, Wolfenbüttel.

267 Die Figur des Hasenjägers ist eine seit dem Mittelalter eingeführte Figur – erwähnt z.B. bei Schultz 1879, S. 178, die um 1580/1600 als Spottbild des Narren in zahlreichen Hasenjagdsatiren auftritt. Nach Harms, Bd. 1, S. 118.

268 Vgl. ergänzende Ausführungen in Harms, Bd. 1, S. 118.

269 Bildtext Abb. 132.

270 Bildtext Abb. 132: „afflich (adlich) art".

271 Ebd.

272 Bildtext Abb. 133, cit. nach Wendel, S. 31. Es handelt sich nach Wendel um einen Textauszug von einem im Niederrheinischen verbreiteten Flugblatt mit politischer Polemik.

273 Siehe Bildtext Abb. 135.

274 Lediglich in stark von der Religion dominierten bzw. ideologisch festgefügten Gemeinschaften bleiben Menschen von modischen Neuerungen relativ unberührt. Sie erstarren in Konventionen, und demzufolge sind ihre – moralisch darauf abgestimmten – Kleider nur geringfügigen Veränderungen unterworfen.

275 Die Amtskleidung der Geistlichen setzt sich bis heute aus traditionellen, körpernegierenden Gewandformen zusammen, auch wenn sie bisweilen fantastische Muster oder Farben aufweisen. Im Mittelalter und der Renaissance scheint der Klerus allerdings oft extravaganten Moden gefolgt zu sein, wie zahllosen Klagen und Verbotserteilungen zu entnehmen ist. Ausführlich hierzu Schultz 1892, S. 285, 289f., 312 und 314 (Quellen).

276 Westphal: *Wider den Hoffartsteufel*, nicht paginiert.

277 Strauß, nicht paginiert.

278 Der genaue Verlauf der Entwicklung ist noch nicht en detail rekonstruiert. Vgl. hierzu Brüggen, S. 107ff.

279 Die Anfänge der Veränderung des höfischen Kleiderverhaltens gegen Mitte des 12. Jahrhunderts sind durch die Quelle *Historia ecclesiastica* des normannischen Klerikers Ordericius Vitalis (um 1140), belegt; auf die Kleiderkritik des Priors von Vigeois wird von Camille, S. 10, hingewiesen.

280 Cit. nach Brüggen, S. 107f. Lückenloser Textauszug der *Historia ecclesiastica* in Latein und deutscher Übersetzung ebd.

281 Ausführlich über die Zurschaustellung und Lobpreisung wohlgeformter Männerbeine in Werken höfischer Dichter des 12. Jahrhunderts siehe Brüggen, S. 103ff. Quellen: *Tristan*, *Parzival* und *Willehalm*.

282 Über die Bedeutung des 'guten Schnitts' als Qualitäts- und Abgrenzungsmerkmal höfischer Kleidung siehe Brüggen, S. 72ff.

283 Originalfassung siehe Gottfried von Straßburg, Tristan, hrsg. v. K. Marold, Berlin 1969. Cit. nach Lehmann-Langholz, S. 44.

284 Cit. nach Brüggen, S. 75.

285 Diese Stelle wird, ohne Angaben zum Kontext und ungenau übersetzt, in den Standardwerken der Kostümgeschichte als Beleg für die körperbetonte Silhouette der Damenmode des 12. Jahrhunderts angeführt, für die der Dichter Eschenbach schwärme. „Ihr wißt, wie Ameisen pflegen/ Um die Mitte schmal zu sein,/ Noch schlanker war das Mägdelein." (Thiel 1980, S. 108), oder: „Wie Ameisen in der Mitte pflegen schlank zu sein, so schlank war auch das Mägdelein." (Max von Boehn 1925, S. 178). In der Originalfassung heißt die Stelle: „irn gesâht nie âmeizen,/ Diu bezzer gelenkes pflac,/ dan si was dâ der gürtel lac." (Parzival, Buch VIII, 410/3); Der Gürtel als Mittel, die schlanke Taille zu betonen, erscheint in der textnahen Übersetzung von Peter Knecht: „Keine Ameise könnt ihr finden, die eine bessere Taille zu bieten hätte als sie dort, wo ihr Gürtel lag." (W. v. E.: Parzival. Frankfurt/ Main 1993).

286 Parzival 409, 26–410, 6. Cit. nach Fassung Dieter Kühn: Der Parzival des W. v. E., Frankfurt/Main 1986, S. 700f. Der Begriff „Wespe" (Z 10) wurde, analog zur Vorlage, durch „Ameise" ersetzt. Originalfassung: „swenne im diu muoze geschach,/ daz er die maget reht ersach;/ ir munt, ir ougen, unde ir nasen./ baz/ geschict an spizze hasen,/ ich waene den gesâht ir nie,/ dan si was dort unde hie,/ zwischen der hüffe unde ir brust./minne gerende gelust/ kunde ir lîp vil wol gereizen./ irn gesâht nie âmeizen,/ Diu bezzer gelenkes pflac,/ dan si was dâ der gürtel lac./ daz gap ir gesellen/ Gâwâne manlîch ellen."

287 Die Mode des 13. Jahrhunderts wird von Kostümhistorikern generell als Rückkehr zur Schlichtheit gewertet, eine Behauptung, die Brüggen durch zeitgenössische Textquellen zwar relativiert, aber nicht widerlegt. Vgl. Brüggen, S. 108ff. Eine genaue Rekonstruktion ist Forschungsdesiderat.

288 Cit. nach Schultz 1892, S. 288f.

289 Limburger Chronik des Tilemann Elhen von Wolfhagen, hrgs. von A. Weiss. Monumenta Germaniae Historica, 4, 4.1., S. 38f. Das Dekolleté,

hier „heuptfinster“, wird im mhd. meist „houbetloch“, „houptloch“ oder „houbetfinster“ genannt, auch “wyde houptlöcher“ ist gebräuchlich.

290 Vgl. Kap. „Neue Kleider, neue Schnitte“, S. 70f.

291 Peter Suchenwirt's Werke aus dem 14. Jahrhundert, hrsg. von A. Primisser, Wien 1827, Kap. XL, Vers 44-49. Cit. nach Schultz 1892, S. 298; siehe auch Lehmann-Langholz, S. 251. Sinngemäß übersetzt von M. S.: „Lass' Hoffart von dir weichen, sie gibt dir nur Rat zu Sünden. Du ziehst dich (mit Schnüren) ein, dass du wundgerieben bist in den Seiten, ich spüre es; Baumwolle legst du davor, das tut dir weh und führt zu Spott: Du machst dich anders, als Gott dich nach seinem Bilde schuf.“

292 V. 12084-12086. Cit. nach Lehmann-Langholz, S. 261. Ob Attrappen zur Gesäßrundung tatsächlich zu dieser Zeit gebräuchlich waren, konnte nicht durch Dokumente belegt werden. Diverse Hinweise lassen aber auf eine solche Praxis schließen.

293 Unter einer Schecke (frz. *jaque)* wird ab Mitte des 14. Jahrhunderts bis circa 1420/30 der modische, extrem kurze Oberrock des Mannes verstanden, der meist wattiert, in der Taille geschnürt und mit angesetzten Schößen versehen war. Aus der Schekke gingen später *Jackett* und *Jacke* hervor. Vgl. Loschek, S. 408.

294 Ausgangspunkt ist zwar der Wandel des ritterlichen Unterkleids im Zuge der Ablösung des Kettenhemdes durch den Plattenharnisch, doch fand die Innovation dort besonders großen Anklang, wo die Präsentation des Körpers eine wichtige Rolle spielte: bei verarmten Rittern, Höflingen, Söldnern. Ausführlich hierzu Wolter, S. 26-44.

295 Cit. nach Schultz 1892, S. 300. Originalfassung in Latein ebd.

296 Cit. nach ebd., S. 335.

297 Erste Erwähnung: Burgund 1437; verbreitet im 15. bis 17. Jahrhundert, heute noch in England unter der Bezeichnung *Morris Dance* bekannt.

298 Vgl. Kap. „Üppigkeit und Übermut“, S. 91ff.

299 Der Surkot (Sorcot), ital. *cioppa* oder *gioppa*, war während drei Jahrhunderten repräsentatives Obergewand des Adels, wobei sich seine Form sehr stark wandelte. Aus dem zunächst wadenlangen, engen Gewand mit langen Ärmeln des Hochmittelalters wurde im 14. Jahrhundert ein lang schleppendes Prachtgewand mit Schein- oder Tütenärmeln und schließlich ein ärmelloses, faltenreiches Überkleid.

300 Bereits seit dem 13. Jahrhundert stellte man in Italien gemusterte Seidengewebe her, die man zuvor aus dem Orient bezogen hatte, und auch im Spätmittelalter kam Italien eine Führungsrolle zu. Gemusterte Stoffe waren extrem teuer, der Gebrauch durch Kleiderordnungen geregelt.

301 Harry Kühnel (Stuttgart 1992, S. 261f.) behauptet, ‘Teufelsfenster’ seien ein „in ma. Quellen und kostümkundlicher Literatur verwendeter Ausdruck für weit ausgeschnittene ... Armlöcher der ärmellosen weiblichen Oberbekleidung.“ Mit diesem Ausdruck wolle die Sittenpredigt des Mittelalters das Zurschaustellen weiblicher Reize anprangern. Ob der Surkot tatsächlich im Mittelalter mit dem Begriff „Teufelsfenster“ (Thiel 1980, S. 146, u.a.) oder „windows into hell“ (Ribeiro, S. 43, u.a.) bedacht wurde, konnte nicht durch mittelalterliche Quellen verifiziert werden.

302 Cit. nach Eisenbart, S. 93. „schamper“ bedeutet schandbar. Zum Begriff „houbetfinster“ oder „houptloch“ (Hauptfenster) siehe Kap. „Anreizung böser Lüste“, S. 125f.

303 Cit. nach Schultz 1892, 309; vgl. auch Fuchs, o. J., S. 173.

304 Cit. nach Schweitzer, S. 293.

305 *Preceptorium divine legis* (Lehre des göttlichen Gesetzes), Augsburg 1497, f. 1 xxi. Cit. nach A. Schultz 1892, S. 317.

306 Originalfassung siehe Lehmann-Langholz, S. 255.

307 Ausführlich hierzu siehe Kapitel „Hoffart ist ein Todsünd“.

308 Cit. nach Eisenbart, S. 94. Ergänzt durch Schultz 1892, S. 344, der als Quelle eine Predigt vom 5. März 1498 angibt.

309 Ausführlich zur *Narrenbeschwörung* des Thomas Murner in: Lehmann-Langholz, S. 282-292.

310 Cit. nach Wendel, S. 23ff. Originalfassung siehe Murner: *Die Narrenbeschwörung*. Hrsg. von Karl Goedeke, Leipzig 1879, S. 91f.

311 Ebd. Textstelle in Originalfassung S. 92: „Halt üwer scham gen iederman,/ Vorab gen dem, der mess soll han.“

312 Der wichtigste Narr ist nun der ‘große Lutherische Narr’, auf den sich Murner und seine Mitstreiter nach 1517/18 konzentrieren, während sich ihre Gegenspieler mit der Bloßstellung des Papstes und seiner Anhängerschaft beschäftigen. Siehe z.B. Murner: *Von dem großen Lutherischen Narren*; umfangreiche Satire gegen die Reformation, erschienen 1522, und sogleich vom Rat der Stadt Straßburg verboten.

313 Westphal, nicht paginiert.

314 Ebd.

315 Hier: Sonnenanbeter. Anspielung auf Heliogabal (218-22), den syrischen Hohen Priester, der als römischer Kaiser Marcus Aurelius Antonius die Verehrung des Sonnengottes Elagabal einführte.

316 Veröffentlicht im *Miroir des François*. Cit. nach Fuchs, o. J., S. 174.
317 Der Rat von Speyer habe „grozen bresten“ bemerkt, „der jetzent ist in stetden und in lande an hochvarte unde übermüte“. Eisenbart, S. 91.
318 Ebd., S. 92. Sinngemäß übersetzt von M. S.: „die ihren Leib oder ihre Brust mit Engheit einzwängen oder binden.“
319 Cit. nach Schultz 1892, S. 303: „Item daz keine frowe, were die ist, hinnanfürme sich nit me schürtzen soll mit iren brüsten (...). Und sunderliche daz hauptloch sol sie daz man ir die brüste nit gesehen müge, wenn die hauptlöcher süllent sie nutz an die ahsseln.“ Quelle: Straßburger Gesetz 1370/80.
320 Vgl. Liselotte C. Eisenbart. Die Zusammenstellung erfolgte auf Basis der von ihr vorgestellten Quellen.
321 Vgl. Kap. „Anreizung böser Lüste“, S. 121.
322 Aus einer Moralpredigt, cit. nach Fuchs, o. J., S. 182.
323 Ausführlich hierzu Wolter, S. 34ff.
324 Cit. nach Eisenbart, S. 95. Paraphrasiert von G. W.
325 Vgl. Eisenbart, S. 95f. und Schultz 1892, S. 329. Originaltext: „Als sich yetzt begit, das ettlich mannespersonen, die gotsforcht nit habent, unerbere, schampere cleyder tragent, die oben tieff ußgeschnytten sient biß uff die schultern oder unden so kurtz, das sie jme vornan und hinden sin schame nit bedecken mögent mit ander schentlicher ungestalt, das doch in erberer personen ougen lesterlich zu sehen und nit zu liben ist.“
326 Diese Bezeichnung ist ein zeitgenössischer Begriff, der in Deutschland um 1550 in unterschiedlichen Schreibweisen und Variationen (ploderhose, pluderichte Hosen, Plauderhosen etc.) auftaucht.
327 In ihrer Extremform ist sie erstmals für das Lager des Kurfürsten Moritz bei Belagerung von Magdeburg 1553 nachgewiesen (vgl. Osborn 1894, S. VI). Zur Geschichte der Pluderhose siehe Wolter, S. 57ff.
328 Flugblatt, um 1555, cit. nach Osborn 1894, S. VII.
329 Siehe Grimm, S. 545.
330 Osborn 1893, S. 99.
331 Siehe Kapitel „Hoffart ist ein Todsünd“, S. 19ff.
332 Musculus, S. 21.
333 Ebd., S. 10.
334 Ebd., S. 15f. Paraphrasiert von G. W.
335 Mit den Titelholzschnitten sollte die Einbildungskraft angeregt und der Verkauf gefördert werden. Hieraus erklärt sich, dass rund Dreiviertel der deutschen Teufelsbücher mit Titelholzschnitten ausgestattet waren, oft als Schwarz- und Rotdruck, den sogenannten Teufelsfarben. Die Farben Rot und Schwarz im Titeldruck und Titelbild kennzeichneten die Traktate schon äußerlich als ‘Teufelsbücher’. Ausführlich hierzu Grimm, S. 555.
336 Exakter Nachweis der Drucke bei Grimm, S. 544f.
337 Über die Hintergründe und den Erfolg des verlegerischen Großprojektes siehe Grimm, S. 529ff.
338 Kurzer Umhängemantel der Spanischen Mode.
339 Vgl. Wendel, S. 22 und Wolter, S. 61.
340 Textanhang Abb. 166.
341 Ebd.
342 Fortsetzung des Gedichts: „... im gfallen wol die Sachen/ fleissig ers fürdern wil./ tag und nacht tut er raten,/ sein rat folgen sie nach,/ biß er bezahlt in taten./ rew ist zu spat darnach.“ Nachdruck des Gedichts in: Uhland: *Alte und niederdt. Volkslieder I.*, S. 403ff. Cit. nach Osborn 1894, S. VII f.
343 Johann Walther: *Ein newes Christlichs Lied, dadurch Deutschland zur Busse vermanet.* Wittenberg 1561, Strophe 14 und 15. In: Phil. Wackernagel, Das Deutsche Kirchenlied III., S. 190f. Cit. nach Osborn 1894, S. VIII.
344 Hans Sachs, cit. nach Osborn 1894, S. V.
345 Hans Sachs: Lieder, Gedichte, Spiele. Hrsg. von Heinrich von Braun, Essen 1987, S. 137: *Sankt Peter mit den Landsknechten im Himmel.*
346 Reisige (mhd. reise: Kriegszug) waren im Mittelalter schwerbewaffnete Reiter. Im 16. Jahrhundert verstand man v.a. in der Schweiz unter Reislaufen den Eintritt als Söldner in fremden Kriegsdienst.
347 Spottname und Interpretation nach Ausst.Kat. Basel 2001, S. 225. Graf spielt hier wohl auf einen Vogel auf der Balz an, der durch seinen Auftritt Weibchen zur Paarung animieren will.
348 Erlasse mit Federverboten: Verordnung über Federn auf Hüten und Baretten, Basel 1537; Ordnung und Satzung deß Raths zu Weissenfels, Leipzig 1598.
349 Spanische Variante der Pluderhose mit prall ausgestopften, kugelförmigen Beinen.
350 Nürnberger Kleiderordnung von 1560. Cit. nach Zander-Seidel, S. 54f.
351 Nach Eisenbart, S. 100f. und Osborn 1894, S. XI. Kleiderinventare aus der zweiten Hälfte des 16. Jahrhunderts belegen, dass der Kostenaufwand für Pluderhosen in der Tat immens war. Hier ein Auszug aus einer Rechnung, ausgestellt im Jahr 1592 auf S. W. Schmidmayer: „dem Junker ein deusch hosen und wames gemacht, (...) 3 Bocksheut zum Wames, 1 Bocksheut zum schniten (...) 5 E ganz Augsburger Parchent unter das Wammes, 1 1/2 E Paumwolln dazu, 4 E schwarzen Schetter dazu, (...) 2 Dtz. Knöpf (...)“. Cit. nach Zander-Seidel, S. 66.
352 Michel de Montaigne, Essais 1580–1588, Buch 1, Kap. 43, S. 137f.: „Über die Gesetze des Luxus“.

353 Schilling, S. 261.

354 Die Lesefähigkeit war zwar notwendig, um sich den Inhalt in allen Einzelheiten zu erschließen, für das allgemeine Verstehen aber genügte die Bildinformation, gemäß dem Motto: „Was Glerte durch die Schrifft verstahn/ Das lehrt das Gmähl den gmainen Mann." Cit. nach Harms, Bd. 1, S. XI.

355 Dem Neugeborenen habe das Fleisch herunter gehangen, „als ein unterzeug in zerschnittenen hosen", Cit. nach Osborn 1894, S. X, ohne Quellenangabe. Vgl. Anm. 356.

356 Westphal, nicht paginiert. Textauszug: „Anno 1548. Ist zu Brandenburg in der Marck ein Kind geboren worden/ des zehne gehopt/ die Wangen sind jm zerschnitten gewesen/ wie ein zerschnitten Koller/ Hosen oder Wammes/ denn das fleisch ist also herunter gehangen/ wie ein vnterzog in zerschnittenen Hosen/ vber dem leibe hat es eine haut gehabt damit der leib bedeckt worden/ die ist lang herunter gehangen/ vnd gestalt gewesen wie ein Spanische Kappe/ wenn man dieselbige auf dackte/ hat das Kind eine Wunde in der brust gehabt/ daraus denn viel blut geflossen/ welches haben etliche auff den wucher vnd nicht gar vnbequem gedeutet. Denn ich acht es auch dafür/ das es bedeutet habe Teutschland sol auffgefressen werden/ es thu es denn der Wucherteufel oder Hoffartsteufel/ welche albereit weidlich an vns nagen/ auch nicht ein kleinstück verzeret haben (...)".

357 Westphal, nicht paginiert. Textauszug: „Anno 1551. ist zu Freiburgk ein Kind geboren mit grossen augen/ hat keine stirn gehabt/ sondern an derselben stad zwo grosse beulen/ zwischen dem genick aber vnd scheitel hat es runde vnd gefaltete gekröse gehabt/ wie etliche Weiber an den Schleiern/ vnd sonst an den gefalteten ausgenehten kragen/ aus hoffart tragen/ Bedeut gewis vnser vnschamhafftigkett/ das wir keine stirn mehr haben/ die für einigem laster schamrot werde/ sondern ist alles vber sich erhoben wie beulen/ das ist stoltz/ schwülstig auffgeblasen etc."

358 Cit. nach Osborn 1894, S. X, ohne Quellenangabe.

359 Ausführlich hierzu Holländer, S. 333ff.

360 Cit. nach Holländer, S. 335f. Paraphrasiert von G. W.

361 Gemeint ist die Syphilis – in Deutschland auch Lustseuche, venerische Krankheit oder Franzosenkrankheit genannt –, die wegen ihrer Spätfolgen gefährlichste Geschlechtskrankheit.

362 Holländer, S. 336.

363 Bruno Weber nennt im Kommentarband zur Sammlung Wickiana, Zürich, Auflagenhöhen von „Hunderten, in den meisten Fällen wahrscheinlich tausend und mehr Exemplaren", die zu einem Stückpreis in Pfennighöhe abgegeben worden seien. Weber, S. 27. Die Sammlung Wickiana ist mit ihren 431 Einblattdrucken aus der Zeit 1504–1588 die umfangreichste ihrer Art, heute aufbewahrt in der Zentralbibliothek Zürich. Zur Geschichte der Sammlung merkwürdiger Begebenheiten von Joh. Jakob Wick (1522–1588) siehe auch Schilling, S. 96 und 116.

364 Nach Weber, S. 29.

365 Blatt 1563 abgedruckt in Strauss, Bd. 3/ S. 916; Blatt 1564 abgedruckt in Strauss, Bd. 1, S. 111. Bei Blatt 1564 (Abb. 172) ist der Name des Predigers mit Gölitzschen angegeben. Sachtitel im Auszug: „Ein Erschröckliche Geburt/ und Augenscheinlich Wunderzeichen ... Beschrieben zu einer gemeinen kurtzen Bußpredigt/ Durch den Wirdigen/ Ern Johan. Gölitzschen/ des orts Christlichen Seelsorger".

366 Text von Abb. 171. Paraphrasiert von G.W.

367 Ebd. Paraphrasiert von G.W. Text von Abb. 172.

368 Bildüberschrift Abb. 173.

369 Cit. nach Harms, Bd. 7, S. 220. Die Modekritik äußert Pauli im Textteil einer zwölfseitigen Flugschrift, in dem einzelne Mißbildungen differenziert ausgedeutet werden. Hierzu kommentiert C. Kemp: „Emotionale Betroffenheit und Schrecken traten somit neben die durch die predigtartige Flugschrift eröffnete rationale Auseinandersetzung mit den Mißständen der Zeit, so daß eine Wirkung von besonderer Eindringlichkeit entsteht." Ebd.

370 Siehe ebd.

371 Textanhang Abb. 174.

372 Bildüberschrift Abb. 174.

373 Textanhang Abb. 174.

374 Bildüberschrift Abb. 175.

375 Bildtext Abb. 175.

376 Mittels Reismehl gestärkte Unterkragen, der Portefraise, Piccadill oder Alçacuello oder auch aus Draht geformte Unterkragen, der Rebato oder Rabato, dienten in der zweiten Hälfte des 16. und Anfang des 17. Jhs. zur Auflage der breiten und schweren Krösen und hochgestellten Medici-Kragen. Siehe Abb. 121 und Loschek, S. 232.

377 Bildtext Abb. 176.

378 Textanhang Abb. 177.

379 Bildtext Abb. 178.

380 Textanhang Abb. 178.

381 Weitere Hinweise bei Osborn 1894, S. X, ohne Quellenangaben: „Da wird erzählt, ein Schaf zu Templin in der Uckermark habe 1543 zwei 'wohlgeschaffene Lämmer' und – ein Paar Pluderhosen geboren und nicht weit von Königsberg in der

Neumark erschien 1535 ein Füllen, 'dessen haut allenthalben zerhackt und zerschnitten gewesen, als wenn es zerhawene Hosen oder Wambs angehabt.'"

382 Textüberschrift Abb. 179.

383 Textanhang Abb. 179. Der Begriff *stauch* kommt aus dem mhd. *stucha*, nhd. *Stauche* und bezeichnet die Stuche, eine den Kopf vollständig umhüllende Kopfbedeckung der Frau aus weißem Leinen. Siehe Loschek, S. 444. Schultz 1892, S. 305, hält *Stauche* (mhd. *stûche*) für eine Art Kopftuch.

384 Vgl. Harms, Bd. 7, S. 356.

385 Textanhang von Abb. 180. Es wird die Anheftung eines Kinderarmes angenommen. Vgl. Harms, Bd. 4, S. 408.

386 Siehe Weber, S. 44f., mit Quellendarstellung von Verboten.

387 Ebd., S. 44.

388 Zur Ansprache der Leseunkundigen siehe Harms, Bd. 1, S. VIII: „Weitaus regelmäßiger als bei Textblättern wird in Blättern mit Graphiken, den ill. Flugblättern, eine Appellstruktur erreicht, die beim Leser eine raschere Aufmerksamkeit hervorruft, auch den Leseunkundigen direkt ansprechen kann, mit Suggestion und Memorierbarkeit stärker und nachhaltiger auf Glaubens- und Meinungsinhalte einzuwirken vermag als ein Textblatt."

389 Bildtext eines Blattes aus der Serie *Spiegel der Laster* von C. Goltz nach H. Goltz, um 1600. Cit. nach Luijten, S. 54. Abb. ebd., S. 53. Original: London, British Museum.

390 *Stand* leitete sich aus *status* ab und stand seit Ende des 12. Jhs. für 'Zustand', definiert als „Wirklichkeit gewordener Ausdruck einer von Gott gewollten Seinsweise." Borst, S. 62. Ausführlich zur Bedeutung und Modifizierung des Ordo-Gedankens und der mittelalterlichen Ständegesellschaft ebd., Kap. 2: „Die Leute auf dem Schachbrett".

391 Westphal, nicht paginiert.

392 Strauß, nicht paginiert.

393 Vgl. *Die Gedichte Heinrich des Teichners*, hrsg. von Niewöhner, Berlin 1953–65, Bd. 1, 192, Vers 12-33. „schon zucht, schoen gepar/ het man weillen lieb und schon./ nu treit man ungefueg dew chron. e do ward gein hoff gevaren/ nur durich zucht und schon geparen, daz man tugent an sich nam." Cit. nach Lehmann-Langholz, S. 253. Sinngemäß übersetzt von M. S.: „Schöne Zucht, schönes Gebaren/ hielt man früher lieb und wert./ jetzt trägt man unförmige Kronen. Früher gab es keine Hoffart/ nur durch Zucht und schönes Benehmen, war man tugendhaft."

394 Osiander, nicht paginiert. Ende der Predigt.

395 Nicht selten vertreten Kritiker de facto beide Seiten, wie z.B. Thomas Murner (1475–1537), Doktor der Theologie, Prediger, Jurist und namhafter Verfasser moralsatirischer Gedichte.

396 Ausst. Kat. München 1994, S. 215.

397 „Der buler narheit" lautet der Titel eines Kupferstichs mit ähnlichem Bildinhalt, auf dem eine modisch gekleidete Dame auf ihr prächtiges Untergewand und die fliegenden Narren zeigt, die in blinder Begierde in ihr Taubenhaus einfliegen und dann flügellos abstürzen. Siehe Wendel, Abb. 16, ohne Standortangabe. Vermutliche Vorlage: Holzschnitt von Jost Amman (1579), siehe Harms 1, S. 200.

398 Textanhang zu Abb. 185. Ein sehr ähnliches, gespiegeltes Blatt befindet sich in der Bibliothèque Nationale de France, Paris (Tf 4, unpaginiert) und ist Teil eines aufgelösten, nicht näher bezeichneten Buches.

Quellen und Quellenschriften

Antiphonar von St. Peter. Codices selecti, Graz 1974 (Faks.).

Amman, Jost: Das Ständebuch, mit Versen von Hans Sachs. Hrsg. von Manfred Lemmer, Frankfurt 1988 (Reprint).

Berthold von Regensburg: Die Predigten des Berthold von Regensburg. Hrsg. in jetziger Schriftsprache von Franz Göbel, Regensburg 1906.

Brant, Sebastian: Das Narrenschiff (1494). Hrsg. und kommentiert von Hans-Joachim Mähl, Stuttgart 1964 (Reprint).

Brant, Sebastian und H. Steinhöwel: Aesopi appologi sive mythologi: cum quibusdam carminum et fabularum additionibus Sebastiani Brandt, Basel1501. Hrsg. von Bernd Schneider, Stuttgart 1999 (Faks.).

Codex Rossanensis (Codex purpureus Rossanensis). Codices Selecti, Graz 1987 (Faks.).

Eschenbach, Wolfram von: Parzival. Aus dem Mittelhochdeutschen von Peter Knecht, Frankfurt/Main 1993.

Eschenbach, Wolfram von: Parzival. Hrsg. von Dieter Kühn, Frankfurt/Main 1986.

Geiler von Kaysersberg, Johannes: Sämtliche Werke. Hrsg. von Gerhard Bauer. Bd. 1, Berlin/New York 1989.

Heilsspiegel. Die Bilder des mittelalterlichen Erbauungsbuches Speculum humanae salvationis, um 1360. Dortmund 1981 (Reprint).

Herrad von Landsberg siehe Hortus deliciarum.

Heures. Pergamentdruck. Paris, Simon Vostre (um 1502). Berlin, Kunstbibliothek.

Hortus deliciarum of Herrad of Hohenbourg (Landsberg). A Reconstruction by Rosalie Green, Michael Evans, Christine Bischoff, and Michael Curschmann, with contributions by Julian Brown and Kenneth Levy, under the direction of Rosalie Green. Studies of the Warburg Institute Vol 36, London 1979.

Hus, Jan: Schriften zur Glaubensreform und Briefe der Jahre 1414–1415. Hrsg. von Walter Schamschula, Frankfurt/Main 1969.

Jenaer Hussiten-Codex. Drobná, Zoroslava: Der Jenaer Kodex. Eine hussitische Bildsatire am Ende des Mittelalters. Prag 1970.

Lands Ordenung: Des Churfürsten zu Sachssen etc. Vnd Burggrauen zu Magdeburg Lands Ordenung: Von vbermessiger Kleidung geschmuck vnd beköstigung der Hochzeiten Kindtauffen vnd anderer Gastereien halben. Wittemberg 1546. Berlin, Kunstbibliothek.

Landry, Geoffroy de la Tour. Der Ritter vom Turn: Von den Exempeln der gotsforcht vnd erberkeit. Fotomechanischer Nachdruck von der dt. Erstausgabe des Livre pour l'enseignement de ses filles von Geoffroy de la Tour Landry, erschienen 1493 bei Michael Furter in Basel. Unterschneidheim 1970 (Reprint).

Die Limburger Chronik des Tilemann Elhen von Wolfhagen. Hrsg. von Arthur Wyss. In: Monumenta Germaniae Historica. Scriptores 4,1. Unveränderter Nachdruck der 1883 bei der Hahnschen Buchhandlung Hannover erschienenen Ausgabe.

Die Limburger Chronik des Tilemann Elhen von Wolfhagen. Hrgs. von Gottfried Zedler, Limburg/Lahn 1930.

Miroir du salut humain. Pergamenthandschrift um 1465–1475. Berlin, Kunstbibliothek.

The Mirroure of the Worlde, MS Bodley 238 (England um 1470–80). Hrsg. von Kathleen L. Scott. Oxford, printed for the Roxburge Club 1980 (Faks.).

Montaigne, Michel de: Essais. Erste moderne Gesamtübersetzung von Hans Stilett, hrsg. von H. M. Enzensberger, Frankfurt/Main 1998.

Moscherosch, Hanß Michael: Gesichte Philanders von Sittewald. Das ist/ Straff=Schriften Hanß Michael Moscheroschen von Wilstädt. Straßburg (Josias Städeln) 1665. Erweiterte und verbesserte Auflage der Erstausgabe von 1643. Erstes Gesichte: Ala mode Kehrauß. Museum des Dreißigjährigen Krieges, Wittstock/Dosse.

Murner, Thomas: Die Narrenbeschwörung. Hrsg. von Karl Goedecke, Leipzig 1897.

Musculus, Andreas: Vom Hosen Teuffel. Frankfurt/Oder 1555. Berlin, Kunstbibliothek.

Musculus, Andreas: Vom Hosenteufel. Hrsg. von Max Osborn, Halle/Saale 1894 (Reprint).

Ordnung und Satzung deß Raths zu Weissenfels: Von übermessiger Kleidung und Unkosten auff Wirtschafften Kindteuffen Begrebnissen vnd andern zusammen künfften. Leipzig [1598]. Berlin, Kunstbibliothek.

Osiander, Lucas: Ein Predig Von hoffertiger vngestalter Kleidung der Weibs vnd Manns Personen. Tübingen 1586. Berlin, Kunstbibliothek.

Policey Vnd Kleider Ordnung ... Johanns Georgen Hertzogen zu Sachsen ... So auff jüngst zu Torgaw gehaltenem Landtage ... der Landschafft vntergeben vnd nach erfolgter ... Approbation jetzo in Druck verfertiget worden. Leipzig [1612]. Berlin, Kunstbibliothek.

Prudentius, Aurelius Clemens: Psychomachia. In: Katalog von illuminierten Handschriften aus „Psychomachia". Hrsg. von Otto Homburger. Original: Burgerbibliothek Bern, Nr. 264.

Römoldt, Johannes: Ein fein christlich und nützlich Spiel von dem greulichen Laster der Hoffart. Eisleben 1564. Faksimile-Ausgabe des bei Urban Gaubisch, Eisleben 1564, gedruckten Dramas. Hrsg. von Hermann-Josef Müller, Göppingen 1984.

Sachs, Hans: Lieder Gedichte Spiele. Hrsg. von Heinrich von Braun, Essen 1987.

Saint Anthony the Abbot. A Picture Book of the Life of Saint Anthony the Abbot. Reproduced from a Manuscript of the Year 1426. Malta Public Library Valetta. Hrsg. Rose Graham, Oxford 1937.

Selen Wurczgarten. Das Buch genannt der Selen Wurczgarten, gedruckt von Konrad Dinckmut, Augsburg 1488 (Erstausgabe Ulm 1483). Zürich, Zentralbibliothek.

Strauß, Johann: Wider den Kleider/ Pluder/ Pauss vnd Krauß Teuffel, Elsterberg. Leipzig 1581. Berlin, Kunstbibliothek.

Tacuinum sanitatis. Enzyklopädie Tacuinum sanitatis. Norditalien, Ende 14. Jh. Paris, Bibliothèque Nationale de France (Ms. lat. n. a. 1673).

Teufelliteratur des XVI. Jahrhunderts. Hrsg. von Max Osborn, Hildesheim 1965 (Nachdrucke).

Theatrum Diabolorum. Das ist Wahrhaft eigentliche und kurze Beschreibung allerlei greulicher, schrecklicher und abscheulicher Laster. Ausgabe 1587–88. Berlin, Staatsbibliothek.

[Verordnung über Federn auf Hüten und Baretten.] Basel 1537. Berlin, Kunstbibliothek.

Vintler, Hans: Flores virtutum, oder das buch der Tugent. Augsburg (Johann Blaubirer) 1486. Berlin, Kunstbibliothek.

Westphal, Joachim: Wider den Hoffartsteufel / der jtziger zeit / solchen pracht / vbermut / vnmass / vppigkeit / vnd leichtfertikeit in der Welt treibet/ mit ubermessiger/ vnd vnzimlicher Kleidung/ kurtz vnd einfeltig Schulrecht/ durch Joachimum Westphalum Islebiensem/ Kirchendiener zu Sangerhausen. Mit einem ausführlichen Vorwort von W. Cirnacus Spangenberg. Eisleben [1565]. Berlin, Kunstbibliothek.

Literaturverzeichnis

Alexander/Strauss: The German Single-Leaf Woodcut 1600–1700. 2 Bde., N. Y. 1977.

Andersson, Christiane: Urs Graf. Dirnen – Krieger – Narren. Basel 1978.

Andresen, Andreas: Jost Amman, 1539–1591. Beschreibender Katalog seiner Holzschnitte, Radierungen und der von ihm illustrierten Bücher. Amsterdam o.J.

Arnet, Edwin: Pioniere, Boten und Richter der Mode. In: König/Schuppisser: Die Mode in der menschlichen Gesellschaft. Zürich 1958.

Ashelford, Jane: The Art of Dress. Clothes and Society 1500–1914. London 1996.

Ausst. Kat. Bild als Waffe. Mittel und Motive der Karikatur in 5 Jahrhunderten. Gerhard Langemeyer (Hg.), Wilhelm-Busch-Museum Hannover, München 1984.

Ausst. Kat. Der Bußprediger Capestrano. Historisches Museum Bamberg, Bamberg 1989.

Ausst. Kat. Der Welt Lauf. Allegorische Graphikserien des Manierismus. Hans-Martin Kaulbach und Reinhart Schleier (Hg.), Stuttgart 1998.

Ausst. Kat. Flugblätter aus der Frühzeit der Zeitung. Jörg Bahns (Hg.), Heidelberg 1980.

Ausst. Kat. Frau Hoeffart und Monsieur Alamode. Modekritik auf illustrierten Flugblättern des 16. und 17. Jahrhunderts. Staatliche Galerie Moritzburg, Halle/Saale 1998. Bärbel Zausch (Hg.), Halle 1998.

Ausst. Kat. Glauben. Nordelbiens Schätze. 800–2000. Kieler Schloss, Kiel 2000.

Ausst. Kat. Israel van Meckenem. Kupferstiche des späten Mittelalters aus Westfalen. Museum im Kloster Grafschaft, Paderborn 2000.

Ausst. Kat. Karikatur und Satire. Fünf Jahrhunderte Zeitkritik. Kunsthalle der Hypostiftung, München 1992. Walter Koschatzky (Hg.), München 1992.

Ausst. Kat. Klädd & oklädd. Nationalmuseum Stockholm, Stockholm 1996.

Ausst. Kat. Kurzweil viel ohn' Maß und Ziel. Augsburger Patrizier und ihre Feste zwischen Mittelalter und Neuzeit. Pia Maria Grübner (Hg.), Augsburg 1994.

Ausst. Kat. Martin Luther und die Reformation in Deutschland. Gerhard Bott (Hg.), Germanisches Nationalmuseum Nürnberg, Nürnberg 1983.

Ausst. Kat. Memling und seine Zeit. Brügge und die Renaissance. P. J. M. Martens (Hg.), Memlingmuseum Brügge, Brügge 1998.

Ausst. Kat. Roben wie Rüstungen. Mode in Stahl und Seide einst und heute. Kunsthistorisches Museum Wien, Wien 1990.

Ausst. Kat. Schuhe. Vom späten Mittelalter bis zur Gegenwart. Saskia Durian-Ress (Hg.), Bayerisches Nationalmuseum München, München 1992.

Ausst. Kat. Urs Graf. Die Zeichnungen im Kupferstichkabinett Basel. Kunstmuseum Basel, Basel 2001.

Ausst. Kat. Verlassene Schuhe: Klaus Honnef u.a. (Hg.), Rheinisches Landesmuseum, Bonn 1994.

Ausst. Kat. z.B. Schuhe, Michael Andritzky, u.a. (Hg.), Frankfurt /Main 1998.

Bechstein, Ludwig: Deutsches Sagenbuch. Leipzig 1853.

Benecke, Georg Friedrich, Wilhelm Müller und Friedrich Zarncke: Mittelhochdeutsches Wörterbuch. 3 Bde., Leipzig 1854–1861.

Bock, Elfried: Die deutschen Meister. Katalog der Staatlichen Museen zu Berlin. Berlin 1921.

Boehn, Max von: Die Mode. Bd. 1: Menschen und Moden im Mittelalter. Vom Untergang der alten Welt bis zur Renaissance. München 1925.

Boehn, Max von: Die Mode. Bd. 2: Menschen und Moden im 16. Jahrhundert. München 1964.

Borst, Otto: Alltagsleben im Mittelalter. Frankfurt/Main 1983.

Boucher, François: A History of Costume in the West. London/New York 1988.

Braunstein, Philippe (Hg.): Un banquier mis a nu. Autobiographie de Matthäus Schwarz. Bourgeois d'Augsbourg. Paris 1992.

Brednich, Rolf Wilhelm: Die Liedpublizistik im Flugblatt des 15. und 17. Jahrhunderts. Baden-Baden 1975.

Brückner, W.: Populäre Druckgraphik Europas, Deutschland vom 15. bis zum 20. Jahrhundert. München 1975.

Brüggen, Elke: Kleidung und Mode in der höfischen Epik des 12. und 13. Jahrhunderts. (Diss.) Heidelberg 1989.

Bumke, Joachim: Höfische Kultur. Literatur und Gesellschaft im hohen Mittelalter. 2 Bde., München 1968.

Burke, Peter: Die Renaissance in Italien. Sozialgeschichte einer Kultur zwischen Tradition und Erfindung. Berlin 1984.

Camille, Michael: Die Kunst der Liebe im Mittelalter. Köln 2000.

Classen, Albrecht: Die guten Monster im Orient und in Europa. Konfrontation mit dem 'Fremden' als anthropologischer Erfahrung im MA, S. 11-37. In: Mediaevistik. Internationale Zeitschrift für interdisziplinäre Mittelalterforschung. Peter Dinzelbacher (Hg.), Bd. 9, 1996.

Crispino, Anna Maria u.a.: Das Buch vom Teufel. Ge-

schichte. Kult. Erscheinungsformen. Aus dem Italienischen übersetzt von W. Raith. Bindlach 1991.
Döbler, Hannsferdinand: Vom Lendenschurz zum Minirock. München 1972.
Döring, Jürgen: Modetorheiten. In: Langemeyer, G. (Hg.): Bild als Waffe. Mittel und Motive der Karikatur in 5 Jahrhunderten. Ausst. Kat. München 1984, S. 281-313.
Drugulin, Wilhelm Eduard: Historischer Bilderatlas, Teil 1: Verzeichnis von Einzelblättern (Vorstudie), Teil 2: Chronik in Flugblättern. Leipzig 1867.
Duby, Georges: Geschichte der Frauen. Bd. 2: Mittelalter. Frankfurt/Main 1993.
Eggenberger, Christoph (Hg.): Die Bilderwelt des Klosters Engelberg. Luzern 1999.
Eisenbart, Liselotte C.: Kleiderordnungen der deutschen Städte zwischen 1350–1700. (Diss.) Frankfurt/Main 1962.
Fink, August: Die Schwarzschen Trachtenbücher. Berlin 1963.
Forrer, Robert: Archäologisches zur Geschichte des Schuhes aller Zeiten. Schönenwerd (Bally-Schuhmuseum) 1942.
Fraenger, Wilhelm: Hieronymus Bosch. Gütersloh 1978.
Fuchs, Eduard und Alfred Kind: Die Weiberherrschaft in der Geschichte der Menschheit. 3 Bde., München 1913 (1. Aufl.).
Fuchs, Eduard: Die Frau in der Karikatur. München 1906 (1. Aufl.).
Fuchs, Eduard: Die Karikatur der europäischen Völker. Bd. 1: Vom Altertum bis 1848, Berlin 1904 (3. Aufl.).
Fuchs, Eduard: Illustrierte Sittengeschichte vom Mittelalter bis zur Gegenwart. 3 Bde. Berlin 1909 (Reprint o. O., o. J.).
Geisberg, Max: The German Single-leaf Woodcut, 1500–1550. 4 Bde., N. Y. 1974 ff.
Gorsen, Peter: Mode und Erotik bei Eduard Fuchs. In: Bovenschen, Silvia (Hg.): Die Listen der Moden. Frankfurt/Main 1986.
Grabes, Herbert: Speculum, Mirror and Looking-Glass. (Habil.) Tübingen 1973.
Graham, Rose: A Picture Book of the Life of Saint Anthony the Abbot. Reproduced from a Manuscript of the Year 1426. Oxford 1937.
Graul, Ulrike: Die Alamode-Flugblätter der Moritzburg. (Magisterarbeit) Halle-Wittenberg 1998.
Grimm, Heinrich: Die deutschen „Teufelsbücher" des 16. Jahrhunderts. In: Archiv für Geschichte des Buchwesens, Bd. 2. Frankfurt/Main 1960, S. 513-570.
Grimm, Jacob und Wilhelm: Deutsches Wörterbuch. 16 Bde, Leipzig/Berlin 1854.
Harms, Wolfgang (Hg.) u.a.: Deutsche Illustrierte Flugblätter des 16. und 17. Jahrhunderts. 7 Bde., München/Tübingen 1980 ff.
Hefner-Alteneck, J. H. von: Trachten, Kunstwerke und Geräthschaften. Vom Frühen Mittelalter bis Ende des 18. Jahrhunderts. 10 Bde., Frankfurt/Main 1879-1889.
Heitz, Paul (Hg.): Flugblätter des Sebastian Brant, Straßburg 1915.
Hempel, Wolfgang: Übermuot diu alte ... Der Superbia-Gedanke und seine Rolle in der deutschen Literatur des Mittelalters. Bonn 1970.
Hirth,Georg: Kulturgeschichtliches Bilderbuch aus drei Jahrhunderten. 6 Bde., Leipzig 1882ff.
Historisches Lexikon der Schweiz, Bern 2002.
Hofmann-Randall, Christina: Monster, Wunder & Kometen. Sensationsberichte auf Flugblättern des 16. bis 18. Jahrhunderts. Erlangen 1999.
Holländer, Eugen: Wunder, Wundergeburt und Wundergestalt in Einblattdrucken des 15. bis 18. Jahrhunderts. Stuttgart 1921.
Hollstein, F. W. H.: German Engravings, Etchings and Woodcuts, ca. 1450–1700, Amsterdam 1954ff.
Hollstein: The New Hollstein siehe Luijten.
Homburger, Otto (Hg.): Katalog von illuminierten Handschriften aus „Psychomachia". Original: Burgerbibliothek Bern, Nr. 264.
Hughes, Diane Owen: Frauenmoden und ihre Kontrolle. In: Georges Duby: Geschichte der Frauen, Bd. 2. Frankfurt/Main 1993, S. 147-170.
Hüllmann, Karl Dietrich: Städtewesen des Mittelalters. Neudruck der Ausgabe Bonn 1826-29. Aalen 1974 (Nachdruck).
Hütt, Wolfgang (Hg.): Albrecht Dürer. Das gesamte graphische Werk. 2 Bde., München 1970.
Jaritz, Gerhard: Mittelalterliche Realienkunde und Fragen zur Terminologie und Typologie. Probleme, Bemerkungen und Vorschläge am Beispiel Kleidung. In: Veröffentlichungen des Instituts für mittelalterliche Realienkunde Österreichs, Nr. 10. Wien 1988.
Jaritz, Gerhard: Schnabelschuh und Hörnerhaube. Oder: Bild, Sachkultur und Kontextualisierung. In: 8. Österreichischer Kunsthistorikertag. Krems/Stein 1995, S. 8-12.
Jedding-Gesterling, Maria und Georg Brutscher (Hg.): Die Frisur. Eine Kulturgeschichte der Haarmode von der Antike bis zur Gegenwart. Hamburg 1988.
Jütte, Robert: Windfang und Wetterhahn. Die Kleidung der Bettler und Vaganten. In: Veröffentlichungen des Instituts für mittelalterliche Realienkunde Österreichs, Nr. 10. Wien 1988.
Katalog der Freiherrlich von Lipperheidischen Kostümbibliothek. 2 Bde., Berlin 1965.
Kaufmann, C. M.: Romanesque Manuscripts, 1066–1190. London 1975.

King, Margaret: Frauen in der Renaissance. Aus dem Englischen von H. Fliessbach. München 1993.
Klein, Ruth: Lexikon der Mode. Baden-Baden 1950.
Kluge, Friedrich: Etymologisches Wörterbuch der deutschen Sprache, bearbeitet von Elmar Seebold. 23., erw. Ausgabe, Berlin/N. Y. 1999.
Koch-Mertens, Wiebke: Der Mensch und seine Kleider. Bd. 1: Die Kulturgeschichte der Mode bis 1900. Düsseldorf/Zürich 2000.
Koerkel-Hinkfoth, Regine: Die Parabel von den klugen und törichten Jungfrauen. (Diss.) Frankfurt/Main 1994.
Köhler, Hans-Joachim: Flugschriften als Massenmedium der Reformationszeit. Stuttgart 1981.
König, René und Peter W. Schuppisser (Hg.): Die Mode in der menschlichen Gesellschaft. Zürich 1958.
Krischer, Rolf-Dieter: Ein mittelalterliches Doppelporträt von einem Phaleristiker betrachtet. In: Lauenburgische Heimat, Heft 158 (2001), S. 65-75.
Kühn, Dieter. Der Parzival des Wolfram von Eschenbach. Frankfurt/Main 1986.
Kühnel, Harry (Hg.): Bildwörterbuch der Kleidung und Rüstung. Vom alten Orient bis zum ausgehenden Mittelalter. Stuttgart 1992.
Kunze, Horst: Geschichte der Buchillustration in Deutschland. Das 15. Jahrhundert. Leipzig 1975.
Kybalová, Ludmila u.a.: Das große Bilderlexikon der Mode. Dresden 1980.
Lehmann-Langholz, Ulrike: Kleiderkritik in mittelalterlicher Dichtung. Der Arme Hartmann, Heinrich 'von Melk', Neudhart, Werner der Gartenaere und ein Ausblick auf die Stellungnahmen spätmittelalterlicher Dichter. (Diss.) Köln/Frankfurt/Main 1985.
Levi-Pisetzky, Rosita: Storia del costume in Italia. 5 Bde., Milano 1964 ff.
Lexikon der Kunst. Malerei. Architektur. Bildhauerkunst. 12 Bde., Erlangen 1994.
Libron, Fernand und Henri Clouzot: Les Corsets dans l'art et des moeurs de XIIIe au XXe siècles. Paris 1933.
Loschek, Ingrid: Reclams Mode- und Kostümlexikon. Stuttgart 1988 (2. Aufl.).
Luijten, Ger (Hg.): The New Hollstein. German engravings, etchings and woodcuts : 1400–1700. Rotterdam 2000.
Luijten, Ger: Frills and furbelows: satires on fashion and pride around 1600. In: Ten essays for a friend: E. de Jongh 65. Zwolle 1996, S. 38-58.
Lüsebrink, Hans-Jürgen und Rolf Reichardt: „Kauft schöne Bilder, Kupferstiche ...". Illustrierte Flugblätter und französisch-deutscher Kulturtransfer. Mainz 1996.
Meiss, Millard: French painting in the time of Jean de Berry; the Limbourgs and their contemporaries. New York 1974.
Muther, Richard: Die deutsche Bücherillustration der Gotik und der Frührenaissance (1460–1530). München u.a. 1884.
Mützel, Hans: Vom Lendenschurz zur Modetracht. Berlin 1925.
Nagler, G. K.: Die Monogrammisten. 5 Bde., München/Leipzig o. J.
Oakeshott, Walter (Hg.): The Sequence of English medieval art, illustrated chiefly from illuminated mss, 650-1450. London 1950.
Ohse, Bernhard: Die Teufelsliteratur zwischen Brant und Luther. Ein Beitrag zur näheren Bestimmung der Abkunft und des geistigen Ortes der Teufelsbücher. (Diss.) Berlin 1961.
Osborn, Max: Die Teufelliteratur des XVI. Jahrhunderts. Hildesheim 1965 (Nachdruck).
Osborn, Max: Theatrum Diabolorum. Berlin (Diss.) 1893.
Oursel, Charles: La miniature du XIIe siècle à l'Abbaye de Cîteaux: d'après les manuscrits de la Bibliothèque de Dijon. Dijon 1926.
Paas, John Roger: The German Political Broadsheet 1600-1700. 6 Bde., Wiesbaden 1985 ff.
Pächt, O., C. R. Dodwell und F. Wormald: The St. Albans Psalter. London 1960.
Piponnier, Françoise: Dress in the Middle Ages. New Haven 1997.
Post, Paul: Vom mittelalterlichen Schnurmantel. In: Zeitschrift der Gesellschaft für Historische Waffen- und Kostümkunde. Heft 6 (1933), S. 123-128.
Rathe, Kurt: Die Ausdrucksfunktion extrem verkürzter Figuren. The Warburg Institute, London 1938 (Reprint 1968).
Reichel, Andrea-Martina: Die Kleider der Passion. Für eine Ikonographie des Kostüms. (Diss.) Berlin 1998.
Reinitzer, H.: Aktualisierte Tradition. Über Schwierigkeiten beim Lesen von Bildern. In: Geistliche Denkformen in der Literatur des MA, hrsg. von K. Grubmüller/Ruth Schmidt-W. u.a. München 1985.
Ribeiro, Aileen: Dress and morality. London 1986.
Ritgen, Lore: Die höfische Tracht der Isle de France in der ersten Hälfte des 13. Jh. Zeitschrift der Gesellschaft für Historische Waffen- und Kostümkunde, Bd. 6 (1962), S. 8-24. und S. 87-111.
Rök, Barbara: An den Federn man den Vogel kendt. Modesatirische Flugblätter des 16. und 17. Jahrhunderts in Deutschland. (Magisterarbeit) Universität Marburg 1986.
Rössing-Hager: Wie stark findet der nicht-lesekundige Rezipient Berücksichtigung in Flugschriften? In: Köhler, H.-J.: Flugschriften als Massenmedium der Reformationszeit. Stuttgart 1981.
Rott, H. G. und G. Wild (Hg.): Hortus deliciarum. Der „Wonnen-Garten" der Herrad von Landsberg. Eine

elsässische Bilder-Handschrift aus dem 12. Jh. Mülhausen 1944.
Sachs, Hannelore: Die Frau in der Renaissance. Leipzig u.a. 1971.
Schilling, Michael: Allegorie und Satire auf ill. Flugblättern des Barock. In: W. Brückner (Hg.), Literatur und Volk im 17. Jh. Wolfenbütteler Arbeiten zur Barockforschung, Bd. 13. Wiesbaden 1985, S. 601-626.
Schilling, Michael: Bildpublizistik der frühen Neuzeit. Aufgaben und Leistungen des illustrierten Flugblattes in Deutschland bis 1700. (Diss.) Tübingen 1990.
Schöller, Bernadette: Kölner Druckgraphik der Gegenreformation. (Diss.) Köln 1992.
Schramm, Albert: Der Bilderschmuck der Frühdrucke. 23 Bde., Leipzig 1920–22.
Schreiber, W. L.: Graphische Blätter des 15. Jahrhunderts in der Landesbibliothek Wolfenbüttel. Straßburg 1925.
Schreiber, W. L.: Handbuch der Holz- und Metallschnitte des 15. Jh., Leipzig 1926–30.
Schuler, J. E. (Hg.): Erziehung zur Kunst. Eine Sammlung von Meisterwerken aus zwei Jahrtausenden. Stuttgart o. J.
Schultz, Alwin: Das höfische Leben zur Zeit der Minnesinger. 2 Bde., Leipzig 1879–1880.
Schultz, Alwin: Deutsches Leben im XIV. und XV. Jahrhundert. Wien, Leipzig, Prag 1892.
Schultze, Rudolf: Die Modenarrheiten. Ein Spiegelbild der Zeiten und Sitten für das deutsche Volk. Berlin 1868.
Schüppert, Helga: Bezeichnungen, Bild und Sache. Überlegungen zur Kleiderterminologie um 1500. In: Veröffentlichungen des Instituts für mittelalterliche Realienkunde Österreichs, Nr. 10. Wien 1988.
Schweitzer, Franz-Joseph: Tugend und Laster in illustrierten didaktischen Dichtungen des späten Mittelalters. Studien zu Hans Vintlers Blumen der Tugend und zu Das Netz des Teufels. Hildesheim u.a. 1993.
Scott, Kathleen L. (Hg.): The Mirroure of the Worlde, MS Bodley 238. Oxford (printed for the Roxburge Club) 1980.
Sonderegger, Albert: Mißgeburten und Wundergestalten in Einblattdrucken und Handzeichnungen des 16. Jahrhunderts. (Diss.) Zürich 1927.
Spitze geschnäbelte Schuh (um 1790). Auszug aus einem unbekannten Werk (S. 151-156). Berlin, Kunstbibliothek.
Sronkova, Olga: Die Mode der gotischen Frau. Prag 1955.
Stambaugh, Ria (Hg.): Teufelbücher in Auswahl. 5 Bde., Berlin 1972 ff.
Stockar, Jürg: Kultur und Kleidung der Barockzeit. Zürich/Stuttgart 1964.
Strauss, Walter L.: The German Single-Leaf Woodcut 1500–1550. 4 Bde., N. Y. 1974.
Strauss, Walter L.: The German Single-Leaf Woodcut 1550–1600. 3 Bde., N. Y. 1975.
Stridbeck, Carl Gustaf: Bruegelstudien; Untersuchungen zu den ikonologischen Problemen bei Pieter Bruegel d. Ä. sowie dessen Beziehungen zum niederländischen Romanismus. Stockholm 1956.
Thiel, Erika: Geschichte des Kostüms. Berlin 1968 und 1980.
Trübners Deutsches Wörterbuch, Berlin 1955.
Veth, Cornelis: De Mode in de Caricatuur. Amsterdam (1928).
Villeneuve, Roland: Dictionnaire du Diable. O. O. 1989.
Waldburg Wolfegg, Christoph Graf zu: Venus und Mars. Das Mittelalterliche Hausbuch aus der Sammlung der Fürsten zu Waldburg Wolfegg. München 1997.
Walther, Ingo F. und Norbert Wolf: Codices illustres. Die schönsten illuminierten Handschriften der Welt. Köln 2001.
Wäscher, Hermann: Das deutsche illustrierte Flugblatt, 2 Bde, o. O. (Dresden) 1955.
Weber, Bruno: Wunderzeichen & Winkeldrucker 1543–1586. Einblattdrucke aus der Sammlung Wickiana, Zentralbibliothek Zürich. Zürich 1992.
Wechsler, J.: A Human comedy. Physiognomy and caricature in 19th century Paris. London 1982.
Weiss, Hermann: Kostümkunde. 2 Bde., Stuttgart 1872.
Wendel, Friedrich: Die Mode in der Karikatur. Dresden 1928.
Wilckens, Leonie von: Terminologie und Typologie spätmittelalterlicher Kleidung. Hinweise und Erläuterungen. In: Veröffentlichungen des Instituts für mittelalterliche Realienkunde Österreichs, Nr. 10. Wien 1988.
Wolter, Gundula: Die Verpackung des männlichen Geschlechts. Eine illustrierte Kulturgeschichte der Hose. Marburg 1991.
Wormald, Francis: The Winchester Psalter. With 134 illustrations, London 1973.
Woronowa, Tamara und Andrej Sterligov: Westeuropäische Buchmalerei des 8. bis 16. Jahrhunderts in der Russischen Nationalbibliothek, Sankt Petersburg. Augsburg 2000.
Wright, Thomas: A History of Caricature and Grotesque in Literature and Art. With illustrations from Various Sources Drawn and engraved by F. W. Fairholt. Reprint der Ausgabe London 1865. Hildesheim 1976 (Nachdruck).
Wyss, Arthur (Hg.): Die Limburger Chronik des Tileman Elhen von Wolfhagen, unveränderter Nach-

druck der 1883 bei der Hahnschen Buchhandlung, Hannover, erschienenen Ausgabe. München 1980.
Zander-Seidel, Jutta: Das erbar gepent. Zur ständischen Kleidung in Nürnberg im 15. und 16. Jahrhundert. In: Zeitschrift der Gesellschaft für Historische Waffen- und Kostümkunde, Bd. 27 (1985), S. 119-140.
Zander-Seidel, Jutta: Der Teufel in Pluderhosen. In: Zeitschrift der Gesellschaft für Historische Waffen- und Kostümkunde, Bd. 29 (1987), S. 49-67.
Zander-Seidel, Jutta: Ständische Kleidung in der mittelalterlichen und frühneuzeitlichen Stadt. Institut für mittelalterliche Realienkunde Österreich, Heft 10. Wien 1988.
Zedler, Johann Heinrich: Grosses, vollständiges Universallexikon, Leipzig 1735. Nachdruck der Ausgabe Halle 1732–1754, Graz 1993ff.
Zwahr, Hartmut: Herr und Knecht. Leipzig u.a. 1990.

Bildnachweis

1 Augsburg, Städtische Kunstsammlung, Graphische Sammlung (G 7728)
2 Fuchs 1904, Abb. 34
3 Green, Bd. 2, Pl. 146 (HD fol. 255r)
4 Antiphonar von St. Peter, Blatt 300 (Codices selecti, Vol. 21)
5 Schweitzer, S. 414, Abb. 22 (Cod. 113 - L. 139)
6 Ausst. Kat. Brügge 1998, S. 277
7 Zürich, Zentralbibliothek
8 Staatliche Museen zu Berlin, Kunstbibliothek
9 Hütt, Bd. 2, S. 1291
10 Hütt, Bd. 2, S. 1305
11 Hütt, Bd. 2, S. 1338
12 Crispino, Abb. 1
13 Staatliche Museen zu Berlin, Kunstbibliothek
14 Heilsspiegel (Reprint), S. 10
15 Zeitschrift der Gesellschaft für Historische Waffen- und Kostümkunde, Bd. 29, S. 49
16 Eggenberger, S. 91 (Cod. 4, fol. 63v)
17 Green, Bd. 2, Pl. 110 (HD, fol. 199v)
18 Geisberg, Bd. 2, S. 454
19 Staatliche Museen zu Berlin, Kupferstichkabinett
20 Geisberg, Bd. 4, S. 1511
21 Fuchs 1906, Abb. 161
22 Staatsgalerie Stuttgart (Inv. Nr. A 11812)
23 Staatsgalerie Stuttgart (Inv. Nr. A 11781)
24 Fuchs 1913, Bd. 1, Abb. 43
25 Fuchs 1913, Bd. 1, Abb. 96
26 Oakeshott, Pl. 36 (Arundel MS 83)
27 Walther, S. 219
28 Ausst. Kat. Nürnberg 1983, Abb. 43
29 Ausst. Kat. Nürnberg 1983, Abb. 43
30 Ausst. Kat. Basel 2001, S. 81
31 Staatliche Museen zu Berlin, Kupferstichkabinett
32 Staatliche Museen zu Berlin, Kupferstichkabinett
33 Staatliche Galerie Moritzburg Halle, Landeskunstmuseum Sachsen-Anhalt
34 Staatliche Museen zu Berlin, Kunstbibliothek
35 Staatliche Galerie Moritzburg Halle, Landeskunstmuseum Sachsen-Anhalt
36 Staatliche Galerie Moritzburg Halle, Landeskunstmuseum Sachsen-Anhalt
37 Staatliche Museen zu Berlin, Kunstbibliothek
38 Brant, Narrenschiff, No. 82
39 Zwahr, S. 151
40 Wolfenbüttel, Herzog August Bibliothek (IE 56)
41 Wolfenbüttel, Herzog August Bibliothek (31.8 Aug. 2°)
42 Woronowa, Abb. 42
43 © Foto Zwicker-Berberich, Würzburg/Gerchsheim
44 © Foto Zwicker-Berberich, Würzburg/Gerchsheim
45 Boehn 1925, S. 227
46 Boehn 1925, S. 227
47 Ausst. Kat. Basel 2001, S. 161
48 Ausst. Kat. Basel 2001, S. 273
49 Fuchs 1906, S. 179
50 Strauss, Bd. 2, S. 782
51 Brant, Narrenschiff, No. 6
52 Hefner-Alteneck, Bd. 4, Tf. 221
53 Amman, S. 83
54 Meiss, Abb. 3 (fr. 12420, fol. 101v)
55 Woronowa, S. 191
56 Woronowa, S. 280
57 Scott, S. XVI (MS 383, fol. 67v)
58 Lexikon der Kunst, Bd. 2, S. 238
59 Geoffroy de la Tour Landry, o. S.
60 Brant, Narrenschiff, No. 4
61 Brant, Narrenschiff, No. 92
62 Fraenger, Abb. 89
63 Hütt, Bd. 2, S. 703
64 Staatliche Museen zu Berlin, Kupferstichkabinett
65 Zürich, Zentralbibliothek
66 Amsterdam, Rijksprentenkabinet (FM 1112 C)
67 Wolfenbüttel, Herzog August Bibliothek (IE 60)
68 Boucher, Abb. 4
69 Antiphonar von St. Peter, Blatt 809 (Codices selecti, Vol. 21)
70 Heidelberg, Universitätsbibliothek
71 Waldburg Wolfegg, S. 46
72 Stockar, Abb. 20
73 Ausst. Kat. Basel 2001, S. 248
74 Augsburg, Städtische Kunstsammlungen (Inv. Nr. 3821)
75 Braunstein, Abb. 60
76 Braunstein, Abb. 77
77 Staatliche Museen zu Berlin, Kunstbibliothek
78 London, British Library (Cotton Nero C IV, fol. 18)
79 Brüggen, Abb. 56
80 University of Oxford (Ms. Douce 293, fol. 8)
81 Eggenberger, S. 116 (Cod. 14, fol. 37v)
82 Levi-Pisetzky, Bd. 1, Abb. 108
83 Camille, S. 59 (MS e Museo 65, fol. 7r)
84 Kybalova, Abb. 154
85 Paris, Bibliothèque Nationale de France (Ms fr. 9198, fol. 91)
86 Frankfurt/Main, Städelsches Kunstinstitut
87 Erlangen, Universitätsbibliothek
88 Zürich, Zentralbibliothek
89 Mützel, S. 273
90 Jedding-Gesterling, Abb. 96

91 Pächt, Abb. 8
92 Schultz 1892, Abb. 246
93 Levi-Pisetzky, Bd. 2, Abb. 126
94 Valletta, The Malta Public Library (Cod. 1)
95 Schultz 1892, Fig. 452
96 Schultz 1892, Fig. 87
97 Wright, S.102
98 Bamberg, Stadtgalerie
99 Wendel, Abb. 15
100 Forrer, S. 323
101 Walther, S. 295 (MS 2617)
102 Koch-Mertens, S. 169
103 Woronowa, S. 196
104 Auss. Kat. Bonn 1994, S. 14
105 Thiel, Abb. 208
106 Ausst. Kat. München 1992, Abb. 7
107 Schultz 1892, Fig. 398
108 Forrer, S. 145
109 Boehn 1925, S. 113
110 Ausst. Kat. Stockholm 1996, S. 53
111 Geisberg, Bd. 1, S. 376
112 Schuler, Tf. 45
113 Brant, Aesopi, S. 273
114 Fuchs, o. J., Bd. 1, Abb. 137
115 Boucher, Abb. 417
116 Ausst. Kat. Stockholm 1996, Abb. 17
117 Wolfenbüttel, Herzog August Bibliothek (37.7 Aug. 2°)
118 Staatliche Galerie Moritzburg Halle, Landeskunstmuseum Sachsen-Anhalt
119 Fuchs 1906, Abb. 250 (Tf 2, p. 97)
120 Staatliche Museen zu Berlin, Kunstbibliothek
121 London, Victoria & Albert Museum (192 - 1900)
122 Levi-Pisetzky, Bd. 3, Abb. 18
123 Staatliche Museen zu Berlin, Kupferstichkabinett
124 Wendel, Abb. 22
125 Amsterdam, Rijksprentenkabinet (FM 112 B)
126 Staatliche Museen zu Berlin, Kupferstichkabinett
127 Amsterdam, Rijksprentenkabinet (FM 1112 A)
128 Rotterdam, Museum Boijmans Van Beuningen
129 Staatliche Galerie Moritzburg Halle, Landeskunstmuseum Sachsen-Anhalt
130 Staatliche Museen zu Berlin, Kunstbibliothek
131 Wolfenbüttel, Herzog August Bibliothek (IE 135)
132 Staatliche Galerie Moritzburg Halle, Landeskunstmuseum Sachsen-Anhalt
133 Wendel, Abb. 32
134 Staatliche Museen zu Berlin, Kunstbibliothek
135 Staatliche Museen zu Berlin, Kunstbibliothek
136 Oursel, Pl. XXII (MS 168, fol. 4v)
137 Brüggen, Abb. 58 (clm 2599)
138 Camille, Abb. 3
139 Antiphonar von St. Peter, Blatt 713 (Codices selecti, Vol. 21)
140 Camille, Abb. 92 (MS e Museo 65, fol. 22r)
141 Paris, Bibliothèque Nationale de France (Fr. 1567. f. 7)
142 Geisberg, Bd. 2, S. 656
143 Geisberg, Bd. 2, S. 717
144 Coburg, Sammlung der Veste Coburg (Inv. Nr. I, 6, 51)
145 Rathe, Abb. 32
146 Paris, Musée du Louvre.© Photo RMN, Michèle Bellot
147 Boehn 1925, S. 195
148 Staatliche Museen zu Berlin, Kunstbibliothek.
149 Wien, Graphische Sammlung Albertina. Fonds Albertina (alb. Inv. 1927, 155)
150 Hefner-Alteneck, Bd. 4, 273
151 Staatliche Museen zu Berlin, Kupferstichkabinett
152 Sachs, Hannelore, S. 69
153 Ausst. Kat. Basel 2001, S. 127
154 Strauss, Bd. 1, S. 280
155 Geisberg 1974, Bd. 4, S. 1272
156 Sachs, Hannelore, S. 44
157 Staatliche Museen zu Berlin, Kupferstichkabinett
158 Staatliche Museen zu Berlin, Gemäldegalerie
159 Zwahr, S. 163
160 Strauss, Bd. 3, S.1073
161 Geisberg, Bd. 4, S. 1316
162 Ausst. Kat. Basel 2001, S. 157
163 Staatliche Museen zu Berlin, Kunstbibliothek
164 Strauss, Bd. 3, S.1070
165 Strauss, Bd. 3, S.1404
166 Strauss, Bd. 3, S. 1148
167 Geisberg, Bd. 3, S. 1091
168 Andersson, Abb. 31
169 Andersson, Abb. 18
170 Staatliche Museen zu Berlin, Kunstbibliothek
171 Strauss, Bd. 3, S. 916
172 Strauss, Bd. 1, S. 111
173 Zürich, Zentralbibliothek
174 Holländer, Abb. 189
175 Strauss, Bd. 3, S. 917
176 Staatliche Galerie Moritzburg Halle, Landeskunstmuseum Sachsen-Anhalt
177 Alexander/Strauss, Bd. 1, S. 378
178 Holländer, Abb. 188
179 Zürich, Zentralbibliothek
180 Holländer, Abb. 190
181 Hütt, Bd. 2, S. 1304
182 Zwahr, S. 246
183 Ausst. Kat. Augsburg 1994, Abb. 58
184 Wolfenbüttel, Herzog August Bibliothek (IE 131)
185 Ausst. Kat. München 1984, Abb. 177

Für die Staatlichen Museen zu Berlin fotografierten Dietmar Katz und Jörg P. Anders

Zur Autorin

Gundula Wolter, Dr. phil., geboren 1951 in Frankfurt/Main. Ausbildung zur Kunstpädagogin und Grafik-Designerin in Kassel. Studium des Textilen Gestaltens und der Kunstgeschichte in Berlin. Seit 1994 lehrend als Kultur- und Modehistorikerin an Universitäten und Kunsthochschulen, zur Zeit Gastprofessorin an der Universität der Künste Berlin. Zahlreiche Veröffentlichungen zur Kleidungs- und Modegeschichte; Monografien im Jonas Verlag: „Die Verpackung des männlichen Geschlechts. Eine illustrierte Kulturgeschichte der Hose“, Marburg 1991 und „Hosen, weiblich. Kulturgeschichte der Frauenhose“, Marburg 1994.